D1740907

MES

DEL

SAGRADO CORAZON DE JESÚS

Mes Del Sagrado Corazón De Jesús...

Marguerite Marie Alacoque

MES

DEL

SAGRADO CORAZON DE JESÚS.

EXTRACTÁDO DE LOS ESCRITOS

de la

B. MARGARITA MARÍA DE ALACOQUE

ESCRITO EN FRANCÉS,
TRADUCIDO AL ESPAÑOL POR UNA RELIGIOSA
DE LA VISITACION DE SANTA MARÍA DEL PRIMER REAL
MONASTERIO DE MADRID Y ADICIONADO POR OTRA RELIGIOSA
DEL MISMO CON· MEDITACIONES DIARIAS.

Yo te constituyo heredera de mı
Corazon y de todos sus tesoros por
el tiempo y por la eternidad, dándote su libre uso, segun quieras disponer y usar de ellos, y te prometo,
que sólo te faltará mi asistencia
cuando falte el poder á mi Corazon.
*(Palabras de Nuestro Señor á
la B. Margarita M. de Alacoque.)*

Tipografía del Asilo de Huérfanos del S. C. de Jesús,

CALLE DE ATOCHA, NÚM. 68.

1882

Con licencia de la Autoridad Eclesiástica.

N. B. El Emmo. y Rmo. Señor Juan Ignacio Moreno, Cardenal Arzobispo de Toledo, concede cien dias de indulgencia á todos los que leyesen ú oyesen leer cualquier capítulo, consagracion, oracion, jaculatoria ó meditacion contenidas en este libro.

DEDICATORIA

——

Amadísimo y deífico Corazon de mi Jesús:

Al terminar el modesto trabajo que mi amor hácia Vos me impuso gustosa, vengo humilde y reverente, á depositarlo en aquella misma hoguera de amor, de donde salieron las palabras y enseñanzas divinas de que están llenas estas páginas.

Vuestro Corazon dulcísimo ha sido testigo amoroso de las privaciones y sacrificios que me he impuesto para llevar á cabo mi obra, puesto que sólo podia dedicar á ella los momentos libres que con tanto gusto hubiera pasado á vuestros piés, ¿pero no son éstas las mayores recompensas que puede ambicionar un alma que os ama? Por lo tanto, recibidlos con el sentimiento más vivo de gratitud por haberme dado á conocer y amar la fuente de todos los bienes, vuestro amantísimo Corazon; y el impulso fervoroso de mi corazon que con ardor deseó haceros otros tantos actos de amor cuantas letras ha trazado en él mi pluma. Concededme propicio la única recompensa que ambiciono, que es, Jesús mio, haceros, por medio de mi humilde trabajo, amar y conocer de todos, suavizar las heridas que la ingratitud de los hombres causan á vuestro Corazon, y enardecer los de todos ellos, en el fuego divino de vuestro puro amor; recibidme, aunque indigna, en El, sin permitir salga jamás de tan suavísima morada, y que, perdiéndome cada dia más

en sus profundos y deliciosos abismos, merezca
por un exceso de vuestra infinita misericordia,
que en El se halle escrito por toda la eternidad
el nombre de la última de vuestras esposas.

VIVA JESÚS

UNA NUEVA LUZ[1]

———

El mundo se encontraba como nunca,
En desdichas y males abismado,
La malicia y maldad del hombre ingrato
Hasta el trono de Dios se había alzado.

Por do quiera se hallaban tristes rastros
De esa loca soberbia que perdió
Al ángel más hermoso y encumbrado,
Y que á todos en gracias excedió.

Veíase á la tierra por instantes
En tenebroso cáos convertida,
Un cúmulo de males la agobiaba
Y en el dolor yacía sumergida.

El mundo, al parecér, perdido estaba,
La sangre del divino Redentor,
Sus méritos, sus penas, sacrificios,
Las infinitas pruebas de su amor,

———

(1) Primer ensayo poético de la traductora.

Todo se despreciaba, y á excepcion
De un número de séres reducido,
Los demas á su Dios desconocian,
Y pagaban su amor con el olvido.

¿Qué hará este Dios al ver tantas ofensas?
¿Mostrará su justicia y su poder?
¿Enviará un castigo tan terrible
Que haga al mundo al instante fenecer?

Esto hiciera, si fuera sólo justo,
Mas, como es todo amor, todo bondad,
A tanta ingratitud, á ofensa tanta,
Opondrá su infinita caridad.

Él hallará un remedio saludable,
Que alivie de los justos el dolor,
Y haga ver á los pobres pecadores
Que andan por el camino del error.

Enviará una luz, clara y radiante,
Que por do quiera fija brillará
Disipando del mundo las tinieblas
Y á todos hácia el cielo guiará.

Esta luz, tan divina, tan hermosa,
Será su amante y dulce Corazon,
Que abrasado en amor, por todo el mundo
Viene á ser su remedio y salvacion.

Abriendo los tesoros de sus gracias,
Para el que allí desee enriquecerse,
Ofrece una morada deliciosa
Para todo el que quiera guarecerse.

Si son graves é inmensos los estragos
Que causó la malicia y el error,
Infinita es su gran misericordia,
Y todo lo perdona con amor.

Así se venga el Dios cuyas bondades
No se pudieran nunca enumerar.
¡Qué práctica leccion para nosotros
A quienes tanto cuesta perdonar!

Mas ¿de quién se valdrá este Dios clemente
Para mostrar su amante Corazon?
¿Se valdrá de su inmenso poderío
Poniendo al mundo entero en conmocion?

Otros son los caminos escogidos
Del Verbo por nosotros humanado,
Que reclinado humilde en un pesebre
Espiró en una cruz crucificado!

Tiende su vista sobre el orbe entero,
Mas pronto se detiene su atencion
Por haber encontrado un instrumento
Que es digno de llenar su aspiracion.

Una Vírgen humilde, qué en el cláustro
En retiro y silencio está abismada,
Merece entre otras mil que el Rey del Cielo
Fije en ella su vista y su mirada.

La cruz, la humillacion, es su elemento;
Amar y padecer, su ocupacion;
Y por esto arrebata las miradas
De este humilde y amante Corazon.

Margarita María fué la Vírgen
Que mereció del cielo el gran favor
De imitar al discípulo escogido
Descansando en el pecho del Señor.

Ella es á quien más tarde fué mostrado
Este dulce y amante Corazon,
Y dada la mision alta y divina
De extender esta nueva devocion.

¡Oh mi Dios! ¡cuán distintos son tus juicios
De los del mundo, loco y engañado,
Que humilla y vitupera con frecuencia
Lo que á tus ojos es tan apreciado!

En Margarita no hay nada que brille,
Todos la conceptúan despreciable,
Y tú la juzgas digna de una empresa
Tan sublime, difícil y admirable.

La prefieres á muchos otros séres,
Por sus dotes y ciencias estimados,
Que á tus ojos son necios los talentos
Si no van de humildad acompañados.

Margarita, bendice los desprecios
Que te atraen tu amor á la humildad,
Pues ellos te descubren los tesoros
De un Corazon, que todo es caridad.

Desde entónces corrieron á raudales
De este amante y bendito Corazon
Misericordias, gracias infinitas
Que alentaron al hombre en su afliccion.

La excelencia y poder de todo un Dios
Se hallan en este centro reunidos,
Y á la par los humanos sentimientos
Del corazon del hombre, ennoblecidos.

De este modo, este Dios, todo ternura,
Quiso piadoso hacernos comprender,
Que tomando en su sér nuestras miserias
Las podría mejor compadecer.

Allí, el alma que sufre amargas penas,
Propia herencia del hombre desterrado,
Se encuentra en un abismo de delicias
Que da esfuerzo á su espíritu angustiado.

Y el que se halla en continua incertidumbre,
Allí encuentra su apoyo, su consuelo,
La solucion completa de sus dudas,
La paz, por que suspira con anhelo.

Y el que se halla oprimido bajo el peso
De una amarga y cruel desconfianza,
Cobra ánimo y valor en este abismo
De amor y de dulcísima esperanza.

Allí, el alma que anhela por instantes
Su ardiente sed de amor refrigerar,
Encuentra un manantial tan abundante
Que logra sus ardores temperar.

Y el que gime, por ver que las pasiones
Ejercen en su ser la rebeldía,
Allí encuentra valor para vencerlas
Y luchar con esfuerzo y valentia.

Y el que llora, evocando los recuerdos
De tristes y sensibles recaidas,
Allí encuentra una sangre que las borra
Y cicatriza todas sus heridas.

El que se halla desnudo de virtudes,
Y al mirar su miseria desfallece,
Allí encuentra un tesoro inagotable
Que le remedia, alienta y enriquece.

No hay nadie que no logre hallar consuelo
En los abismos de este Corazon,
Que despues que nos da cuanto en sí encierra,
De sí mismo nos hace donacion.

Si es preciso un intrépido piloto,
Que sábio nos ayude á caminar
Por el mar borrascoso de la vida,
¿A quién mejor podrémos apelar?

Confiémosle, pues, nuestra barquilla,
Y seguros podemos descansar,
Sin temer que el embate de las olas
Venga nuestro reposo á perturbar.

Si anhelamos tener un fiel amigo
En quien siempre podamos confiar,
El es el más constante, el más seguro
Que nuestro amor pudiera ambicionar.

Pues que en la hora terrible de la muerte
No habrá amigo capaz de consolarnos;
Sólo este Corazon, que es nuestra vida,
Vendrá á darnos aliento y ampararnos.

¿Por qué, pues, nos afligen las desdichas
Que inundan á la tierra? si tenemos
Un Corazon que vela por nosotros,
Con cuyo auxilio al mundo venceremos.

Despues de tantas pruebas evidentes
De que el amor es siempre su victoria
¿Temeremos que venza su justicia,
Olvidando su gran misericordia?

No será así ; tu amor, Jesús querido,
De todas las maldades triunfará,
Y su fuerza, su grande poderio
Todos los corazones moverá.

Acuérdate, mi Dios, de aquellos tiempos
En que tu siervo Abrahan te preguntara
Si no perdonarías á Sodoma
Por diez justos que en ella se encontrara,

Y tú le respondiste bondadoso,
Perdonabas á toda la ciudad,
Si se hallaban diez almas solamente
Dignas de que ejercieses tu bondad.

Si no la perdonaste, fué, Dios mio,
Porque ni áun este número se hallaron,
Y al no haber quien templase tus enojos,
Las llamas al momento la arrasaron.

Pues si así perdonabas en un tiempo
En que todo era ley, todo rigor,
¿Qué harás en estos tiempos, Jesús mio,
En que reinan las leyes del amor?

— XIX —

Más de diez justos hay aún en la tierra
Clamando sin cesar, Jesús querido,
Apartes de nosotros el castigo
Que tantas veces hemos merecido.

¡Hay tantas almas santas que merecen
Detengas tu rigor y tu justicia,
Tengas piedad de tantos pecadores
Y perdones del mundo la malicia!

Mas ¿por qué apelaremos á los hombre ,
Teniendo el Corazon del Rey del cielo?
Tú solo has de salvarnos, Jesús mio,
Tú eres nuestra esperanza en este suelo.

No queremos más armas, más defensa.
Que tu dulce y amante Corazon ;
Con Él conseguiremos la victoria,
Alcanzando la gracia del perdon.

Refugiados en este fiel asilo ,
Ni áun á tu mismo Padre temeremos,
Pues viéndole irritado justamente,
Tu amante Corazon le ofreceremos.

Ea, pues, Corazon donde gravitan
Todos nuestros deseos y esperanzas,
Perdona, sí, á los pobres pecadores,
Que se vuelvan á Tí con confianza.

Olvida sus delitos y pecados,
Perdona su maldad ó ingratitud,
Y haz que caminen por las rectas sendas
De la verdad, la gracia y la virtud.

Apiádate benigno y compasivo,
De la Iglesia que ves tan angustiada;
Protégela, defiéndela, Dios mio,
Fija en ella tu más tierna mirada.

Vela por su Pontífice glorioso
Que se halla atribulado y perseguido,
Haz que triunfe de tantos enemigos
Y que de todos sea obedecido.

Que veamos la nave de la Iglesia
Sobre un mar apacible navegar,
Libre de los embates de las olas
Que la azotan y agobian sin cesar.

No olvides ¡oh mi Dios! la triste España
Víctima de contínua iniquidad,
Y ántes que se haga indigna de tu amparo
Acógela, Señor, en tu bondad.

Protege, sobre todo, los asilos,
Donde se hallan tus almas escogidas,
Que á despecho de un mundo que las odia,
Te consagran su sér, su amor, sus vidas.

— XXI —

Ellas toman por suyas las ofensas
Que recibe tu amante Corazon,
Y son víctimas puras é inocentes
De una ciega y cruel persecucion.

El mundo las arroja de sus nidos
Descargando sobre ellas su furor,
Mas siempre fieles entre tanta prueba,
Se inmolan y consumen en tu amor.

Protege sobre todo las colmenas
De tu amante y feliz Visitacion,
Que humilde se gloría en tus palabras
De que es tu Benjamin en dileccion.

Ya en un tiempo mostraste bondadoso,
A su Padre y dulcísimo Doctor,
Que más tarde á sus hijas mostrarías
Todas las maravillas de tu amor.

Tu promesa cumpliste en Margarita,
Mostrándole tu amante Corazon,
A su muerte, nosotras heredamos
El propagar tan santa devocion.

Nuestras vidas daríamos gustosas
Por conseguir llenar nuestra mision;
Pues si hay algo que pueda entusiasmarnos
Es ver reinar tu dulce Corazon.

Que llegue á ser de todos conocido,
Esta es la sola dicha á que aspiramos,
Y en recompensa de esto, Jesús mio,
Una gracia pedimos y esperamos.

Rodea nuestros pobres corazones
Con las espinas de ese tuyo amante,
Para que las punzadas que sintamos
Nos recuerden tu amor, tierno y constante.

Coloca en ellos como está en el tuyo,
La cruz erguida, á modo de estandarte,
Para que en los ataques y embestidas
Sea nuestra defensa y baluarte.

Y por fin, que la lanza que los hiera
Sea la de tu ardiente y puro amor,
Haciendo en ellos tan profunda herida,
Que no encuentren alivio en su dolor.

Y esta herida causada por tu amor,
Haz que nunca se cure ó cicatrice,
Sino que los consuma lentamente
Hasta que con sus vidas finalice.

No te olvides tampoco, Jesús mio,
De la insigne y amante Compañía
De los hijos de Ignacio de Loyola,
Que por tu amor trabajan á porfía.

— XXIII —

A ellos tambien les fué recomendado
Diesen á conocer tu Corazon;
Pues juntamente con tus pobres hijas
Recibieron del cielo esta mision.

Tú eres testigo de su ardiente anhelo,
De su incansable celo, del ardor
Con que trabajan incesantemente
Por atraer las almas á tu amor.

Bendice bondadoso cuanto emprendan
Para extender tan santa devocion,
Ya que á tus hijas sólo les es dado
Consumirse en perpétua inmolacion.

Y haz que todos un dia suspirado,
Unidos en tu santa dileccion,
Cantemos en la gloria eternamente
Los triunfos de tu amante Corazon.

D. S. B.

PRÓLOGO

Este mes del Sagrado Corazon de
Jesús, es un extracto textual de las
obras y vida de la Beata Margarita
María, hecho por sus contemporáneas. Parécenos que del conjunto de
los pensamientos diseminados en sus
escritos brota una luz viva y eficaz
que dá un profundo conocimiento de
la devocion al Corazon de Jesús. En
efecto, ¿quién mejor que la Beata
podrá hablarnos del adorable Corazon
de Jesús, en este mes de bendicion y
de amor? ¿Quién como ella, que ha
recibido de Nuestro Señor mismo la
mision de revelar al mundo las riquezas de su amor, ella que ha sido el
apóstol y á quien ha constituido de-

. positaria de su voluntad y de sus secretos?

Dos son los fines que nos hemos propuesto en esta obra.

Primero. Dar á conocer al Sagrado Corazon de Jesús conforme él mismo se ha mostrado, y al mismo tiempo mostrar á las almas amantes, la manera con que quiere ser venerado y reverenciado, tanto interior como exteriormente.

Segundo. Enseñar y dirigir al alma para que devuelva á este amante corazon amor por amor, mediante la práctica de las sólidas virtudes de que la Beata nos dá tan heróicos ejemplos.

Las oraciones que ponemos al fin de cada dia, se han sacado de la coleccion auténtica, compuestas por la Beata; pero hemos tenido que dar á algunas aquella forma que es más adecuada al objeto de que se trata en cada dia. No obstante, hemos puesto un cuidado especial para no alterar el texto, ni áun para que su estilo fuese más correcto. Las expresiones de la Beata están animadas de esa llama divina que dá tan indecible encanto y tan poderoso atractivo á las palabras de los Santos. Quiera el Sagrado Corazon de Jesús aceptar benévolo este pequeño obsequio, concediendo á su sierva, la traductora, su ardiente y santo amor, y encendiendo en el mismo á cuantas almas leyesen este precioso libro. Ruego tambien á éstos que encomienden á Dios á la que es, en el amante Corazon de Jesús, sierva de todos.

Las páginas históricas añadidas al fin de este libro no dejarán de interesar, segun creemos, á aquellos que deseen seguir el desarrollo primitivo de la devocion al Sagrado Corazon en los extractos de la correspondencia de la Beata.

MES DEL CORAZON DE JESÚS.

APERTURA DEL MES DEL SAGRADO CORAZON DE JESÚS.

DIA 31 DE MAYO

La Beata recibe de Nuestro Señor la mision de enseñarnos á amar su Corazon adorable.

Dirigió un dia Nuestro Señor á la Beata las palabras siguientes: «Quiero valerme de tí como de un instrumento, para atraer los corazones á mi amor».—«Yo no puedo comprender, Dios mio, respondió ella, cómo podrá ser esto». — « Por mi poder, se la dijo, que lo sacó todo de la nada. Pero no olvides jamás tu nada y que eres la víctima de mi Corazon, lo cual te obliga á estar dispuesta á inmolarte contínuamente por la caridad. Mi amor tampoco estará ocioso en tí, él te hará obrar ó sufrir siempre: pero no has de pretender jamás buscar tu propio interés, porque no es justo que al cincel de que se sirve el artífice para ejecutar su obra, se atribuya el mérito de la misma.

»Pero segun mi promesa poseerás, en cambio, los tesoros de mi Corazon, permitiéndote usar de ellos en favor de las personas dispuestas á recibirlos.

»Yo te constituyo heredera de mi Corazon y de todos sus tesoros por el tiempo y por la eternidad, dándote su libre uso segun quieras disponer y usar de ellos, y te prometo que sólo te faltará mi asistencia cuando falte el poder á mi Corazon.

»No te apropies estas gracias, ni seas escasa en distribuirlas á los demás, puesto que me quiero valer de tu corazon como de un canal, para derramarlas, segun mis designios, en las almas. Despues te mostraré cuántas se apartarán por este medio del abismo de perdicion».

La Beata, recordando estas gracias, escribe: «Cuando Nuestro Señor me regaló con este empeño particular de amar á su Sagrado Corazon, me mostró al propio tiempo lo mucho que tendria que sufrir por este mismo amor, y que las gracias que me haria serian, no tanto para mí, cuanto para aquellos á quienes me enviase, á los cuales debia responder sencillamente lo que él mismo me inspirase, puesto que daria á mis palabras la uncion de su gracia, por medio de la cual atraería muchos corazones á su amor».

Lucha admirable entre Jesús y su Esposa.

Fué precisa toda la autoridad divina para que la Beata aceptase la sublime mision á que Nuestro Señor la llamaba. «¡Ay, Dios mio! exclamó; yo conozco mi debilidad, temo haceros traicion, y que vuestros preciosos dones no estén seguros en mis manos. ¡Oh, único amor mio! ¿por qué no me dejais en el camino ordinario de las hijas de Santa María? ¿Me habeis traido por ventura á esta casa para perderme? Dad estas gracias preciosas á esas almas queridas, que os corresponderán mejor que yo, que no hago más que resistiros. Yo no quiero más que vuestro amor y vuestra luz: esto me basta para ser una buena religiosa, que es mi único deseo».

Este divino Salvador me respondió:

«Estoy conforme, hija mia; combatamos y veremos quién consigue la victoria, si el Criador ó la criatura, la fortaleza ó la debilidad, el Todopoderoso ó la impotencia; pero el que venza vencerá para siempre». Estas palabras me causaron una gran confusion; despues me dijo: «Has de saber que no me doy por ofendido de la oposicion que me haces por obediencia, por la cual he dado mi vida; pero quiero que sepas que soy el dueño absoluto de mis dones y de mis criaturas, y que nada puede oponerse al cumplimiento de sus designios».

Varias veces la dijo tambien Nuestro Señor: «El cielo y la tierra pasarán, pero mis palabras no quedarán sin efecto. —Reinaré, no obstante la oposicion de mis enemigos, y conseguiré al fin los designios para los cuales te he escogido, á pesar de los esfuerzos de aquellos que quieran oponerse». En esta promesa se fundaba la Beata para decirle con su acostumbrada confianza:

«¿Cuándo llegará este dichoso momento,

amable Salvador mio? Entre tanto yo os confío el cuidado de defender vuestra causa, miéntras que yo sufro en silencio ».

Oracion al Sagrado Corazon de Jesús por medio de la Virgen Santísima.

«Oh santa, amable y gloriosa Virgen, Madre de Dios, nuestra querida Madre, Señora y abogada; he aquí que de comun acuerdo nos arrojamos á vuestros pies, para renovar los votos de nuestro servicio y fidelidad hácia vos, y para suplicaros que como cosa vuestra, nos consagreis, ofrezcais, dediqueis ó inmoleis al Sagrado Corazon del adorable Jesús con todo lo que somos, hagamos y suframos; sin reservarnos cosa alguna, no queriendo tener otra libertad que la de amarle, otra gloria que la de pertenecerle en calidad de esclavas y víctimas de su puro amor, ni otra voluntad ó poder que el de agradarle y complacerle en todo, áun á expensas de nuestras vidas.

» ¡Oh dulce esperanza nuestra! hacednos sentir cuanto podeis con este amable Corazon de Jesús; emplead vuestro valimiento con nosotras, haciéndonos habitar en Él para siempre. Pedidle, que ejerciendo su soberano imperio sobre nuestras almas, reine su amor en nuestros corazones, á fin de que nos consuma y trasforme totalmente en Él mismo. Que Él sea nuestro Padre, nuestro Esposo, nuestro tesoro, nuestras delicias, nuestro amor y nuestro todo en todas las cosas, destruyendo y anonadando en nosotras, todo lo que es nuestro, y poniendo en su lugar, todo lo que és suyo, á fin de que podamos serle agradables. Que Él sea el sosten de nuestra impotencia, la fuerza de nuestra flaqueza, la alegría de todas nuestras tristezas.

»¡Oh Sagrados Corazones de Jesús y María! reparad todas nuestras miserias, suplid todas nuestras faltas, abrasad nuestros corazones en vuestros santos ardores, consumid en ellos todas nuestras frialdades y tibiezas en amaros y serviros, puesto que queremos hacer consistir nuestra dicha y felicidad, en vivir y morir como esclavas del adorable Corazon de Jesús, y como hijas y siervas de su Santisíma Madre».

Meditacion
para el dia 31 de Mayo, en preparacion al mes del Santísimo Corazon de Jesús.

La oracion preparatoria es ponerse, mediante un acto de fé, en la presencia del Sagrado Corazon de Jesús, y despues de adorarle con la reverencia posible, humilde y confiadamente se le pedirá que lave con su sangre preciosa nuestras culpas, que nos una á Él, para orar como Él, con Él, y por Él, á su mayor honra, culto y gloria.

Reconociendo nuestra impotencia para meditar dignamente tantos misterios de amor, como Él encierra, se pedirán las luces del Espíritu Santo, poniendo por intercesora á la Santísima Vírgen María en su purísimo Corazon, y á la Beata Margarita María de Alacoque, rezando á este fin el *Pater Noster*.

La composicion de lugar será, figurarse ver al Sagrado Corazon de Jesús, como se le representó varias veces á la Beata con la corona de espinas, llagado, abrasándose en llamas misteriosas de amor, oprimido con el peso de la Cruz, y todo Él en un hermoso campo, como en un trono de gloria.

La peticion será suplicar al Deífico Corazon luz para entender algo de los misterios de su amor, y gracia para poder corresponder á ellos, y propagar su culto vivificador y regenerador del mundo.

N. B. Esta oracion preparatoria, composicion de lugar y súplica, será la misma todos los dias del mes.

Punto 1.º El amor del Corazon de Jesús hácia los hombres es incomprensible.

Es el amor infinito de Dios, hecho hombre por amor á los hombres. Es amor que abraza todos los tiempos, á todos los hombres. El que redimió al mundo... satisfizo al Eterno Padre. Fué el móvil de su pasion y de su muerte. Fué la fuente de los Santos Sacramentos. Fué el que motivó la institucion de este culto. Es el que trasformó á Dios en pastor solícito, que busca la oveja perdida. El que la carga sobre sus hombros. El que la alimenta en los amenos prados de su Iglesia con los pastos saludables de su dotrina, de sus ejemplos, de su cuerpo y de su sangre. ¡Qué incomprensible es el amor del Corazon de Jesús! Es el que hace de un Dios un padre bondadosísimo para con sus hijos pródigos é ingratos, el que le hace salir al camino para recibirlos, el que los echa los brazos al cuello, el que los viste de gala, el que los prepara el convite celestial y divino. ¡Qué incomprensible es el amor del Sagrado Corazon de Jesús!

Punto 2.º Los fines del amor del Sagrado Corazon de Jesús son bien conocidos.

Son auténticas estas manifestaciones del mismo deífico Corazon á la Beata Margarita.

Quiero servirme de tí, para atraer los corazones á mi amor: y para ello te ofrezco todo mi poder. ¡Qué fin tan amoroso! ¡Qué eficacia en el medio! El fin es ser amado, ser correspondido en el amor! Dáse por pagado un amor incomprensible é infinito, con un amor tan mezquino é imperfecto. El medio es su omnipotencia; por esta razon le asegura que para lograrle no tienen que hacer otra cosa las criaturas, que disponerse, no á merecerlas, sino á recibirlas: por esto al constituir tesorera de este amor á la Beata, la prometió su asistencia, miéntras tuviese poder su Corazon adorable. Meditemos atentos.

El fin del amor del Sagrado Corazon de Jesús es recabar el amor de los hombres. ¡Qué designio del amor de un Dios tan humilde! ¡Qué amor tan despreciado! ¡Qué poco correspondido! El medio del amor es la omnipotencia de Dios, dejando obrar libremente á la criatura. ¡Qué medio tan eficaz y potente! ¡Qué maldad tan incomprensible la del pecado, la de la ingratitud, que esteriliza un medio tan poderoso, una virtud infinita!

Coloquio.

¡Soberano Corazon de Jesús: adoro la grandeza de tu amor! Admiro su extension, veo y siento su incomprensibilidad. Piérdame en ella, deífico Corazon, para hallarme en Vos mismo, para amar en Vos mismo. Yo deseo, yo propongo perder mi entendimiento en Vos, para no ver más que á Vos mismo, y deseo tambien perder mi voluntad en Vos, para no amar sino á Vos mismo.

Siento la ingratitud de los hombres, y

siento tambien la mia. Ojalá correspondamos fielmente todos á los fines tan nobles y generosos de vuestro amor. Que el amor en que se abrasó siempre vuestro Sagrado Corazon, y principalmente el que le hizo exhalar su último suspiro, abrase tambien los nuestros, para que vivan de vuestro amor en la vida y en la eternidad. Que os amemos de veras, soberano Corazon de Jesús, y que nuestro amor constante en la vida se perpetúe en la eternidad dichosa. Amen.

N. B. Las almas espirituales, que tuviesen oracion por mañana y tarde, podrán hacer la de la mañana, siguiendo la materia propuesta, interesando en ella las potencias del alma, segun su modo de orar: y en la de la tarde harán sobre la misma una aplicacion de sentidos, segun enseña San Ignacio de Loyola; esto es, mirando la persona ú objeto que interviene; y será aquí mirar con la vista interior del alma al Sacratísimo Corazon de Jesús, oyendo sus palabras; y será aquí oir interiormente lo que el Sagrado Corazon dice á la Beata Margarita, y contemplando sus obras, que serán las que practicó principalmente con la Beata y con otras amantes de su deífico Corazon, comprendiendo tambien en ellas, cuantas hizo en su vida santísima, como emanadas de este sagrado centro de amor.

En estas aplicaciones de sentidos se dará más lugar á los afectos que al discurso, siguiendo en esto las enseñanzas del Santo Fundador de la Compañía de Jesús.

DIA 1.º

El Corazon de Jesús empieza á manifestarse á la Beata.

Estando la Beata Margarita María en ejercicios, para prepararse á su profesion Religiosa, Nuestro Señor la dijo un dia despues de la Sagrada Comunion: « Hé aquí la llaga de mi costado, para que hagas tu mansion perpétua en ella. Aquí podrás conservar intacta la túnica de la inocencia, de que yo he revestido tu alma, á fin de que vivas en adelante de la vida de un Hombre Dios; vivirás como si ya no vivieres, para que yo viva perfectamente en tí... obrando como si ya no obrases tú, sino yo solo en tí... puesto que quiero ser tu todo en todas las cosas.

»Que tu divisa sea *amar* y sufrir ciegamente: un solo corazon, un solo amor, un solo Dios»...!

La Beata, despues de haber escuchado estas palabras, escribió con su sangre esta protesta de amor:

«Yo, pobre y miserable nada, protesto á mi Dios someterle y sacrificarle todo cuanto pida de mí, inmolando mi corazon al cumplimiento de su voluntad, sin reservarme otro interes, que su mayor gloria y su puro amor, al cual abandono todos mis instantes y todo mi ser».

Soy para siempre de este amado mio su esclava, su siérva y su criatura, puesto que Él es todo mio, y yo soy su indigna esposa. Sor Margarita María, muerta al mundo. Toda de Dios, y nada mia, toda para Dios, y nada para mí: ¡todo por Dios, y nada por mí!

El corazon de Jesús, jardin delicioso, libro de vida, abismo sin fondo.

Escuchemos á la Beata, cómo nos cuenta ella misma algunas de las gracias con que Nuestro Señor enriquecía y prevenía su alma.

«Una vez, dice ella, sentia yo en mi alma una agonía muy dolorosa, Nuestro Señor,

honrándome con su visita, me dijo: «Entra,
hija mia, en este jardin delicioso, para que
se reanime tu alma, que languidece». Ví, que
este jardin era Su Sagrado Corazon, y la di-
versidad de flores eran de una belleza admirable. Despues de haberlas considerado
todas sin atreverme á tocarlas, me dijo:
«Puedes coger las que quieras». Yo, arroján-
dome á sus pies, le contesté: «Oh dulce Salvador mio, yo no quiero otra flor que á Vos
mismo, que sois un manojo de mirra, que deseo llevar siempre entre los brazos de mis
afectos». «Has escogido bien, me respondió el
divino Salvador, esta mirra es la única que
no pierde su belleza y olor».

Esta vida es su tiempo y su estacion,
porque en la eternidad cambia de nombre.

Un dia, haciendo la lectura, este Amado
mio se presentó delante de mí, y me dijo:
«Quiero hacerte leer en el libro de la vida,
donde está contenida la ciencia del amor».
Descubriéndome su corazon me hizo leer estas palabras: «Mi amor reina en el sufrimiento, triunfa en la humildad y goza en la
unidad».

Lo cual se imprimió tan indeleblemente

en mi espíritu, que jamás he podido olvidarlo.

Nuestro Señor la dijo tambien: «Qué mirase la llaga de su Sagrado Corazon, la cual era un abismo sin fondo, abierta por una flecha sin medida, la del amor; que aquellos que le aman, encuentran dos vidas, una para el alma y otra para el corazon. El alma encuentra en ella el manantial de aguas vivas, para purificarse, y recibir al mismo tiempo la vida de la gracia, que había perdido por el pecado: el corazon encuentra una hoguera de amor, que no le deja vivir ya más, que de una vida de amor: la una se santifica, el otro se consume, pero como la abertura de esta llaga es muy estrecha, para entrar por ella es preciso ser muy pequeño y estar desprendido de todas las cosas.

Un dia en el Corazon de Jesús.

Puede recogerse de los diversos escritos de la Beata, esta manera de pasar un dia en el Corazon de Jesús.

«Al despertaros entrareis en el Sagrado Corazon y le consagrareis vuestro cuerpo, vuestra alma, vuestro corazon y todo lo que sois, para buscar en todo su amor y su gloria.

»Escoged al Corazon de Nuestro Señor para vuestro oratorio sagrado, donde hareis vuestras súplicas y oraciones, á fin de que sean agradables á Dios, amándole con el amor de este divino Corazon, adorándole con sus adoraciones, alabándole con sus alabanzas, obrando con sus operaciones, y queriendo con su voluntad.

»En la Santa misa os unireis á las intenciones de este amable Corazon, suplicándole os explique el mérito del sacrificio, segun sus designios sobre vosotros.

»Lo mismo hareis para la confesion y comunion, en la cual ofrecereis las disposiciones de este Sagrado Corazon, para suplir las que os falten.

»Cuando hagais las genuflexiones delante del Santísimo Sacramento, pensad en las que le hacían por burla en su pasion los que le crucificaron, y direis: «Que todo se prosterne delante de vos»; ¡oh grandeza de mi Jesús soberanamente abatido en la Hostia consagrada! ¡Que todos los corazones os amen, que todos los espíritus os adoren, y que todas las voluntades os estén rendidas y amorosamentè sometidas!

»Enviad y ofreced frecuentemente vuestro corazon por medio de vuestro buen angel, para rendir homenage al de Jesús en el Santísimo Sacramento.

»Cuando vayais á tomar la refeccion, acordáos del alimento divino, que alimenta á muchas almas en la Santa Eucaristía; pidiendo á Jesús, que el alimento corporal que váis á tomar por su amor y por obediencia, os sirva de medio para la comunion espiritual, por la cual su pureza purifique vuestras intenciones, su gracia vuestra alma, y su amor vuestro corazon, á fin de que jamás podais cesar de amarle.

» Cuando vayais á la recreacion procurad dedicar este tiempo al Corazon de Jesús, hablando de Él, y consagrando todas vuestras palabras á este Verbo divino, para que no permita pronunciéis una siquiera, que no sea para su gloria.

» Unireis vuestro silencio al que Él guarda en el Santísimo Sacramento del altar, y cuando hubiéreis de hablar, evitad toda palabra en provecho vuestro, ó que pueda ser molesta al prójimo, omitiendo toda reflexion, que pudiera excitar vuestro amor propio, ó vanidad.

»Cuando tengais algo que sufrir, regocijáos y unidlo á lo que este Sagrado Corazon ha sufrido y sufre aún en·el Santísimo Sacramento.

»Si os sintiéseis molestados por algun movimiento contrario al puro amor, depositadle en este divino Corazon, para que quede allí consumido, y os dé en cambio la humildad, y lo mismo hareis con todas las otras pasiones ó defectos.

»Y si tuviéseis la desgracia de incurrir en alguna falta, tomareis de este divino Corazon la virtud contraria, para ofrecérsela al Eterno Padre, suplicándole os devuelva la virtud y gracia mancillada, ó tal vez perdida, y lo mismo hareis por caridad cuando viéreis hacer faltas á otros.

»En toda suerte de acontecimientos tomad por aspiracion estas palabras de Nuestro Señor: *Fiat voluntas tua.....* Y despues »Yo me abandono en Vos».

»Por la noche pondréis en este adorable

Corazon, todo lo que hayais hecho durante el dia, á fin de que purifique cuanto haya de imperfecto y defectuoso en vuestras acciones.

»Para tomar con seguridad vuestro reposo, entrareis en el *Sancta Sanctorum*, esto es, en el Sacratísimo y adorable Corazon de Jesús, donde os encerrareis con la llave de un absoluto abandono á su providencia y cuidado».

Consagracion de sí mismo al divino Corazon de Jesús.

«¡Oh Corazon Sagrado! yo me consagro todo á vos: os doy mi corazon, mi entendimiento, mi memoria y voluntad, á fin de que cuanto haga y sufra, sea todo por vuestro amor y gloria; que todo cuanto vea y oiga, me lleve á amaros; que todas mis palabras sean otros tantos actos de adoracion, de amor y de alabanza vuestra, y que los movimientos de mis labios sean otros tantos actos de contricion de todos los pecados, que he cometido, y de los bienes que he perdido y malogrado; pidiéndoos ¡oh Corazon de amor! que pueda atraeros otras tantas veces á mí, cuantas atraigo el aire para respirar, y que al aspirarle, os ofrezca tantas veces á vuestro Eterno Padre, para darle gracias por todo lo que le debo.

«¡Oh Corazon lleno de bondad! escuchadme: ¡oh Corazon Sagrado, del cual soy, dependo y por quien vivo! inflamadme, llevadme, trasformadme toda en Vos. Haced que todos mis pasos sean para llegar á Vos, y que todos mis movimientos sean para estrecharme con Vos; protestando que prefiero sufrir mil muertes, ántes que separarme de Vos ó seros infiel».

Meditacion.

La oracion preparatoria y demás como en el dia anterior.

El amor al Sagrado Corazon de Jesús ha de ser humilde y dócil.

Punto 1.º Debiendo ser nuestro amor al Sagrado Corazon de Jesús amor de correspondencia y gratitud, ha de ser humilde. ¿Qué valor puede tener el amor de la criatura? Aunque se suponga fino, entero y continuo,

¿qué amor cabe en un corazon, que tanto tiene
que reservarse para el descanso, para las
cosas finitas, siquiera sea con relacion á lo
infinito, para el sueño, para los quehaceres,
y que tan de ordinario se reserva para sí
propio? ¿Qué extension, qué continuidad
tiene mi amor ...? ¡Ay! Si busco su medida,
ésta me parece la nada, y si su extension,
es la nada, su continuidad es la interrupcion casi continua.... y sin embargo, Corazon incomprensible en amor, este mi nada
interrumpido ha de pagar, ha de corresponder á tu amor.... Y te corresponderá si con
esta nada te amo.

Pero ¡oh Corazon amable! esta nada en
amarte es dejarte amar á tí en mí mismo....
Es amarte tú en mí; porque al fin mi nada en
amor, es tu infinito amor. ¡Qué amor tan humilde ha de ser el mio! amor que es nada:
amor que lo es todo.... ¡Qué dócil ha de ser
mi amor! amor que siendo nada, deje paso
libre al amor infinito.

De suerte, Corazon amante, que si me
empeño en amaros por mí mismo, os amaré
con un amor que es nada: y si os amo aban-
donándome en vuestro amor, mi amor será

infinito. ¡Ah! Es que mi amor es la nada: vuestro amor es el todo.... Que os ame con vuestro amor; que deje obrar en mi pobre corazon á Vuestro Soberano Corazon.

Punto 2.º Estas son palabras del Corazon de Jesús á la Beata Margarita.

«Un solo corazon....» ¿Cuál, el mio, ó el Corazon de Jesús? ¿Si éste, qué habrá del mio...? ¡Qué humildes han de ser en el amor los amantes del Sagrado Corazon...! «Un sólo amor». ¿El humano ó el divino....? ¡Qué dócil ha de ser el corazon de los amantes del Corazon de Jesús...!

Que os ame, Señor, sin que sepa que os amo.... Que mi amor no impida tu amor.... Así mi amor tendrá «un sólo Dios».... Así amaré sufriendo, no ya el no poderos amar más, sino participando de los sufrimientos de vuestro afligido Corazon, porque os he de amar con vuestro encendido amor, con el de vuestro Corazon. ¡Ay! ¡tiene Él tantas espinas...! ¡tantas llagas...! ¡tanta sangre...! Dichoso amar: dichoso sufrir. Sagrado Corazon de Jesús, que así ame yo: que así sufra yo: y si vuestro amor es gloria y vuestro amor el más subido sufrimiento que este amor me santifique. Así lo quiero; así lo pido ; así tendré el signo de vuestro amor. «Que tu divisa», dijo vuestro Corazon adorable á la Beata, «que tu divisa sea amar y sufrir ciegamente».

DIA 2.°

Nuestro Señor descubre á todos los hombres por medio de la Beata Margarita María las infinitas riquezas de su Sagrado Corazon.

Estando un dia la Beata delante del Santísimo Sacramento, recibió una gracia muy extraordinaria. Hé aquí como ella misma la refiere :

« Hallándome toda inundada de esta divina presencia, y tan fuertemente que me hizo olvidar de mí misma y del lugar en que estaba , me abandoné á este espíritu divino y á la fuerza de su amor. Nuestro Señor me hizo descansar largo tiempo sobre su pecho divino, en el cual me descubrió las maravillas de su amor y los inexplicables secretos de su Sagrado Corazon, que hasta entónces me habia tenido ocultos. Me le abrió por primera vez, pero de una manera tan sensible, que á pesar de las dudas que tengo de todo lo que digo, en esto no tengo ninguna, pues los efectos que hizo en mí me quitan toda duda.

Sucedió de esta manera:

«Mi divino Corazon, me dijo: «estoy tan apasionado de amor por los hombres, y por tí particularmente, que no pudiendo ya contener en mí mismo las llamas de mi ardiente caridad, es preciso que por tu medio las derrame y que por tí se manifiesten á ellos, para enriquecerlos con los preciosos tesoros que te descubro, y que contienen las gracias saludables de santificacion, y las necesarias para apartarlos del abismo de perdicion. Yo te hé escogido, sin embargo de ser como eres un abismo de indignidad é ignorancia, para el cumplimiento de este gran designio, á fin de que todo sea obra mia».

«Despues me pidió mi corazon, yo le supliqué le tomase, y haciéndolo así, le colocó en el suyo adorable, donde me lo hizo ver como un pequeño átomo que se consumia en esta ardiente hoguera; de allí lo retiró como una llama ardiente y abrasadora en forma de corazon, y le volvió á poner en su sitio, diciéndome:

« Hé aquí, amada mia, una preciosa prenda de mi amor, que encierras en tu costado; es una pequeña chispa de sus vivas llamas, para que te sirva de corazon, y te consuma hasta el último momento de tu vida.

»Si hasta ahora no has tenido mas nombre que el de esclava mia, yo te doy para en adelante el de discípula muy amada de mi Corazon...»

«Esta gracia me fué renovada todos los primeros viérnes del mes, de esta manera: Este divino Corazon se me representaba como un sol brillante, cuyos ardientes rayos, reflejando en mi corazon, le abrasaban con un ardor tal, que parecia iban á reducirle á ceniza. Durante este tiempo era cuando mi divino Maestro me enseñaba particularmente lo que queria de mí, y me descubría los secretos de este amable Corazon».

Los serafines, uniéndose á la Beata, forman la primera asociacion en honor del Sagrado Corazon de Jesús.

En cierta ocasion recibió la Beata una gracia particular, que expresa así: «Una vez

que estábamos juntas hilando, yo me retiré
á un patio pequeño, próximo al Santísimo
Sacramento: arrodillada, seguí trabajando
y sintiéndome recogida interior y exteriormente: al mismo tiempo, me fué representado el amable Corazon de mi adorable Jesús,
más resplandeciente que el sol. Se hallaba
en medio de llamas de su puro amor, rodeado
de serafines, que cantaban en concierto admirable:

Cuando triunfa el amor, el amor goza,
Cuando es el de Jesús, el alma se alboroza.

«Y como yo rehusase la invitacion que me
hacian estos espíritus bienaventurados, de
unirme á ellos para cantar las alabanzas de
este divino Corazon, viendo que no me atre-
via, me reprendieron diciéndome: «Que habian venido para asociarse conmigo, á fin de
rendirle un continuo homenaje de amor, de
adoracion y de alabanza; y que por esta razon ocuparian un sitio delante del Santísimo Sacramento, para que yo pudiese amarle
continuamente por su medio, y que ellos
tambien participarian de mi amor, sufriendo
en mí, como yo gozaria en ellos ». Al mismo

tiempo escribieron esta asociacion en el Sagrado Corazon con letras de oro y con caractéres indelebles de amor.

»Esta gracia duró como dos ó tres horas, y he sentido toda mi vida sus efectos, tanto por los socorros que me ha proporcionado, como por las dulzuras que he sentido y ha producido en mí. Dejóme toda abismada de confusion. En mis oraciones ya no los llamaba ángeles, sino mis divinos asociados».

Unida la Beata á los espíritus celestiales, sentia la necesidad de asociarse tambien en el Corazon de Jesús á las almas fieles, á las cuales sugeria esta santa devocion. Diversos pasajes de su correspondencia son evidente prueba de esto:

« Dios puede cuando quiere, escribia, sacar su gloria de nuestras menores acciones, como espero lo hará, del deseo que os dá, de que entremos en particular union de bienes. Yo, puedo deciros que no hago ninguno; pero Dios es tan bueno, que nos permite apropiarnos el tesoro de los verdaderos pobres, que es el Sagrado Corazon de Jesús, cuya celestial abundancia puede remediar superabundantemente nuestra grande indigencia. De este bien precioso debemos formar nuestra asociacion, depositando en este Sagrado Corazon todo el bien que podamos hacer con su gracia, y uniéndolo á los suyos, se los ofreceremos al Padre Celestial en vez de solos los nuestros. Ved aquí nuestra verdadera sociedad y nuestro delicioso retiro, este Corazon adorable, donde viviremos al abrigo de todas las tempestades de la vida.

»Haceis bien en desear uniros á las santas almas que honran á este divino Corazon, porque hay gran número de ellas.

»Me atrevo á complacerme con la idea, de que no me olvidareis en el Sagrado Corazon de Nuestro Señor Jesucristo, á cuyo Corazon quisiera que todos los demás estuviesen consagrados. Tratemos de atraer á todos cuantos podamos á nuestra pequeña asociacion; pidamos esta gracia al mismo deífico Corazon.

Así fué como empezaron á formarse las primeras asociaciones en honor del Sagrado Corazon de Jesús, en las cuales por su profunda humildad la Beata se creia indigna.

«..... Mi Salvador, porque no me perdiera, dice ella, me unió El mismo en bienes espirituales á sus más fieles amigos, para que ellos reparasen por su amor y fidelidad las injurias que yo le hago. Pero yo os confieso ingénuamente, que si esas santas almas me conociesen tal cual soy, jamás consentirian en esta union, por temor de que las rechazase la indignacion y cólera de este amable y dulce Corazon, sin el cual la vida me sería insoportable».

Poder de las oraciones comunes en honor del Sagrado Corazon de Nuestro Señor Jesucristo.

«Pidamos sin cesar á este amable Corazon, que se haga conocer y amar, y que derrame sus misericordias sobre todos aquellos que recurran á Él, encomendándole las calamidades públicas».

¡Cuán poderoso es este divino Corazon para apaciguar la cólera de la justicia divina, que la multitud de nuestros pecados ha irritado, atrayendo sobre nosotros todas las calamidades que nos afligen.....!

Las oraciones comunes tienen un gran poder cerca de este Sagrado Corazon, el cual contiene y aparta los rigores de la divina justicia, poniéndose entre ella y los pecadores, para obtener misericordia.

«¡Oh qué dicha la de aquellos que contribuyen al establecimiento del reino del Sagrado Corazon! Ellos se atraerán por este medio la amistad y las bendiciones eternas de este amable Corazon de Jesús, que será un protector poderoso para nuestra pátria.

Ciertamente que no ménos poderoso se necesitaba para aplacar la indignacion de la justa cólera de Dios, excitada por los muchos crímenes que se cometen. No obstante, espero que este divino Corazon, les será un manantial copioso é inagotable de gracias y de misericordias.

Consagracion al Sagrado Corazon de Nuestro Señor Jesucristo, para ser recitada en público.

¡Oh Señor! Jesús santo y dulce amor de nuestras almas, que habeis prometido, que donde se reunan dos ó tres en vuestro nombre, allí estareis Vos en medio de ellos. Ved aquí, oh amable y dulce Jesús, nuestros corazones unidos con la intencion de adorar, alabar, amar, bendecir y agradar al vuestro, santo y sagrado, al cual dedicamos juntos y consagramos los nuestros para el tiempo y para la eternidad, renunciando para siempre á todo otro amor, ó afecto, que no sea el amor y el afecto de vuestro Corazon adorable, deseando que todos los deseos y aspiraciones de los nuestros estén siempre conformes con los del vuestro, al que deseamos contentar hasta donde alcance nuestra capacidad. Mas como nada podemos por nosotros mismos, os suplicamos, oh adorable Jesús, por la bondad infinita de vuestro Corazon, que sostengais y confirmeis los nuestros en la resolucion que les dais de amaros y serviros, á fin de que nada nos aparte ó desuna de Vos, ántes al contrario, que siendo fieles y constantes en este propósito, sacrifiquemos al amor de vuestro Sagrado Corazon todas las vanas complacencias de los nuestros y todo lo que pueda arrastrarlos en pos de las cosas de aquí abajo, donde confesamos que todo es vanidad y afliccion de

espíritu fuera de amaros y serviros á Vos solo.
Divino y amable Salvador mio Jesucristo,
sed bendito y glorificado eternamente (1).

Meditacion.

El preludio y la peticion como en el primer dia.

Punto 1.º La caridad del Corazon de Jesús
es infinita como su mismo ser; en ella abraza
á todos los hombres, que por su parte cum-
plen en Él su obra crucificante; y esa cruz
es el amor, y el que le crucifica mística y
áun realmente, es el mismo amor. En efecto,
una de sus tendencias mas marcadas, es la
de comunicarse y derramar en las almas
lo que en Él sobreabunda. ¡Oh Corazon deífico! dime cuáles son esos secretos inexplicables y misteriosos que tan amorosamente te
tiranizan! ¡Ah! Es el encendido amor, que re-
chazado por las almas vuelve con más fuerza á su origen, llagando profundamente el
manantial de donde brotaron...! Es que el
Corazon de Jesús es el Corazon vivificador

---

(1) Pequeño libro de oraciones, tomo II, pág. 477.

del cuerpo místico de la Iglesia, por medio de su infinito amor. Déjame, pues, Corazon amante, déjame empaparme en esa sangre que se forma en Tí, y que brota por doquiera purificando, santificando y abrasando en amoroso amor, como tú te abrasas en doloroso amor! Déjame participar de ese padecer que te oprime por no hallar correspondencia, para que sufriendo contigo, alivie algun tanto tu sufrir.

¡Oh! si entendiera el mundo ingrato que tu tendencia más marcada es la de comunicarte á las almas por amor, ¡qué fielmente corresponderia!

Inunda, Corazon santo, en las corrientes de esa luz á todas las almas. ¡Así conocerán! ¡Así corresponderán!

Punto 2.° El amor triunfa...! ¿Y cómo? En el dolor.... testigo esas llamas, símbolo de la victoria de amor que alcanzan sobre las almas; llamas que abrasan en el padecer y le oprimen en el gozar... El amor goza...! ¿De qué modo? en sus trabajos, aún gloríase en su corona de espinas...! El amor se regocija en el triunfo y gozo, conseguido por sí mismo, cimentado en el dolor...! ¡Oh Corazon amorosamente dolorido, y dolorosamente amante! triunfa; goza; regocíjate en el mio.

Triunfa por mi destruccion : goza en mi dolor : regocíjate en amarte en mí, por Tí mismo.

Jaculatoria. Corazon deífico de Jesús, trasforma mi nada en tu todo.

DIA 3.°

Nuestro Señor dá su Corazon á los hombres, como el último esfuerzo de su amor, y pide que su imágen se venere en público.

Hé aquí uno de los más notables favores, concedidos por Nuestro Señor á la Beata, en órden á la mision, que queria confiarla. Lo hacemos como ella misma dió cuenta de él por una órden expresa de la obediencia.

«Un dia de San Juan Evangelista, despues de haber recibido de mi divino Salvador una gracia parecida á la que recibió este discípulo en la noche de la cena, el divino Corazon se me representó como en un trono de fuego, echando llamas más brillantes que el sol, y resplandeciente como el cristal. La llaga que le hicieron estando en la cruz, aparecia visible; tenia una corona de espinas al rededor de este Corazon divino, y una cruz encima. Mi divino Maestro me dijo, que estos instrumentos de su pasion significaban, que el inmenso amor, que habia tenido á los

5

hombres, habia sido el orígen, y como el manantial, de todos sus sufrimientos; que desde el primer instante de su Encarnacion, habian estado siempre presentes á su vista todos los tormentos, y que desde este primer instante la cruz estuvo, por decirlo así, grabada en su Corazon; que aceptó desde entónces todos los dolores y humillaciones, que debia sufrir su humanidad durante el curso de su vida mortal, y tambien los ultrajes, que le proporcionaria su amor para con los hombres, y, por último, los que debia sufrir hasta el fin de los siglos en el Santísimo Sacraménto. Despues me dió á conocer que el gran deseo que tenía de ser perfectamente amado de los hombres, le habia hecho formar el designio de manifestarles su Corazon y darles en estos últimos siglos esta última prueba de su amor, proponiéndoles un objeto y un medio tan propio para obligarles á amarle, y amarle sólidamente, pues les abria todos los tesoros de amor, de misericordia, de gracia, de santificacion y de salvacion, que contiene, á fin de que todos aquellos que quisiesen tributarle y procurarle cuanto amor les fuese posible, fueran enriquecidos con profusion de los divinos tesoros, de que este Corazon es manantial fecundo é inagotable.

»Tambien me ha asegurado, que tendria una singular complacencia, en ser venerado bajo la forma de este Corazon de carne, cuya imágen queria fuese expuesta en público con el fin, añadió, de mover los corazones insensibles de los hombres, prometiéndome que derramaria con profusion sobre todos aquellos que le honrasen, todos los tesoros de gracias de que está lleno.

»En todo lugar donde esta imágen esté expuesta para ser venerada, atraerá en abundancia toda suerte de bendiciones.

»Dijóme despues este divino Salvador, segun lo que yo entendí, estas palabras: He aquí, hija mia, el designio para el cual te he escogido; con este objeto te he hecho gracias tan grandes, y he cuidado tan particularmente de tí desde la cuna. Si me he constituido tu Maestro y Director, ha sido para disponerte á recibir estas grandes gracias, entre las cuales debes contar ésta como una de las más notables, pues en ella te descubro y te doy el mayor de todos los tesoros, mostrándote y dándote al mismo tiempo mi Corazon ». Entónces, postrándome en tierra, no pude expresar mis sentimientos de otro modo, que con mi silencio, que fué muy pronto interrumpido por mis lágrimas y suspiros. (1)

Recuerdos.

Catorce años despues, el recuerdo de esta gracia inspiraba á la Beata estas sublimes palabras :

« El dia de la fiesta del discípulo amado de Nuestro Señor me vino á la memoria, que en semejante dia fué, cuando este Esposo divino me hizo la incomprensible gracia, de la cual soy tan indigna; de hacerme con su discípulo amado descansar en su seno, y de darme su Corazon, su amor y su cruz. Su Corazon, para que sea mi asilo, mi socorro y mi celestial descanso en las tempestades de este mar borrascoso; su cruz, para que sea mi trono de gloria, en la cual debo, no sólo gloriarme, sino hasta regocijarme, puesto

---

(1) Carta cxxi al Reverendo Padre Rolin, tomo xl, pág. 274.

que no hay nada bueno para mí, más que Jesús, su amor y su cruz. Me ha dado tambien su amor, para purificarme, consumirme y trasformarme toda en Él. Pero Dios mio, ¡cuán mal hé correspondido á estas grandes gracias, las cuales, debiendo servirme de santificacion, acaso me sirvan para mi condenacion»! (1).

Otra vez escribia:

«.... El Sagrado Corazon de nuestro Señor Jesucristo me favorece contínuamente, y yo no le respondo más que con ingratitud.

Me ha regalado con una visita, que me ha sido en extremo favorable, por las buenas impresiones que há dejado en mi corazon. Entónces me confirmó que el placer que encuentra en ser amado, conocido y honrado de las criaturas es tan grande, si no me engaño, que me ha prometido, que todos aquellos que estén dedicados y consagrados á Él, no perecerán jamás; y como es el manantial de todas las bendiciones, las derramará con abundancia en todos los lugares donde esté colocada y honrada la imágen de este divi-

---

(1) Carta xciii á la madre S..., t. ii, pág. 157.

no Corazon, que reunirá las familias separadas, y protegerá y asistirá á aquellos, que se encuentren en alguna necesidad, y se dirijan á Él con confianza; que derramará la suave unción de su caridad sobre todas las comunidades, que le honren y se pongan bajo su especial proteccion; que apartará todos los golpes de la divina justicia de las que se hayan apartado de sus deberes, hasta volverlas á poner en gracia (1).

Idea práctica que da de la devocion al Sagrado Corazon de Jesús la Beata Margarita María.

«Yo os diré sencillamente como á mi verdadera amiga en el adorable Corazon de Jesús, escribia la Beata, que cuando le pido por vos, me viene al pensamiento, que si deseais vivir toda para Él y llegar á la perfeccion, es preciso que hagais á este Sagrado Corazon el sacrificio de vos misma y de todo lo que depende de vos sin reserva alguna, para no querer ya nada sino por la voluntad

---

(1) Carta xxxiii á la madre Greyfié, t. ii, pág. 68.

de este amable Corazon, no amar sino por
sus afectos, no obrar sino por sus luces, no
emprender nada jamás sin pedirle primero
su consejo y asistencia, atribuyéndole la
gloria de todo, y hasta dándole gracias lo
mismo en el bueno, que en el mal resultado
de nuestras empresas, quedando siempre
contentas sin turbarnos por nada; porque lo
único que debe bastarnos es, que este divino
Corazon esté contento, amado y glorificado.
Y si deseais ser del número de las amigas, le
ofrecereis este sacrificio de vos misma el
primer viérnes del mes, despues de la Sagrada Comunion, que hareis con esta intencion, consagrándoos toda á Él, para rendirle
y procurarle todo el amor, la honra y la
gloria que podais, y todo esto segun Él os
inspire.

Despues de esto ya no mirareis, sino como
una cosa perteneciente y dependiente del
adorable Corazon de Jesucristo, acudien-
do á Él en vuestras necesidades y estable-
ciendo vuestra mansion en este Corazon en
lo que esté á vuestro alcance. Él reparará lo
que pudiera haber de imperfecto en vuestras acciones, y santificará las buenas, si

en todo os unís á sus designios» (1).

«.... Debemos procurar cuanto podamos entrar en este Corazon adorable, haciéndonos muy pequeñas por la humilde confesion de nuestra nada, en la cual es preciso que estemos siempre abismadas. Es preciso, además, que nos establezcamos como en un reino de paz en este Sagrado Corazon, y esto se hará, conformando nuestra voluntad con la suya, á la cual es preciso nos abandonemos de tal suerte, que nuestro particular cuidado sea arrancar de nosotras todo aquello que pueda poner obstáculo á esta conformidad, dejándole hacer en nosotras de nosotras y por nosotras, cuanto le agrade, á fin de que nos conforme y perfeccione á su gusto. Y para mantenernos siempre en este Corazon divino, es preciso amarle con un amor de preferencia, como lo único necesario á nuestro corazon, y este amor irá logrando dulcemente, que releguemos al olvido y desprecio todo lo demás (2), que no

---

(1) Carta á la madre Soudeilles, t. II, pág. 52.
(2) Carta LXXXIX á la Hermana de la Basge, t. II, página 150.

conduzca, ni sostenga este amor de preferencia tan delicioso».

Aspiracion de amor al Sagrado Corazon.

¡Oh Corazon vivo y abrasado de amor! oh Santuario de la divinidad, templo de la majestad soberana, altar de la caridad divina, Corazon que os abrasais de amor por Dios y por mí, yo os adoro, yo os amo, yo me confundo de amor y de respeto en vuestra presencia! Yo me uno á vuestras santas intenciones; yo quiero, sí, yo quiero abrasarme en vuestros ardores, y vivir de vuestra vida. ¡Cuánto gozo al veros dichoso y contento! ¡cuánta parte tomo en vuestras gracias, en vuestros dolores y en vuestra gloria! Por esto, sin duda, mi corazon quisiera sufrir y morir, ántes que desagradaros! ¡Oh corazon mio, es preciso que no obres, sino por los impulsos del Corazon de Jesús, es preciso que en su presencia muera silenciosamente todo lo que es natural ó humano. ¡Oh corazon divino! yo me uno á Vos y me pierdo en Vos. Así toda mi ocupacion será mantenerme en silencio y con respeto, ano-

nadada delante de Vos, como una lámpara
ardiente, que se consume delante del Santísimo Sacramento. Amar, sufrir y morir!
Amen».

Meditacion.

El preludio y peticion como en el primer dia.

Punto 1.º El amor de Jesucristo es ingenioso hasta agotar, por decirlo así, los tesoros de su sabiduría, para comunicarlos á sus
criaturas. Solo el amor, y el amor de un Dios,
pudo obrar tales maravillas. ¡Ay! ¡cuándo
llegaremos á convencernos, de que sólo dejándole reinar á Él, reinaremos verdaderamente nosotros!

Corazon deífico de Jesús, ¡qué misteriosos
son tus caminos! El reino de tu amor se ha
de establecer sobre la ruina del nuestro.
Reinad, pues, y sea glorificado en nuestra
propia destrucccion.

Cuando dejamos libertad al Corazon de
Jesús para que reduzca nuestras potencias á
la nada, entónces las vuelve á su orígen, que
es Dios, y en esa nada obra con libertad.

¡Ay! ¡qué hermoso es amar sin entender ese mismo amor; qué grande es sentir al amado, sin darse cuenta de cómo; y qué glorioso es para Jesús reinar en un corazon, que olvidado de todo y de sí mismo, ignora tambien que le glorifica á Él! Entónces su amor es infinito, su union indisoluble y la gloria que dá á Dios, es infinita tambien, puesto que és la misma gloria que se dá Él á sí mismo!

Punto 2.º Veamos cómo se presenta el deífico Corazon á nuestra adoracion : llagado, coronado de espinas, abrasado en llamas de caridad, y teniendo sobre sí, como trofeo, la cruz donde su amor le glorifica en el dolor : estas insignias sólo significan amor, y si la justicia del Padre así le puso para quedar satisfecho, escogió para su ejecucion el verdugo más cruel que haber pudiera, encargando esta obra al amor. Pero ¿qué son estas señales exteriores, cuyo símbolo son las primeras? ¿No es cierto, Corazon divino, que si de espinas estais rodeado, no es cierto que hay otras espinas que en lo más interior de vuestro corazon os punzan, hieren y taladran? ¿Y qué son esas llamas exteriores, sino una débil expresion de lo que vuestro

Corazon encierra; llamas que no pudiendo contenerse sueltas, se abrieron paso hácia fuera, obrando en vuestro Corazon intenso dolor, gozo sumo y amor incomprensible; todo junto y todo en un grado incalificable, porque es infinito? Y si descansais en una cruz, otra mas dura y mas penosa os ofrecemos nosotros, con la dureza de nuestros corazones y nuestra tardanza en amaros. Reinad ya para siempre en ellos, que se abrasen, se consuman y se anonaden en el piélago de vuestro incomprensible amor.

Jaculatoria. Triunfa, Corazon Sagrado, triunfa de nuestros corazones.

DIA 4.

Nuestro Señor pide se instituya una fiesta en honor de su Corazon, que tanto ha amado á los hombres.

« Estando delante del Santísimo Sacramento un dia de su octava, dice la Beata, recibí de mi Dios gracias extraordinarias. Sentíme impulsada del deseo de corresponderle fielmente, dándole amor por amor, y me dijo : « No puedes corresponderme mejor que haciendo lo que te he pedido tantas veces » : y descubriéndome sú divino Corazon, « hé aquí, me dijo, el Corazon que tanto ha amado á los hombres, que nada ha omitido hasta agotarse y consumirse, para probarles su amor; y no recibe más correspondencia de la mayor parte de ellos, sino ingratitudes, desprecios, irreverencias y frialdades, que es lo que tienen para mí en este sacramento de amor. Pero lo que me es áun más sensible es que son corazones, que me están consagrados, los que obran así. Por esto te pido que el primer viérnes despues de la octava del Santísimo Sacramento, se celebre una fiesta en honor de mi Corazon, comulgando este dia y haciéndole actos de reparacion y no ménos de consagracion á su amor y servicio, para reparar las injurias que ha recibido durante el tiempo, que ha sido expuesto en los altares. Yo te prometo por ello, que mi Corazon se dilatará, para derramar con abundancia la influencia de su amor sobre aquellos, que le tributen este honor, ó procuren le sea tributado».

— «Pero, Señor mio, ¿á quién os dirijís, díjole ella, á una miserable criatura, á una tan grande pecadora, cuya indignidad sería suficiente para impedir el cumplimiento de vuestros designios? ¡Teneis tantas almas generosas, para ejecutar lo que quereis....!

— «Y qué, la dijo este divino Salvador, ¿ignoras que me valgo de los sujetos más débiles, para confundir á los fuertes, y que ordinariamente elijo á los mas pequeños y pobres de espíritu, porque en ellos es donde mi poder se manifiesta con mas esplendor, logrando así el que. no se atribuyan cosa alguna á sí mismos....?» (1).

Primeros homenajes tributados al Corazon Sagrado de Nuestro Señor en Paray-le-Mónial.

En 1685 la Beata, nombrada Maestra de novicias, tuvo el consuelo de poder dar principio al culto del Sagrado Corazon. Lo expresa así :

Aun no habia encontrado medio de hacer brillar la devocion al Corazon de Jesús, que era toda mi aspiracion. Hé aquí la primera ocasion, que su bondad me proporcionó. Habiendo caido en viérnes la fiesta de Santa Margarita, supliqué á nuestras queridas hermanas novicias, cuyo cargo tenia entónces, que todos los obsequios que tuviesen pensado hacerme con motivo de mi fiesta, se los hiciesen al Sagrado Corazon de Nuestro Señor Jesucristo. Lo hicieron de muy buena voluntad, erígiendo un pequeño altar, sobre el cual colocaron una imágen, tambien pe-

(1) Vida por sus contemporáneos, t. I. pág. 96

queña, de este Corazon, dibujado á pluma sobre un papel, á la cual tratamos de tributar todos los homenajes, que este divino Corazon nos inspiró (1).

Esta querida Directora, leemos en las memorias de sus contemporáneas, empezó á consagrarse lo primero al divino Corazon de Jesús, y quiso que sus novicias hiciesen lo mismo, mandándolas que escribiesen cada una la consagracion que hiciesen, segun su atractivo y segun lo que nuestro Señor las inspirase. A continuacion escribió ella de su mano alguna cosa, conforme á lo que el divino Corazon la daba á conocer de sus disposiciones.

Pasó todo el dia con las hermanas novicias honrándole, porque habiéndolas preguntado ántes, si no serian gustosas de concederla este placer, el cual no quedaria sin recompensa, dijeron todas que sí.

Despues poniéndose de rodillas delante de este pequeño altar, hizo con ellas un acto de reparacion y rezó algunas oraciones, que habia compuesto en honor de este Corazon

_____

(1) Vida por ella misma, t. II; p. 356.

adorable, las cuales pronunció con un ardor
seráfico, quedando despues algunos instantes en silencio, en un recogimiento tan profundo, que no podia ménos de inspirar fé,
amor y devocion, áun á las que menos sen-
tian.

Terminó dándolas gracias, repitiéndolas
varias veces :

«No podíais, mis queridas hermanas, con-
cederme un placer más grato y sensible, que
el de tributar vuestros homenajes á este divino Corazon, consagrándoos todas á Él.
¡Qué felices sois en que se haya servido de
vosotras, para dar principio á esta devocion.
Es preciso continuar orando, para que reine
en todos los corazones. ¡Oh qué dicha para
mí, que el Corazon adorable de mi divino
Maestro sea conocido, amado y glorificado !
¡Ay! Hermanas mias, es el mayor consuelo
que puedo tener en mi vida ; ninguna cosa
en ella puede causarme ya placer, más que
verle reinar. Amémosle, pero amémosle sin
reserva, sin excepción. Inmolemos y sacrifiquémoslo todo por conseguir esta dicha, y lo
tendremos todo, poseyendo este divino Corazon de Jesús, que quiere ser todo para el

corazon que le ama, esto es, para el que se decide á sufrir mucho por Él.

¡Ay! mis queridas hermanas, añadia, toda nuestra ocupacion há de ser amar y conocer á Dios, y todo vuestro patrimonio, amar su Corazon adorable. Qué felicidad la de poder decir: Sí, ¡yo le amaré y le alabaré por toda una eternidad! Pero para esto es preciso amarle con fidelidad y constancia, lo mismo en las afliciones, que en los consuelos, y en todos los acontecimientos de la vida» (1).

Celo de la Beata por la gloria del Sagrado Corazon.

«.... Si supiéseis los vivos impulsos que siento, de honrar al Sagrado Corazon de Nuestro Señor Jesucristo!.. Paréceme que no me ha sido dada la vida, sino para esto.

».... No tengo otro deseo, que el de procurar la gloria á este Sagrado Corazon! Cuán feliz me creeria, si ántés de morir, pudiera agradarle en algo!

---

(1) Vida por sus contemporáneas, t. i. p. 208. 209. 210.

».... Soy insensible á todo lo demás; pero para amarle y hacerle amar, es tal mi empeño, que aunque tuviese que padecer por este motivo todos los trabajos, penas y dolores del mundo, se me convertirian en delicias; porque no hay sufrimiento, al cual no me ofrezca con gusto.

».... Se enciende por instantes en mi corazon un deseo tan ardiente, de verle reinar en todos los corazones, que creo no hay nada, que no quisiese hacer y sufrir por conseguirlo, áun las penas del infierno sin el pecado me serian dulces.

».... Con tal de amarle y verle reinar, esto me basta.

».... Mi mezquino corazon no es sensible, sino para esto, no respira, no desea, si nover reinar el de nuestro buen Maestro en los corazones capaces de amarle.

».... Todas mis oraciones no tienden sino á este fin.

».... No ceso de aplicar al sólo interés de la gloria de este Sagrado Corazon, todo el bien que pueda hacer, ó que hagan por mí.

».... Sean tributados eternamente el amor, la gloria y alabanza al Corazon todo amor, todo amante y todo amable, de nuestro adorable Salvador, por todo el bien que obrará y producirá en las almas en el establecimiento del reino de su Sagrado Corazon en los corazones de buena voluntad» (1).

Fórmula para consagrarse al Corazon de Jesús, propuesta por la Beata.

Doy y consagro al Sagrado Corazon de Nuestro Señor Jesucristo mi persona, mi vida, penas y padecimientos, para noservirme de ninguna parte de mi sér, sino para amarle, honrarle y glorificarle. Esta es mi voluntad irrevocable, ser toda suya y hacer todo por su amor, renunciando de todo mi corazon á todo lo que pudiera desagradarle. Os tomo, pues, ¡oh Corazon de Jesús! por el único objeto de mi amor, el protector de mi vida, el garante de mi salvacion, el remedio de mi inconstancia, el reparador de todos los defectos de mi vida, y mi asilo seguro en la hora de la muerte. Sed, pues, ¡oh

(1) Cartas xxxiv, cxi, lxxvii, lvi, xcvii, t. ii. p. 63, 219, 150, 109. 195.

Corazon bondadoso! mi justificacion para con Dios Padre, y alejad de mí los rayos de su justa cólera. ¡Oh Corazon amoroso! pongo toda mi confianza en Vos, todo lo temo de mi debilidad, mas todo lo espero de vuestra misericordia. Consumid en mí, cuanto os desagrade ó resista, y que vuestro puro amor se imprima de tal manera en mi corazon, que jamás pueda olvidaros, ni ser separada de Vos. Os suplico por vuestra bondad misma, escribais mi nombre en vuestro Corazon, pues que quiero hacer consistir mi dicha, en vivir y morir como vuestra esclava (1). Así sea.

Meditacion.

Punto 1.° ¡Qué contradicciones en el amor! Quiere el divino Corazon de Jesús establecer su reinado en el mundo, y elije para ello el instrumento más humilde: una pobre vírgen, sepultada en el silencio de un cláustro..! Quiere reinar glorioso en el corazon

_____

(1) Cartas XLIX á la Hermana de la Basge, tomo II, página. 98

de todos, y se vale, para conseguirlo, 'del dolor, de la humillacion, del desprecio casi universal..! Quiere obrar grandes cosas por medio de sus criaturas, y para ello las anonada y destruye, con el fin de que no puedan atribuirse el triunfo!

¡Oh Corazon deífico, Corazon amante entre todos los corazones, cuán cierto es, que gustais de confundir á los fuertes con los flacos, y manifestais vuestro poder, mediante los pequeñuelos é ignorantes...! Entrad, pues, en mi corazon, porque si vuestro obrar encierra tan grandes contradicciones en la apariencia, cosas grandes hareis con instrumento tan flaco. Entrad, os lo ruego, en él, y de su flaqueza sacad vuestra fortaleza, de su pobreza vuestra riqueza, y de su nada vuestro ser. Dadle á gustar, qué sea vuestro amor, vuestro sufrir, y vuestro gozar, á fin de que exclame, con vuestra amante Margarita María: «Con tal que Él reine y yo le ame, nada más necesito».

Punto 2.º Cuál sea el pago que recibe el Sagrado Corazon de Jesús, por tanto como se ingenia su amor, Él mismo nos lo dice en las palabras que dirigió á la misma Margarita María. «Este es mi Corazon, la dijo, que tanto ha amado á los hombres, que no ha perdonado medio para manifestarles su amor, y no recibe de ellos sino desprecios, ingratitudes, sacrilegios y frialdades!» Ved aquí la amorosa queja, que le arrancó nuestro desvío. ¿Y qué pide este amante divino? sólo una cosa que lo encierra todo, pide tu corazon, ruin y mezquino segun sea.

¡Oh Corazon enamorado de los hombres, qué secretos son los de vuestro amor, que sin cesar os hace estar hambriento del amor de vuestras criaturas! ¡Será posible que os olvideis así de vuestra dignidad, llegando hasta mendigar el miserable amor de una criatura!

¡Oh amor, amor despreciado, amor desconocido, amor olvidado! descansad en mi corazon, dándole parte de las ánsias que os oprimen...

Jaculatoria. Mi corazon sólo desea, ver reinar al del amado Jesús!

DIA 5.º

Títulos adorables por los cuales el Corazon de Nuestro Senor Jesucristo se atrae irresistiblemente nuestro amor.

Nuestro Señor me ha dado á conocer, que su Corazon es el Santo de los Santos, el Santo de amor; que queria que fuese conocido ahora, por el medianero entre Dios y los hombres, porque es todopoderoso para establecer su paz, apartando los castigos, que nuestros pecados habian merecido, y obtenernos misericordia.

....Es una fortaleza y un asilo seguro para todos aquellos, que quieran refugiarse en Él; allí aplacarán la divina justicia, cuyos enojos inundarian á los pecadores con sus pecados, á causa del gran número que se cometen... y que irritan sobremanera su justa cólera.

Es el trono de la misericordia, donde los más miserables son los que mejor se reciben.

con tal que el amor los presente en el abismo de la miseria.

Y si somos frágiles, frios, disipados ó imperfectos ¿no es Él una hoguera ardiente de amor, donde nos perfecciona y purifica como el oro en el crisol, para que le seamos como una hostia viva, toda inmolada y sacrificada á sus adorables designios?

Este Corazon divino es un abismo de toda clase de bienes, donde debemos perdernos, para no tomar gusto alguno á las cosas de la tierra, un abismo de amor donde está nuestra mansion y reposo eterno. Es un manantial inagotable de misericordia y de toda suerte de delicias, y cuanto más se toma de Él, más abundancia queda ; un manantial de agua viva, un manantial fecundo de bendiciones y de gracias, el manantial inagotable de donde han bebido toda la ciencia y caridad los santos todos.

Es un tesoro escondido é infinito, que no pide más que manifestarse á nosotros, derramarse y distribuirse, para enriquecer nuestra pobreza ; el tesoro del cielo y de la tierra.

Es un oratorio sagrado, un paraiso de paz y de delicias, el altar de nuestros sacrificios, el soberano sacrificador, el único necesario á nuestro corazon, nuestro todo en todas las cosas: aquel que quiere ser en nosotros, como un gérmen de vida eterna, nuestro libertador, que nos librará del cautiverio de Satanás, nuestro buen Maestro, que nos enseñará á conocerle y amarle con toda nuestra alma, con todas nuestras fuerzas y potencias, nuestro sábio Piloto, que seguramente nos conducirá al puerto de salvacion, si lo dejamos todo á su cuidado, si nos abandonamos en Él, sin querer tomar parte en cosa alguna, más que en amarle y agradarle; es finalmente, nuestro delicioso retiro, en el cual vivimos al abrigo de las tempestades de la vida.

En compendio, el Corazon de Nuestro Señor es una moneda de un precio infinito, sellada con el sello de la divinidad, á fin de que los hombres puedan pagar con ella sus deudas, y negociar con la misma su salvacion eterna (1).

_____

(1) Cartas y escritos diversos reunidos, tomo II, pá-ginas 68, 191, 172, 462.

Sentimientos de amor y confianza de la Beata en el Sagrado Corazon de Jesús.

Tengo toda mi esperanza y apoyo en los méritos del Sagrado Corazon de Nuestro Señor Jesucristo, que ha querido ser mi reparador, haciéndome esperar, que pagará y responderá por mí.

Encuentro en el Sagrado Corazon de mi Jesús, todo lo que falta á mi indigencia, porque está lleno de misericordia. No he encontrado remedio más eficaz en todas mis aflicciones, que el Sagrado Corazon de mi adorable Jesús. En Él es donde duermo descuidada, y reposo sin inquietud. Nada hay áspero ni pesado, que no se dulcifique con el adorable Corazon de Jesús.

Los enfermos y los pecadores encuentran un asilo y estancia, donde se mantienen con seguridad. Este divino y amoroso Corazon es toda mi esperanza ; es mi refugio ; su mérito es mi salvacion, mi vida y mi resurreccion ; miéntras su misericordia no me falte, estoy bien provista de méritos ; porque siendo poderoso para salvarme, puedo estar segura de mi salvacion.

Me encuentro tan llena de sus gracias y beneficios, que no encuentro modo de expresarme; me parece que soy una pequeña gota de agua en este océano del Sagrado Corazon de nuestro divino Maestro.

Atractivos poderosos por medio de los cuales Nuestro Senor habia conquistado el corazon de la Beata Margarita María.

El relato de las contemporáneas nos asegura, que estando la Beata todavía en el siglo, Nuestro Señor la dijo un dia, despues de la Sagrada Comunion : « Que Él era el más hermoso, el más rico, el más poderoso, el más perfecto de todos los amantes. Has de saber, añadió, que si me eres fiel, yo no te abandonaré nunca y seré la victoria de todos tus enemigos... Si me sigues constantemente, yo te enseñaré á conocerme y me manifestaré á tí ». Y al decir esto, imprimió en su interior una paz tan grande, que resolvió desde este instante mórir, ántes que cambiar en su designio de ser religiosa.

El dia de su toma de hábito, su divino Maestro la hizo ver, que quería tomar nueva posesion y dominio sobre su corazon, y que recíprocamente le exigia, que le amara con un amor de preferencia. La hizo comprender, que la haría gustar durante su noviciado, cuanto habia de más dulce en las suavidades, de su amor. Fueron tan grandes, en efecto, que la tenian fuera de sí. Muchas veces exclamaba con el corazon lleno de Dios : «¡Oh, qué hermoso es el amado de mi alma! ¿Por qué no puedo yo amarle...?»

Y como si el divino Salvador dudase de su amor, la preguntaba muchas veces, como á San Pedro, si le amaba. A lo cual ella no podia responder sino «¡Ay, Señor, bien sabeis cuánto lo desea mi corazon!» (1).

Adoraciones y ruegos al Sagrado Corazon de Jesús.

Yo os saludo, Corazon de mi Jesús, salvadme.

---

(1) **Vida por sus contemporáneas**, t. i, pág. 20, 27 y 31.

Yo os saludo, Corazon de mi Criador, perfeccionadme.

Yo os saludo, Corazon de mi Salvador, rescatadme.

Yo os saludo, Corazon de mi Juez, perdonadme.

Yo os saludo, Corazon de mi Padre, gobernadme.

Yo os saludo, Corazon de mi Esposo, amadme.

Yo os saludo, Corazon de mi Maestro, enseñadme.

Yo os saludo, Corazon de mi Bienhechor, enriquecedme.

Yo os saludo, Corazon de mi Pastor, guardadme.

Yo os saludo, Corazon de mi Hermano, permaneced conmigo.

Yo os saludo, Corazon de incomparable bondad, perdonadme.

Yo os saludo, Corazon todo amable, abrasadme.

¡Oh, Jesús mio y mi Soberano bien! yo os amo, no por las recompensas prometidas á los que os aman, sino puramente por el amor de Vos mismo, que os debo.

Yo os amo sobre todo cuanto hay amable, sobre todos los placeres, y, en fin, sobre mí misma y todo lo que hay fuera de Vos, protestando ante el cielo y la tierra, que quiero vivir y morir en vuestro puro amor, y que aunque para vivir amándoos de esta suerte, tenga que ser perseguida, atormentada y áun sufrir la muerte, estoy contenta, y diré siempre con San Pablo : «No hay criatura alguna que me pueda separar de la caridad del Corazon de Nuestro Señor Jesucristo, al cual amo y quiero amar eternamente» (1). Así sea.

Meditacion.

Punto 1.º El Corazon deífico de Jesús, se nos presenta hoy como un abismo de todos los bienes, como un piélago infinito de amor, y cual fuente inagotable de misericordia. ¡Ay! es que bien sabia Él, que miéntras nuestro corazon no se refundiese y se abismase en su Ser, no gozaria de ningun bien; y miéntras no se perdiese en ese

---

(1) Pequeño libro de oraciones, t. ii, págs. 475 y 479.

amor, no amaria sinceramente, y hasta
que sólo bebiese en las aguas, de su misericordia, no quedaria justificado. Y ¡qué
profundos é inescrutables, son los abismos
de vuestro Corazon, oh amantísimo Jesús!
¿Qué criatura osará penetrar en ellos, sin
quedar agobiada por su infinita incomprensibilidad...? ¡Ah! no lo olvidemos, son abismos de un Corazon, que es todo amor, y el
amor es de suyo incomprensible, y mil veces incomprensible el de un Dios, cuya
esencia es «ser Él que es». Y ¿cómo podrá
la nada comprender el todo...? Imposible...
Hay sin embargo un recurso, para conocer
y sentir algo de ese todo, y es, el abismarse
sin medida en ese todo incomprensible...!

Punto 2.º La amante del Corazon deífico,
la Beata Margarita Alacoque, nos enseña
ella misma la ciencia misteriosa y oculta,
que antecede. «Me parece, dice, que soy
como una gotita de agua, perdida en el
océano del Sagrado Corazon de nuestro
divino Maestro». ¡Qué enseñanzas...! Una
gota de agua...! ¿puede haber cosa más
insignificante? y esa, perdida en un océano
insondable... ¡qué inmensidad de grandeza,

y de pequeñez...! y qué pequeñez tan grande, la que se hace una misma cosa en ese mar sin medida...! ¡Oh Corazon amante, Corazon inagotable en amar, é insaciable en sufrir! cierto que las aguas amargas de vuestras tribulaciones no han sido suficientes, para apagar las llamas de vuestra encendida caridad, ántes por un arcano de vuestra omnipotencia le han servido de combustible; dejadme que me anegue en ellas, áun á trueque de gustar toda su amargura; pero dejadme tambien abrasarme en esas llamas, en que ardeis sin consumiros, pues si es propio de la criatura, consumirse y desaparecer en ellas, digno es tambien de Vos, abrasarse sin consumirse, alimentando la vida con tormentos, que pudieran causar la muerte...!

Jaculatoria. En vuestro Corazon, ¡oh amantísimo Jesús! duermo sin cuidado y descanso sin inquietud.

DIA 6.º

Nuestro Señor quiere, que la devocion de su Sagrado Corazon triunfe en medio de las contradicciones, por medio de la dulzura y el amor.

«El Corazon de nuestro buen Maestro quiere el amor y los homenajes de sus criaturas ; pero quiere, que sea con una libre, amorosa y franca voluntad, sin compromiso ni disimulo. Cierta estoy, de que quiere establecer su reino por la dulzura y suavidad de su amor, no por los rigores de su justicia.

La devocion de este Sagrado Corazon , tan léjos de obligar , quiere insinuarse en los corazones por la suave uncion de su caridad, como un bálsamo precioso , cuyo olor y esencia se derrama dulcemente. Basta darle á conocer, y despues este divino Corazon se encargará de penetrar con la uncion de su gracia los corazones, que le están destinados. ¡Dichosos los que son de este número!...

Es, pues, necesario que todo se haga dulcemente y con suavidad, si bien poniendo con
fortaleza y diligencia los medios que nos
inspire; porque al fin es preciso proseguir la
obra de Dios, sin desistir ni cansarse por los
obstáculos y contradicciones que se presenten; porque Él tiene fortaleza y poder, para
confundir á sus enemigos; por más que este
divino Corazon sea todo dulzura, humildad
y paciencia.

» Los negocios que miran inmediatamente
á la gloria de Dios, son muy diferentes de
los del mundo: en esto es preciso poner por
obra de nuestra parte mucho; pero en los de
Dios es necesario contentarse á menudo
con seguir sus inspiraciones, dejando obrar
á la gracia, y siguiendo en lo posible sus impulsos.

» Dios está sobre todo. Se complace en servirse de las cosas pequeñas y áun de las más
despreciables, para la ejecucion de sus mayores designios, y ésto, no tanto para confundir y oscurecer la razon humana, como
para mostrar su omnipotencia infinita, que
puede todo lo que quiere. Es verdad que no
lo hace siempre así, por no querer violentar

al corazon humano, á fin de que dejándole en libertad, tenga Él más motivo de castigarle, ó recompensarle.

»No os admire, que sean muchas las contradicciones que halleis, para establecer el reino de este amable Corazon: las dificultades son una prueba segura, de que la cosa es de Dios; puesto que sus obras no tienen ordinariamente cumplimiento, sino en medio de las contradicciones y pruebas.

» Satanás las suscita furioso, al ver que por este medio saludable ha de perder muchas almas, que creia ya suyas, y al ver y prever asímismo que le han sido, son y serán arrebatadas muchas más, por el poder de Aquél, que en el tiempo que se ha prescrito, hará que todas estas contradicciones y oposiciones sean para gloria suya y confusion de sus enemigos.

» De ellas se servirá como de un sólido fundamento, para establecer esta santa devocion.

» No nos aflijamos aunque veamos contrariados nuestros deseos, en órden á la propagacion de la gloria de este divino Corazon. Él permite á veces este retraso por el placer que encuentra, en ver que se aumenta nuestro ardor y actividad con esto, y tambien, porque se complace en que este fervor en propagar la devocion, dura más tiempo, concediéndonos las cosas poco á poco: aunque os aseguro que me insta contínuamente, para que le haga conocer y amar, y yo me ofrezco á Él sin cesar para esto, pidiéndole que me inmole y me sacrifique, como á víctima suya, segun todos sus deseos, y del modo que más agrade á su amor.

» No temamos la pena y sufrimiento que se encuentren en esta santa obra; tengámonos por dichosas, cuando nos elija para sufrir por tan digno motivo toda suerte de penas, contradicciones, calumnias y dolores; yo, cuanto más padezco, más ánimo cobro, y más esperanza tengo, de que todo será para gloria de este Sagrado Corazon y salvacion de muchas almas.

» Es preciso amar á este Sagrado Corazon con todas nuestras fuerzas, con toda nuestra capacidad. Sí, es preciso amarle, y así establecerá Él por nuestro medio, su imperio, y reinará á pesar de las oposiciones de sus enemigos. Se hará el dueño y poseedor de nuestros corazones, porque el fin principal de esta devocion es, el de atraer almas á su amor.

» Reinará este Sagrado Corazon, á pesar de satanás y sus secuaces ; estas palabras me llenan de alegría, y causan todo mi consuelo» (1).

La Beata se sacrifica por los intereses y la gloria del Sagrado Corazon.

Un dia, escribe ella, deseosa de ver aumentarse la devocion del Sagrado Corazon de mi Salvador, y hallándome delante del Santísimo Sacramento, se me manifestó, si no me engaño, el fuego en que con tanta alegría se abrasan los serafines, y oí estas palabras :

« ¿No quisieras mejor gozar con ellos, que sufrir, ser humillada y despreciada, por trabajar en el establecimiento de mi reino en los corazones de los hombres?» Al oir esto, sin reflexionar un momento, abracé la

(1) Cartas cx, liii, cxviii, cxiv, t. ii, págs. 182, 248, 234, 198, 104, 164.

cruz que se me presentaba, toda erizada de espinas y clavos, y repetia sin cesar : « ¡Oh único amor mio ! ¡cuán más conforme es á mi deseo, y cuán preferible para mí el sufrir por haceros conocer y amar, si me honrais con esta gracia, que verme privada de ella, para ser uno de estos serafines ardientes! » (1).

Primera fiesta del Sagrado Corazon, celebrada en Paray-le-Monial, el viérnes despues de la octava del Santísimo Sacramento.

Habia llegado el tiempo, señalado por Nuestro Señor, para el establecimiento en esta Comunidad de la devocion á su Sagrado Corazon : y por esta razon dispuso cambiar los corazones de tal suerte, que á la grande oposicion que ántes habia, sucedióse un cambio maravilloso en todas, y mucho mayor en aquellas, que habian puesto ántes tantos obstáculos (2).

---

(1) Carta xxv á la Madre Creffié, t. ɪɪ, pág. 71.
(2) La más virtuosa de la Comunidad, habia creido al principio debia oponerse al establecimiento de la devocion al Sagrado Corazon, por temor de que se estableciesen novedades.

Para ejecutar sus misericordiosos designios, Dios quiso servirse de una hermana antigua, que era una regla viva, y murió más tarde en olor de santidad; era la hermana María Magdalena Des Escures.

Esta santa religiosa, que se habia opuesto hasta entónces decididamente al establecimiento de esta devocion, vino á buscar á la Beata el último dia de la octava del Santísimo Sacramento, para pedirla la pequeña estampa que tenia en el noviciado... diciéndola, que queria hacer un pequeño altar en el coro, para invitar á las hermanas á esta devocion. La Beata quedó sorprendida agradablemente, pero no lo dió á conocer, esperando con impaciencia el resultado de esta empresa, que no cesaba de encomendar y hacer encomendar á otras, para que fuese feliz.

El siguiente dia (21 de Junio de 1686), destinado á honrar á este divino Corazon, la hermana Des Escures colocó una silla en el coro, la cual cubrió con un modesto tapete, puso encima la pequeña pintura que tenia un marco dorado, el cual cubrió de flores, y la puso delante de la reja del coro con un billete escrito de su mano, en que invitaba á todas las Esposas de Jesucristo, que viniesen á honrar el Corazon adorable.

La Beata tuvo tanto consuelo al ver en un momento, no tan sólo trocarse los corazones, sino tambien desaparecer todas las dificultades de una manera tan admirable, que no cesaba de bendecir al Señor. Vió con satisfaccion el afan que cada una manifestaba, hasta el punto de que fuese preciso hacer un cuadro, para satisfacer prontamente á la Comunidad, que deseaba este consuelo.

· « Hé aquí la obra del Señor », decian las que se habian opuesto ántes, y admirándose de este cambio tan repentino, añadian «que Dios era verdaderamente el dueño de los corazones, y que se verificaba lo que nuestra venerable hermana habia dicho muchas veces: que el Corazon de Jesús reinaria, á pesar de sus enemigos » (1).

----

(1) Vida por sus contemporáneas, t. I, pág. 240.

Recurso humilde, al Sagrado Corazon de Jesús.

« ¡Oh divino, amable y adorable Corazon de Jesús! vedme aquí humildemente postrada delante de Vos, para adoraros, bendeciros y glorificaros, y para reconocer los derechos de vuestra soberanía sobre mí, confesando y reconociendo mi servidumbre, y renovando las protestas de mi amor y de mi fidelidad hácia Vos.

» ¡Oh Corazon santo! recibidme, puesto que soy y quiero ser toda vuestra, á pesar de todas las oposiciones que mis enemigos me suscitan. No me desecheis, reconocedme como una cosa que os pertenece, recibidme y defendedme. Sostened mi debilidad en el único deseo que tengo de amaros y agradaros. Dadme, si os place, las gracias necesarias para hacerlo de una manera perfecta, y para orar, obrar y sufrir, imitando la pureza de vuestro amor » (1).

---

(1) Antiguos manuscritos, t, ii, pág. 501.

Meditacion.

El preludio y la oracion preparatoria como todos los dias.

Punto 1.º Las obras de Dios, llevan siempre el camino opuesto á las de los hombres: por eso, teniendo en su mano los rayos de su justicia vengadora, para subyugar con ella á todos, quiere vencer y triunfar por la dulzura y suavidad de su amor..! Qué misterioso es el obrar de Dios! Y si pretende reinar, lo quiere conseguir por el medio más encontrado en la apariencia; por la contradiccion!... Qué ocultos son sus designios!.. Esto mismo ha hecho al dar á conocer al mundo los secretos más íntimos de su Corazon Sagrado. Y cierto, que así le correspondia á Dios!... ni se debia ménos á su omnipotencia.

En vuestro Corazon deífico, amante y divino Jesús, brilla admirablemente esta maravillosa ciencia. Vos sois ese enigmático panal de miel, en la boca del leon de Judá, uniendo fortaleza con dulzura, y suavidad con energía. De este modo, estableceis vuestro reinado en el mundo; reinado, que tiene su trono cimentado en el más acerbo dolor; y cuya diadema teneis enclavada con espinas, que os arrancan sangre, que no es sangre... que es amor...!

Punto 2.º Como hemos visto, el Sagrado Corazon de Jesús reina por las contradicciones y triunfa por la dulzura y suavidad de su amor. Escuchemos las enseñanzas, que sobre esto nos dá la Beata Margarita María de Alacoque. « No temais, dice, los trabajos y las penas, que se os presenten en tan santa empresa, ántes consideraos felices, siempre que el divino Corazon de Jesús, os halle dignos de sufrir por su causa». Y prosigue luego : «Cuantos más trabajos, contradicciones, calumnias y dolores se me ofrecen, tanto mayor es mi esperanza, de que ha de redundar todo, en gloria de este adorable Corazon, y para la salvacion de las almas». ¡Así habla el amor!... Ya se vé, el que á imitacion de esa fina amante estudia en la escuela de los dolores de un Corazon que es divino, y que sólo quiere participar de lo humano, para poder recoger en sí mismo, cuantos trabajos aquejan á la humanidad; cierto, que ese corazon no podrá ménos de exclamar con la misma Margarita María: ¡Oh amor, oh único amor mio! ántes prefiero padecer los mayores tormentos, por daros á conocer, y haceros amar, que verme privada de esa gracia, por ser uno de los más ardientes serafines.... Medita atentamente, cuanto encierran en sí estas palabras....

Jaculatoria. El divino Corazon de Jesús, reinará á pesar de todos sus enemigos; en esto se funda todo mi consuelo y mi alegría.

DIA 7.º

Designios del amor de Nuestro Señor con aquellos que abrazan la devocion de su Sagrado Corazon.

« Nuestro Señor me ha dado á conocer, escribia la Beata Margarita María, que quiere ser conocido, amado y adorado de los hombres, y que les comunicaria muchas gracias, cuando se hubiesen consagrado á la devocion y al amor de su Sagrado Corazon.

» Me descubre los tesoros de amor y de gracias, que reserva para las personas que se consagren y se sacrifiquen totalmente á procurarle todo el honor, amor y gloria que puedan, y les promete tesoros tan grandes, que me es imposible expresar.

» Me parece que el gran deseo que tiene Nuestro Señor, de que su Sagrado Corazon sea honrado con algun homenaje particular, es con el fin de renovar en las almas los efectos de su Redencion, haciendo de este divino Corazon como un segundo mediador (1) entre Dios y los hombres, cuyos pecados se han multiplicado de tal suerte, que es necesaria toda la extension de su poder, para obtenerles misericordia, y las gracias de salvacion y santificacion, que tanto deseo tiene, de derramar con abundancia.

» Quiere establecer su nuevo reino entre nosotros, con el fin de concedernos más abundantemente sus grandes misericordias, y sus preciosas gracias de santificacion y de salvacion. Pero á los que no se aprovechen de ellas en sí mismos, dice que les serán quitadas; porque esto es como un último remedio, concedido por nuestro padre celestial para curar nuestros males.

No puedo creer, que las personas consagradas á este Sagrado Corazon perezcan, ni caigan bajo el dominio de Satanás por el pecado mortal; es decir, las que despues de haberse consagrado á Él, traten de honrarle, amarle y glorificarle, cuanto les

_____

(1) Es decir, como una nueva manifestacion de nuestro único Mediador.

sea posible, conformándose en todo ccn sus santas máximas.

No hay camino más corto para llegar á la perfeccion, ni medio de salvacion más seguro, que el de consagrarse á este divino Corazon, para tributarle todos los homenajes de amor, honor y alabanzas, de que somos capaces.

«Creo, y no puedo ménos de decíroslo, que el Sagrado Corazon tendrá una proteccion particular, y una union de amor especial con las comunidades, que le tributen algunos homenajes particulares.

»El deseo ardiente que tiene de derramar con profusion sus gracias en las almas, es el que le hace desear ser conocido, amado y glorificado de sus criaturas, en las cuales quiere establecer su reino, como el manantial de todo bien, de donde corran abundantes aguas, para proveer á sus necesidades.

»Por esto quiere que se dirijan á Él con gran confianza, y me parece, que uno de los medios más eficaces para obtener lo que se le pide, es el Santo Sacrificio de la misa, y más infalible será, si se mandan celebrar el viérnes tres ó cinco en honor de las cinco llagas. Muchas personas en casos extremos han obtenido curas milagrosas» (1).

Divinas promesas.

La Beata escribia al reverendísimo Padre Rolin, de la Compañía de Jesús : «¡Ojalá acierte yo á decir cuanto sé de la devocion al Sagrado Corazon de Jesús! ¡Ojalá pudiera descubrir al mundo entero los tesoros de gracias, que Jesucristo encierra en este Corazon adorable, y ojalá pudiera poner en claro los designios que tiene de derramarlas con profusion, sobre aquellos que la practiquen! Yo os suplico, mi reverendo Padre, no olvideis nada de cuanto os diga, para predicarlo é inculcarlo á todo el mundo. Jesucristo me ha dado á conocer de un modo, que no puedo dudar, lo que queria se estableciese esta sólida devocion, principalmente por medio de los Padres de la Compañía de Jesús, y que por ella se crease un número infinito de fieles servidores, de perfectos amigos y de

----

(1) Cartas XXXII, XLVIII, XCV, XLIII, t. II, págs. 64, 92, 192, 84, 159,

hijos perfectamente agradecidos. Los tesoros de bendicion y de gracias que este Corazon encierra son infinitos; yo lo único que puedo decir es, que no hay ejercicio de perfeccion en la vida espiritual, que sea más propio para elevar en poco tiempo á un alma á la más alta perfeccion, y para hacerla gustar las verdaderas dulzuras, que se encuentran en el servicio de Jesucristo. Sí, yo lo aseguro; si se supiese lo agradable que es á Jesús esta devocion, no habria un cristiano que no la pusiese luego en práctica, por poco amor que tuviese á este Salvador, tan digno de ser amado. Haced lo posible, para que todos, pero en especial las personas religiosas, la abracen; porque estas encontrarán tantos socorros, que sólo por este medio se restablecerá, si se ha perdido, el primitivo fervor; y si hubiese desaparecido por desgracia la santa observancia, volverá á reinar la más exacta regularidad, en las comunidades más relajadas y divididas; y por último llegarán á la cima de la perfeccion y union de caridad aquellas, que vivan en santa regularidad y observancia religiosa.

«Mi divino Salvador me ha dicho, que los que se emplean en la salvacion de las almas, conseguirán mover los corazones más endurecidos, y trabajarán siempre con un éxito admirable, si se hallan penetrados en sí mismos de una tierna devocion á su Corazon divino.

»Las personas seglares hallarán por medio de esta amable devocion, todos los socorros necesarios á su estado; es decir, la paz en sus familias, el alivio en sus trabajos, la bendicion del cielo en todas sus empresas, el consuelo en sus miserias; y sobre todo hallarán en este Corazon un refugio seguro durante su vida, y principalmente á la hora de su muerte.

¡Oh cuán dulce es morir, despues de haber tenido una constante devocion al Corazon de Aquel, que debe juzgarnos! En fin es cosa indudable y visible, que en el mundo experimentan toda suerte de socorros del cielo, los que tienen para con Jesucristo un amor agradecido, tal como el que se le manifiesta por la devocion á su Sagrado Corazon» (1).

_____

(1) Carta cxxxii, t. ii, pág. 285.

El fervor en el servicio divino se encuentra en la union al Sagrado Corazon de Jesús.

En una carta de la Beata leemos estas palabras:

«Respecto á vuestra pena por creer llevais una vida lánguida en el servicio de Dios, he aquí lo que creo necesario deciros; y es, que si quereis complacer al Señor en este punto, en vez de turbaros, uníos en cuanto hagais al Sagrado Corazon de nuestro Señor Jesucristo al principio de las obras, para que os sirva de disposicion, y al fin de satisfaccion. Por ejemplo: ¿nada podeis hacer durante la oracion? Contentaos con lo que este divino Salvador hace por nosotros en el Santísimo Sacramento del altar, ofreciendo sus ardores, para reparar vuestras frialdades, y decid en cada una de vuestras acciones: «Dios mio, yo quiero hacer, ó padecer esto en el Sagrado Corazon de vuestro Hijo, y segun sus santas intenciones, que os ofrezco para reparar cuanto haya de tibio ó imperfecto en las mias». Y así en todo lo demas. Y cuando os aqueje alguna pena, afliccion ó mortificacion, decíos á vos mis-

ma. «Toma lo que el Sagrado Corazon te
envía para unirte á Él». Y tratad sobre todo
de conservar la paz de vuestro corazon, que
vale más, que todos los tesoros imaginables.
El medio de conservarla es perder vuestra
voluntad, y poner en su lugar la de este adorable Corazon, para que Él quiera por nosotros, lo que sea más para su gloria; contentándonos con someternos y abandonarnos
en Él. En una palabra, este divino Corazon
suplirá todo lo que os falte; Él amará á
Dios por vosotros, y vosotros le amareis en
Él y por Él» (1).

Acto de pureza de intencion.

Yo me ofrezco toda á vos, ¡oh Corazon de
amor! con intencion de que todo mi ser, mi
vida, mis sufrimientos, sean para amaros,
honraros y glorificaros en el tiempo y en
la eternidad. Yo os amo ¡oh Corazon todo
amable! como á mi soberano bien, mi dicha, mi alegria, y el único digno del amor
de todos los corazones. ¡Oh, si pudiese el mio

---

(1) Carta cxviii á la Hermana de la Barge, t. ii, pág. 251.

reducirse á cenizas por el ardor y la vehemencia de este amor, por el cual renuevo con toda mi alma todos los ofrecimientos, que os he hecho de mí misma! Libradme de desagradaros, y hacedme practicar, cuanto os agrada. ¡Oh manantial del puro amor, por qué no seré todo corazon para amaros, y todo espíritu para adoraros! Haced que no pueda amar más que á Vos, en Vos y por Vos. Que mi memoria no se acuerde más que de Vos, que mi entendimiento sólo se emplee en conoceros, mi voluntad y afecto en amaros, mi lengua en alabaros, mis ojos en miraros, mis manos en serviros, mis piés en buscaros, á fin de que pueda amaros un dia sin temor de perderos en la eternidad bienaventurada» (1). Amen.

Meditacion.

El preludio y la oracion preparatoria como todos los dias.

Punto 1.° El que deseare meditar sobre el Sagrado Corazon de Jesús, prepare ante todo

_____

(1) Antiguos manuscritos, t. ii, pág. 500.

su corazon, para que se abrase en amor, porque todo cuanto allí se vé, no es sino amor, bajo las diferentes formas, que el mismo amor le hace tomar. Estos han sido precisamente los designios de nuestro Señor, al descubrirnos los secretos de su Corazon; secretos tan ocultos y escondidos, que cuanto más se manifiestan, ménos se penetran y comprenden, puesto que al fin son secretos de un Dios, en los cuales su mayor grandeza se cifra, en ser inconcebibles. ¡Oh Corazon deífico, dadme que penetre vuestros misterios, aunque sea sin entenderlos, y que con ese no entender, llegue á concebirlos todos! No queden perdidos ni desatendidos los deseos ardientes de Vuestro Corazon amante, y ya que no deseais otra cosa con más empeño, que derramar en abundancia vuestras misericordias, y prodigar las mayores gracias de satisfaccion, que no seamos tan desdichados, que por nuestra ingratitud merezcamos se cumpla en nosotros aquella amenaza tristísima, que por medio de vuestra humilde esposa Margarita María nos hicísteis á todos. « En cuanto á aquellos, dijísteis, que no se aprovechen de mis gracias, haciéndolos triunfadores de sí mismos, se les retirarán dichas misericordias».

No sea así, Corazon divino, ántes derramadlas cada vez con mayor abundancia sobre nuestros corazones agradecidos.

Punto 2.º Dos cosas, entre otras muchas, nos aconseja la amante del Sagrado Corazon en este dia: «Cuando os sobrevenga, dice, alguna pena ó trabajo, decid dentro de vosotros mismos·: Toma lo que el Sagrado Corazon te envía, para unirte con Él». Hermoso documento, que cambiará sin duda las amarguras en suavísimos consuelos, á quien le practicase fielmente. Y en seguida añade: «Tratad de conservar la paz del corazon, que vale más que todos los tesoros, y para conseguirlo, despojaos de vuestra voluntad, colocando en lugar suyo la del Sagrado Corazon de nuestro buen Jesús, dejándole querer para nosotros, cuanto juzgue le sea más glorioso, contentándonos con someternos y abandonarnos». Paz, sumision, abandono, tres palabras que encierran en sí toda la perfeccion. Paz, mediante el sosiego de todas las pasiones, sometidas á la razon; y como consecuencia la razon á Dios... sumision, por la entrega de la voluntad propia, á la de Dios.... abandono, por medio del olvido de sí mismo y de la pérdida total en el Corazon deífico de Jesús. ¡Feliz pérdida, en la cual no encontrándose el alma, se encontrará eternamente feliz!

Jaculatoria. Corazon abrasado de amor, perdedme en ese amor, y encendedme en esas llamas.

DIA 8.

El Corazon Sagrado de Nuestro Señor Jesucristo pide ser consolado de lo que sufre por la ingratitud de los hombres, lo cual le es más sensible, que todos los tormentos de su Pasion.

Un dia, que estaba expuesto el Santísimo Sacramento, la Beata recibió una gracia extraordinaria, que nos refiere en estos términos : «Despues de sentirme recogida interiormente, por un extraordinario recogimiento de todas mis potencias y sentidos, Jesucristo, mi buen Maestro, se apareció á mí todo resplandeciente de gloria; sus cinco llagas brillaban como otros tantos soles. De su sagrada humanidad salian llamas por todas partes, sobre todo, de su adorable pecho, que parecia una hoguera. Habiéndomele abierto, me mostró su Corazon divino, manantial vivo de estas llamas. Entónces fué, cuando me descubrió las maravillas inexplicables de su puro amor, y hasta qué exceso habia llegado su amor por los hombres, de los cuales no recibia más que ingratitud; lo que me es más sensible, me dijo, que todo lo que sufrí en mi pasion. Si correspondiesen de alguna manera á mí amor, tendria en poco cuanto he hecho por ellos, y quisiera, si fuese posible, padecer más. Pero no tienen más que frialdades y desprecios para todos mis deseos de hacerles bien. Tú á lo menos dame el gusto de suplir su ingratitud, cuanto seas capaz.» Representándole yo mi impotencia, me respondió: «He aquí con qué has de suplir por todo cuanto te falta». Al mismo tiempo este divino Corazon se abrió, dejó salir una llama tan ardiente, que pensé me consumia; y penetrándome de tal suerte, que ya no podia resistirla, supliquéle que se apiadase de mi debilidad. «Yo seré tu fortaleza, me dijo, no temas, pero está atenta á mi voz, y á lo que te pido para el cumplimiento de mis designios» (1).

Más tarde una nueva queja, exhalada

_____

(1) Vida por sus contemporáneas, t. i, pág. 77.

del Corazon de Jesús, vino á causar en el corazon de la Beata una especie de suplicio indecible: «Esto fué, dice ella, cuando este amable Corazon se me presentó, dirigiéndome estas palabras: Tengo una sed ardiente, de ser amado de los hombres en el Santísimo Sacramento, y no encuentro casi á nadie, segun mi deseo, para desahogarme, usando conmigo de alguna correspondencia» (1).

La Beata es la víctima escogida por Nuestro Señor, para reparar los ultrajes hechos á su Corazon.

Este divino Salvador habiéndose aparecido un dia á esta su esclava, me dijo:

«Busco una víctima para mi Corazon, que quiera sacrificarse como hóstia de inmolacion al cumplimiento de mis designios». Yo, sintiéndome toda penetrada de la grandeza de esta Soberana Majestad, me postré humildemente á sus piés, y le presenté muchas almas santas, que corresponderian fielmente á sus designios.

_____

(1) Carta cvxvii al Padre Rolin, t. ii, pág. 278.

«No, yo no quiero otra que tú, me dijo este amable Salvador, y para esto te he escogido». Entónces inundada en lágrimas, le dije, que bien sabia, que era una criminal y que las víctimas deben ser inocentes; que á la verdad no tenia más voluntad que la suya, pero que no podia resolverme á hacer otra cosa, que lo que mi Superiora me ordenase; en lo cual consintió» (1).

Otra vez que del corazon de la Beata salia este lamento: «Señor ¿qué no habeis hecho para ganar el corazon de los hombres? y no obstante os le rehusan y os echan de él á menudo.—Es verdad, hija mia, respondió el divino Maestro, que mi amor me ha obligado á sacrificárselo todo, y que no encuentro correspondencia; pero quiero que tú suplas su ingratitud por los méritos de mi Sagrado Corazon».

He aquí lo que mi divino Maestro me ha dicho, escribia la Beata otra vez en el tiempo de sus ejercicios: Quiero que tu corazon me sea un asilo, donde me retiraré para consolarme, cuando los pecadores me

_____

(1) Carta cxxvi al P. Rolin, t. ii, pág. 271.

arrojen de los suyos, y me persigan. Cuando
te dé á conocer que la justicia divina está
irritada con los pecadores, vendrás á reci-
birme en la sagrada comunion, y habiéndome colocado sobre el trono de tu corazon,
me adorarás postrándote á mis piés. Me
ofrecerás á mi eterno Padre, como yo te
enseñé, para aplacar su justa cólera, é incli-
nar y mover al pecador á que recurra á su
misericordia infinita. Un alma justa puede
obtener perdon para mil criminales (1).

**Los pecadores del siglo, y las almas consa-
gradas á Dios, contribuyen á los sufrimientos del Corazon Sagrado de Jesús.**

Un dia, despues de la Sagrada Comunion,
mi divino Esposo se me representó, bajo la
figura de un *Ecce Homo*, cargado de su
cruz, todo cubierto de llagas y heridas; su
sangre adorable corria por todas partes. Me
decia con una voz triste y dolorosa: «¿No
habrá nadie que se apiade de mí, y quiera
compartir y tomar parte en mi dolor, en el

_____

(1) Vida por sus contemporáneas, t. i, págs. 109, 124, 159.

lastimoso estado en que me han puesto los pecadores...?» (1).

«Otra vez, durante el tiempo de carnaval, este caritativo Corazon me hizo, si no me engaño, esta pregunta: si no queria permanecer con Él sobre la cruz, en aquel tiempo en que estaba tan abandonado, porque el mundo corre ordinariamente en él en busca del placer: me aseguró que por las amarguras, que me haria experimentar, podria en cierta manera dulcificar, las que los pecadores causan á su Corazon Sagrado, con sus diversiones: que debia gemir incesantemente con Él, para obtener misericordia, á fin de impedir que los pecados llegasen á su colmo, y para que Dios perdonase á los pecadores, en atencion al amor, que tiene á este amable Corazon » (2).

Un dia Nuestro Señor me descubrió su amoroso Corazon, todo desgarrado y atravesado con clavos: «Mira, me dijo, las heridas que recibo de mi pueblo escogido. Los demás se contentan con herir mi cuerpo;

(1) Vida por ella misma, t. ii, pág. 366.
(2) Carta xcv á la Madre de Saumaïse, t. ii, pág. 190.

éstos lastiman, hieren mi Corazon, que no ha cesado nunca de amarlos».

Nuestro Señor se me apareció nuevamente cubierto de llagas, con el cuerpo todo ensangrentado y su Corazon desgarrado de dolor; estaba como lleno de cansancio...

...Me postré á sus piés con un gran temor que se habia apoderado de mí, y no atreviéndome á decir palabra, dijóme Él : He aquí cómo me ha llegado á poner mi pueblo escogido; yo le habia destinado para aplacar mi justicia, y me persigue secretamente... ¿Cómo expresar lo que esto me hizo sufrir?...

En sus desfallecimientos se presentaba á mí en cuanto yo tenia algun momento libre, diciéndome que besase sus llagas, para dulcificar su dolor. (1)

Súplica de reparacion.

«¡Oh Sagrado Corazon! Vos mereceis el amor de todos los corazones, á quienes habeis querido, amado y obligado hasta lo infinito. Pero ¡ay! no recibís ordinariamente

---

(1) Vida por sus contemporáneas, t. I, págs. 56 y 57.

de ellos más que ingratitudes, frialdades, sobre todo de mi corazon, que merece justamente vuestra indignacion. Pero como sois un Corazon de amor, tambien sois un Corazon de bondad, de la que quiero valerme para mi reconciliacion y perdon... ¡Oh dulcísimo Corazon! si el dolor y confusion de un corazon que reconoce su error, puede agradaros, perdonad á mi corazon ; porque este es el estado en que le ponen su infidelidad y el poco cuidado que pone en agradaros con su amor. Corazon de mi Dios, Corazon Santísimo, Corazon á quien sólo pertenece el perdon de los pecadores, perdonadme, perdonad, si os agrada, á este pobre y miserable corazon... Todas mis potencias se esfuerzan, para haceros humildemente esta reparacion.

» ¡Oh Corazon de mi Jesús! yo os doy y os consagro en este instante todo mi amor, con su manantial mismo, que es mi corazon; os doy uno y otro irrevocablemente y con una confusion grande, por haber rehusado tanto tiempo vuestros propios bienes (1).

_____

(1) Pequeño libro de oraciones, t. ii, pág. 474.

« ... Yo suplico á los más ardientes serafines, que ofrezcan á mi Dios los santos ardores, en que se abrasan, para reparar la
pequeñez de mi amor y del de todas las
criaturas.

Meditacion.

El preludio y la oracion preparatoria como
todos los dias.

Punto 1.º Que los del siglo ofendan, ul-
trajen y hagan sufrir al Sagrado Corazon
de Jesús, es ya una ingratitud increible;
pero que le hagan sufrir tambien las almas
religiosas ¿qué nombre tendrá esta ingratitud? Que sus hijos, que son los hombres
todos, se rebelen ciegos contra su Padre celestial : que sus hermanos desprecien á
quien siendo Dios y hombre verdadero, se
precia de ser hermano de los mismos : que
sus amigos, así llama Él á todos los hombres, se declaren enemigos, ¡qué aberra-
cion...! ¡Qué desprecio...! ¡Qué increible ingratitud...! Pero que los religiosos, que las
esposas de Cristo, que los favorecidos del
cielo y las elegidas por el Cordero de Dios,

para seguirle y cantarle alabanzas : que los consagrados con votos al servicio de Dios, y las vírgenes suyas en quienes el Verbo hecho carne tiene sus miradas amorosas, desgarren el Corazon de Jesús con sus infidelidades, y le traspasen con sus inobservancias, como con agudos clavos, no se creyera si el mismo deífico Corazon de ello no se lamentara. «Pueblo mio, decia por un profeta al pueblo de las promesas, pueblo mio, ¿qué te he hecho yo, ó en qué he podido contristarte? respóndeme». ¿Qué responderás tú, religioso, religiosa......? Cuenta allí el Salvador los beneficios, con que habia favorecido á aquel pueblo, y hace resaltar más su ingratitud. Cuenta tú religioso, religiosa, los que te ha hecho, ¿qué responderás, qué disculpa podrán tener tus imperfecciones? Cuenta si puedes los males de que te libró, llamándote, sin merecerlo tú, á la vida religiosa; cuenta los bienes, que en ella te dispensa : mira con qué predileccion te llama, pueblo suyo : atiende á lo que espera de tí, ¿y así correspondes? ¿así hieres su adorable Corazon? ¡Oh! con cuánta razon puede exclamar dolorido el Corazon de Jesús: «¡Pueblo mio, pueblo mio! Esposas mias, predilectas mias, ¿en qué os he faltado? Respondedme». Ya respondo, Señor, con el dolor, y con el deseo de amaros agradecido en el tiempo y en la eternidad.

Punto 2.º Dos revelaciones del mismo deífico Corazon á la Beata Margarita María, prueban lo mucho que sufre por las imperfecciones de las almas religiosas. «Mira, la dijo un dia, las heridas, que recibo de mi pueblo escogido». Mostrábale su Corazon desgarrado y atravesado con clavos. «Los demás, la dijo, se contentan con herir mi cuerpo; éstos lastiman y hieren mi Corazon...» Ya lo sabes religioso, ya lo ves tíbia é inobservante religiosa, mira adonde van á parar tus infidelidades, tus faltas, tus miserias. Lóralas, y no hieras ya á ese Corazon tan amante para contigo. Mira, finalmente, que si no le correspondes, le fatigas, le persigues.

Mostrósela otro dia, tambien todo llagado y ensangrentado el Corazon de Jesús, á su sierva Margarita María, y estaba, dice ella, como lleno de cansancio. «He aquí, la dijo, cómo me ha llegado á poner mi pueblo escogido : yo le habia destinado para aplacar mi justicia, y él me persigue secretamente...»

¿Qué ha de hacer el Corazon de Jesús, religioso, religiosa, sino cansarse y fatigarse, si no le correspondes? Se cansa porque te trae beneficios sin cuento; se cansa porque te cuida con esmero y pretende librarte siempre de tus enemigos; se cansa porque lucha su amor con tu ingratitud; se cansa porque no encuentra en tí, el desahogo que busca; se cansa, en fin, porque segun Él, le persigues secretamente.

Yo quiero aliviarte, soberano Corazon; yo deseo corresponderte. Ojalá sea la prenda de esta palabra y deseo, mi fidelidad en la observancia , mi cumplimiento en los votos, mi caridad en amaros y en Vos amar tambien á mis hermanos en religion, á mis hermanas en la misma y mi constancia hasta la muerte en cumplir lo que os ofrezco. Así sea, deífico Corazon, así sea.

Jaculatoria. ¡Oh! Corazon de Jesús, que siquiera te sean fieles, que siquiera te alivien en tus sufrimientos, las almas, á quienes tanto distingues en tu amor.

DIA 9.º

Los deseos del Corazon de Jesús.

1.º La Comunion reparadora.

« Mi divino Salvador, dice la Beata, me mandó que comulgase todos los primeros viérnes de mes, para reparar, en lo posible, los ultrajes recibidos durante el mes en el Santísimo Sacramento (1).

» Un viérnes, escribe más tarde, durante la Sagrada Comunion, dijo, si no me engaño, estas palabras á su indigna esclava :

« Te prometo en el exceso de la misericordia de mi Corazon, que su amor todopoderoso concederá á todos aquellos que comulguen los primeros viérnes, nueve meses seguidos, la gracia de la perseverancia final, esto es, que no morirán en mi

_____

(1) Carta cxvii al P. Rolin, t. ii, pág. 279.

enemistad, ni sin recibir los Santos Sacramentos, y que mi Corazon será su asilo
seguro en su última hora » (1).

La Beata experimentó por sí misma muchas veces el poder de la Comunion reparadora, obligando con ello al Corazon de Jesús.

« Un dia, dice ella, que me preparaba
para la santa comunion, oí una voz que me
decia : « Mira, hija mia, el mal tratamiento
que recibo de esta alma, que acaba de reci-
birme. Ha renovado todos los tormentos de
mi pasion ». Yo me arrojé á sus piés adorables, llena de temor y dolor, para regarlos
con mis lágrimas, que no podia contener y
díjele : « ¡Mi Señor y mi Dios, si mi vida os
es útil, para reparar estas injurias, aunque
las que recibís de mí son mucho mayores,
no obstante, vedme aquí!... soy vuestra
esclava, haced de mí, lo que os agrade ».
« Quiero, me dijo, que cuando te dé á conocer el mal tratamiento, que recibo de esta
alma, te postres á mis piés, despues de haberme recibido, para hacer un acto de reparacion á mi Corazon, ofreciendo á mi Padre

_____

(1) Carta cxxxii á la madre de Saumaise, t. ii, pág. 159.

el sacrificio sangriento de la Cruz con este objeto, y con él todo tu sér, para rendir homenaje al mio, y para reparar las ingratitudes, que recibo en este Corazon ».

» Al oir esto experimenté una inmensa pena, y pedia sin cesar misericordia á nuestro Señor, que me dijo un dia de Pascua, despues de recibirle : « He oido tus gemidos, y he inclinado mi misericordia sobre esta alma ». Esto me consoló mucho » (1).

2.º La hora santa.

Nuestro Señor al pedir á la Beata Margarita María la comunion reparadora del primer viérnes de mes, la habia tambien ordenado, que pasase una hora en oracion en la noche del jueves al viérnes, para honrar la agonía de su Corazon adorable.

Hé aquí las mismas palabras de Nuestro Señor :

« Comulgarás todos los primeros viérnes de cada mes, y todas las noches del jueves al viérnes, te haré participar de esa mortal

_____

(1) Vida por sus contemporáneas, t. ı, pág. 65.

tristeza, que he querido padecer en el huerto de las Olivas, la cual te reducirá, sin que tu lo puedas comprender, á una especie de agonía, más penosa de soportar que la muerte; y para acompañarme en esta humilde oracion, que presenté entónces á mi Padre, te levantarás entre once y doce de la noche, y te postrarás con el rostro en tierra ; tanto para detener la cólera divina, pidiendo misericordia para los pecadores, como para dulcificar de alguna manera la amargura que sentí por el abandono de mis discípulos, la cual me obligó á reprenderles, por no haber podido velar una hora conmigo ; y durante esta hora harás lo que yo te enseñe » (1).

Tal es la primera revelacion sobre la hora santa. Es como se ve un ejercicio de oracion vocal ó mental, que tiene por objeto rendir homenaje al Corazon Sagrado de Jesús, en la extrema agonía, que padeció la noche de su pasion (2).

_____

(1) Vida por sus contemporáneas, t. i, pág. 78.

(2) Para facilitar esta práctica piadosa á la cual la Iglesia ha concedido indulgencia plenaria, es permitído escoger una hora en la tarde del juéves al viérnes, con

Las palabras siguientes son á propósito, para servir de ocupacion á las almas piadosas, durante esta hora:

« Considerando con atencion al único objeto de mi amor en el huerto de las Olivas, agobiada por la tristeza y agonía de un dolor rigurosamente amoroso, y sintiéndome vivamente impulsada del deseo de participar de sus angustias dolorosas, me dijo: « Aquí fué donde sufrí más interiormente, que en todo lo restante de mi pasion, viéndome en un abandono general del cielo y de la tierra, cargado con los pecados de los hombres.

» He aparecido ante la justicia de Dios, que sin mirar á mi inocencia, me ha oprimido en su furor, haciéndome beber el cáliz que contiene toda la hiel y amargura de su justa indignacion, como si hubiese olvidado el nombre de Padre, para sacrificarme á su justa cólera. No hay criatura, que pueda comprender la grandeza de los tormentos, que padecí entónces, y este mismo dolor es

tal que sea despues de las dos de la misma, y habiendo alguna razon para ello, siendo lo más laudable el hacer esta devocion de once á doce ó de diez á once.

el que siente el alma criminal, al presentarse ante el Tribunal de la divina justicia; que cayendo sobre ella la estrecha y oprime en el abismo de su justo furor» (1).

3°. Otras diversas prácticas pedidas por Nuestro Señor en honor de su Sagrado Corazon.

Leemos en la vida de la Beata, que habia establecido entre sus novicias un piadoso uso, que puede llamarse el gérmen de la asociacion de la guardia de honor al Sagrado Corazon.

Las encomendaba la fidelidad en acordarse, al dar el reloj la hora, del instante y hora afortunada, en la cual este adorable Corazon, fué formado por obra del Espíritu Santo en el Seno purísimo de la Virgen, añadiendo algunas palabras de accion de gracias á este amable Corazon, por su caridad infinita para con todos los hombres.

Nuestro Señor habia pedido á la Beata la propagacion de pequeños escapularios del Sagrado Corazon.

---

(1) Vida por sus contemporáneas, t. i, pág. 52.

Escribe á una Superiora : « Siento un verdadero impulso de deciros de parte de nuestro buen Maestro, que desea mandeis hacer una lámina con la imágen de este Sagrado Corazon, á fin de que todos los que quieran, puedan tributarle homenajes en particular, y tener la imágen en sus casas, y otras pequeñas que lleven consigo...» (1).

Nuestro Señor la habia expresado tambien el deseo, de que fuesen establecidos en honor del Sagrado Corazon diversos oficios, tales como el de mediadora, y reparadora.

« Sor N., escribia, se aflige de no poder ser útil en nada al Sagrado Corazon, pero Él la ha dado su oficio, haciéndola su Mediadora, para pedir al eterno Padre, que haga conocer á este Sagrado Corazon ; al Espíritu Santo, que le haga amar, y á la Santísima Virgen para que emplee su valimiento, á fin de que haga sentir los efectos de su poder á todos aquellos, que le invoquen. — Desea que haya una en vuestra comunidad, que se emplee en lo mismo; pero quiere que se saque por suerte, aña-

_____

(1) Carta xliv á la Madre Greiffié, t. ii, pág. 86.

diendo que será dichosa aquella á quien caiga la suerte, porque Él será en retorno su mediador. Podeis cambiarla todos los años.

Pide tambien una reparadora, que pedirá humildemente perdon á Dios de todas las injurias, que se le hacen en el Santísimo Sacramento del altar; puede creerse humildemente, que se obtendria gracia y perdon por su medio. Podeis cambiarla como la anterior.

En cuanto á vos, vuestro oficio será ofrecer á este amable Corazon, cuanto bueno se haga en honor suyo, y segun sus designios» (1).

Acto de amorosa contricion.

¡Oh Sacratísimo Corazon de Jesús; vedme humildemente postrada ante Vos, con un corazon contrito y penetrado del más vivo dolor, porque os ha amado tan poco, y porque tanto os ha injuriado con sus desvíos, ingratitudes y otras infidelidades, con las

---

(1) Carta á la Madre Greiffié, t. ii, pág. 86.

cuales me he hecho indigna de vuestra misericordia, y de todas las gracias y favores de vuestro puro amor! ¡Oh Corazon de Jesús, Salvador mio! ejerced conmigo este oficio, que os costó tan caro, y no se pierda el fruto de tantas penas y muerte tan dolorosa; honradla con mi salvacion, para que mi corazon pueda amaros, honraros y glorificaros eternamente...... Si vuestra justicia le condena, como indigno de perdon, apelará al tribunal de vuestro amor, estando pronto á sufrir todos los rigores, ántes que ser privado un instante de amaros. Cortad, abrasad, romped, no perdoneis ni mi cuerpo, ni mi vida, tratándose de vuestra gloria. Soy toda vuestra ¡oh divino y adorable Corazon! Salvadme, yo os lo suplico, y no me abandoneis á mí misma en castigo de mis pecados, permitiendo vuelva á recaer en ellos.

¡Oh! mil veces morir ántes que ofenderos, Vos á quien amo cien mil veces más que á mi propia vida! (1)

---

(1) Pequeño libro de oraciones, t. ii, pág. 489.

Meditacion.

El preludio y la oracion preparatoria como todos los dias.

Punto 1.º La vida del Corazon de Jesús se reasume en amor y dolor, ó por mejor decir, en amor, porque sus dolores no son más que sus amores. Por eso, si quisiéramos meditar atentamente en Él, han de dirigirse siempre nuestras meditaciones, á esos amorosos dolores, y á esos amores dolorosos, por más que se nos presente siempre bajo nuevas y diferentes formas. Fíjese hoy nuestra atenta consideracion en los deseos, que sin cesar le oprimen y le acongojan. ¡Oh Corazon amante! de cualquier modo que os miremos, os presentais siempre incomprensible. ¿Deseais algo, Jesús mio? Pues qué ¿no teneis en Vos mismo el manantial de toda felicidad, y la saciedad de cuanto podeis querer? Nuevo misterio de amor, porque en el Corazon deífico, su vida, es un prolongado enigma.... Sí; deseos tiene este suave amante de las almas, deseos tiene, y son de que se salven todas ellas : y porque quiere recibir ese consuelo de la nada de sus criaturas. ¿Lo entiendes, alma cristiana? á tí te llama; por tí suspira.... *sólo tú* cooperando á los deseos de su Corazon, puedes llenar los deseos de un Dios.

Punto 2.º La Beata Margarita María Alacoque nos va á indicar ella misma el medio de saciar uno de esos deseos. «Mi divino Salvador, dice, me mandó comulgase los primeros viérnes de cada mes, á fin de reparar, en cuanto me sea posible, los ultrajes que durante el mes recibe en el Santísimo Sacramento, con la comunion reparadora. Mas esto no ha de bastar á un alma fiel y amante. ¡Sufre tanto el Sagrado Corazon de Jesús en el Sacramento de su amor..! ¡Está tan sólo áun cuando le visiten muchos, son tan escasos los que le dan entrada en sus corazones...! ¡vive en tan grande soledad en algunos de sus Sagrarios, aun en los de aquellos que por tantos títulos debieran acompañarle! ¡vive tan desconocido aun en algunos corazones, donde habita por su gracia...! ¡Ay, Corazon amante de Jesús! no quedarán vuestros deseos plenamente satisfechos, hasta tanto, que oyendo nosotros vuestras llamadas de amor, caigamos rendidos á vuestros pies, entregándoos sin reserva nuestras potencias, para que las manejeis á vuestro gusto. Entrad, pues, en ellos, como conquistador amante, tomando, cortando, arrancando cuanto sea de vuestro desagrado, y poniendo en su lugar vuestra voluntad.... vuestro poder.... y vuestro amor....

Jaculatoria. Recibid, Corazon divino, cuanto bueno se haga en el mundo, pues que queremos honraros, y alabaros por todos.

DIA 10.

Divinas liberalidades del Corazon Sagrado de Nuestro Señor Jesucristo, para con las almas, que trabajan con empeño en procurar su gloria.

En casi todas las cartas de la Beata, se encuentran las más dulces seguridades de las recompensas, reservadas por Nuestro Señor á aquellos, que tienen celo por la gloria de su Corazon divino.

«Este celo, nos dice ella, es el medio más eficaz, para entrar en la amistad de este amable Corazon; — para insinuarse íntimamente en sus gracias; — para atraerse cada vez más la plenitud de su amor; — para ganar la sagrada ternura de este divino Corazon; — para ser del número de sus verdaderos amigos; — de sus más amados; — de sus más queridos y favorecidos; — para ser mirado como objeto de sus complacencias; —

para llegar, en fin, á ser delante de este Sagrado Corazon, como un perfume suavísimo.

El Corazon Sagrado de nuestro buen Maestro no dejará sin recompensa vuestro celo santo, en darle á conocer, honrar y amar; aunque yo creo, que estamos suficientemente recompensados, con que nos juzgue dignos de hacerle algun servicio.

Sí, bastante recompensa es agradarle.

«Dais á este Sagrado Corazon un placer, que Él os recompensará con indecibles en la eternidad».

¡Dichosos aquellos de quien se sirva, para el establecimiento de su reino! Paréceme que es como un rey, que no piensa en recompensar á sus vasallos, miéntras duran las conquistas contra los enemigos; sino que más bien reserva los premios, para cuando ya victorioso, reina sobre su trono. El adorable Corazon de Jesús quiere establecer en todos los corazones, el reino de su puro amor, arruinando y destruyendo el de Satanás; y creo que lo desea tanto, que promete grandes recompensas á aquellos, que de buena voluntad se empleen en esto, siguiendo los medios y luces, que les comunique.

¡Cuántas gracias de santificacion y de salvacion ha derramado este Corazon sobre sus devotos en el dia de su fiesta! ¡Y con qué firmeza y ardor reitera las promesas, que les ha hecho, de no dejarlos perecer!

¡Si supiéseis cuánto mérito y gloria se adquiere, honrando á este amable Corazon de Jesús, y cuánta y cuán grande será la recompensa que dará á todos aquellos, que despues de haberse consagrado á Él, no busquen más que honrarle!... Sí, creo que la pura y recta intencion aumentará tanto el mérito de sus acciones delante de Dios, que este excederá á todo cuanto pudieran hacer sin esta aplicacion y pureza.

«Este divino Corazon os recompensará, no solamente en vuestra persona, sino en la de vuestros parientes y de todos aquellos por quienes os intereseis, á los cuales mirará favorable y misericordioso, para socorrerlos y protegerlos en todo, con tal que se dirijan á Él con confianza; porque tendrá un eterno recuerdo de cuanto se haya hecho por su gloria.

»Debeis creer que este Sagrado Corazon recordará con complacencia, durante toda la

eternidad, cuanto hayais hecho por Él. De
suerte que algun dia direis, que aunque
hubiéseis padecido todos los tormentos de
los mártires, os encontraríais más que suficientemente recompensados, áun cuando no
fuese más que por el gran número de almas
que este adorable Corazon quiere apartar,
por este medio, de la perdicion eterna.

» Me parece que el divino Corazon me ha
hecho comprender, que muchos nombres
estaban escritos en el libro de la vida, por
sólo el gran deseo que tienen, de hacerle
honrar; y que por esta razon no permitirá,
que sean borrados jamás. Pero no me ha
dicho que sus amigos no tendrán cruz;
porque quiere que pongan toda su felicidad,
en participar de sus amarguras.

«Miéntras se entretenia así con su humilde esclava, la mostró é hizo entender,
que se haria una corona con doce de sus almas más amadas, y que le hubiesen procurado más gloria aquí abajo, y que las colo-
caria como doce estrellas alrededor de su
Corazon Sagrado».

En fin, la Beata termina así el relato de
una de las gracias, de que fué favorecida,

viendo á los ángeles presentar al divino Corazon, los corazones que tenian en las manos.

«... Hubo varios cuyos nombres quedaron escritos con letras de oro en este Sagrado Corazon, en el cual algunos penetraron, y se abismaron con avidez y placer de una y otra parte, diciendo: En este abismo de amor está nuestra mansion y eterno descanso. Y estos eran los corazones de aquellos, que más habian trabajado para hacer conocer y amar el de nuestro divino Maestro» (1).

El Corazon de Nuestro Señor es un árbol de vida cuyos frutos deben ser distribuidos al mundo entero.

«Nuestro adorable Salvador me ha hecho ver la devocion á su Corazon divino, como un hermoso árbol, que habia destinado desde toda la eternidad, para que tomase su sávia y sus frutos, y echase sus raíces en medio de nuestro Instituto (2) para extender en se-

---

(1) Cartas cxiv, xcviii, xcv, lxxxv, t. ii, pags. 241, 198, 189 y 166.

(2) La Visitacion de Santa María.

guida sus ramas por las casas que le componen, á fin de que cada una pueda recoger sus frutos á su gusto, y segun su deseo; aunque será con desigual hartura; porque esta será á medida del trabajo, del provecho, ó de la buena disposicion de aquellos, que se alimenten con ellos. Pero son frutos de vida y salvacion eterna, que deben renovarnos en el espíritu primitivo de nuestra santa vocacion. Me parece que nunca se ha aumentado tanto la gloria accidental de nuestro Santo Padre (1) y fundador, como por este medio; pero este divino Corazon quiere, que las hijas de la Visitacion distribuyan los frutos de este árbol sagrado con abundancia á todos aquellos, que deseen alimentarse de ellos, sin temor de que les falte; porque pretende, como hace ver á su indigna esclava, devolver la vida por este medio á muchos, apartándoles del camino de la perdicion, arruinando el poder de Satanás en las almas, para establecer en ellas el de su puro amor, que no dejará perder ninguna de aquellas, que se le hayan consagrado, para tributarle

---

(1) San Francisco de Sales.

todos los homenajes de amor y de una sincera y franca voluntad, hasta donde lleguen sus alcances; y no termina aquí: tiene todavía mayores designios, que no pueden ser ejecutados sino por su poder, que puede todo lo que quiere (1).

»El adorable Corazon de Jesús, si no me engaño, hace sentir complacencias inconcebibles á nuestro Santo Fundador; porque su devocion se establece y afirma en nuestro Instituto, con el fin de sostenerle y defenderle.

»¡Oh! qué multitud de bienes y de gracias se ha propuesto derramar el Corazon de Nuestro Señor Jesucristo sobre este querido Instituto; en particular en las casas, que le procuren más honor y más gloria!

» Las que se pongan bajo su proteccion adorable, obtendrán con abundancia el tesoro de sus gracias santificantes, por la union de su caridad, y la suavidad de su santo amor... Pero, Dios mio; ¡cuán grande y lleno de misericordia es este amor!

»¡Cuánta debe ser nuestra gratitud para

_____

(1) Vida por sus contemporádeas. t. i, pág. 287.

con este divino Corazon, porque se há dignado servirse de nosotras para *hacerle conocer* y *amar!*

»Cuán dichosas seríamos, si pudiésemos dar nuestras vidas, para procurar la gloria de este amable Corazon»! (1).

Avisos de la Beata á sus novicias relativos al establecimiento de la devocion al Sagrado Corazon.

Me parece, que por medio de vuestras pequeñas prácticas en honor del Sagrado Corazon de Jesús, os habeis ganado su amistad, y que con la fidelidad que teneis en cumplirlas, le causais tanto placer, que os haceis el objeto de sus amorosas complacencias; esto le satisface más que cuanto pudiérais hacer; porque desea que este amable Corazon sea conocido, amado y honrado. Así que no podeis causarle mayor placer, que emplear en esto todas vuestras fuerzas. Creo que quiere que os asegure de su parte, que miéntras seais fieles, no permitirá esteis en desgracia

_____

(1) Cartas xvc, cvi, t. ii, págs. 189 y 219.

con su Corazon, el cual cuidará de vosotras
miéntras confieis y os abandoneis á Él. Pensará en vosotras, si os olvidais de vosotras
mismas; pero ante todo quiere, que seais humildes de corazon, como Él, y siempre ardientes en la caridad.

«Es verdad, mis muy queridas hermanas,
que estais muy obligadas á ello; pero me
parece oir á Nuestro Señor, que vuestros
nombres están grabados de un modo muy
particular en su Sagrado Corazon, por el exceso de su amor. Pero áun estais en libertad
de borrarlos. Guardaos bien, de que os suceda esta desgracia, la cual sólo podria oca-
sionarla el pecado mortál, despues de haberos apartado y alejado de Él; paréceme oir
que Él no os abandonará, si no le despreciais
y olvidais vosotras primero.

» Yo espero que todas le sereis fieles, y ve-
lareis tanto sobre vosotras, que no os ocur-
rirá esta desgracia; sino que, al contrario, os
intimareis cada vez más en su amistad divina, á fin de que os consuma con sus divinas llamas, y os reciba en su Corazon divino
en la hora de la muerte. Pero esto no sucederá, sino despues de haber luchado toda la

vida. Es preciso pues estar dispuestas á sufrir, y hacer todo sin cansarse nunca; porque
los flojos y los tibios son desechados...» (1).

Aspiraciones al Sagrado Corazon de Jesús.

¡Oh divino Corazon de Jesús viviendo en
el Corazon de María! yo os suplico vivais y
reineis en todos los corazones, y los consu-
mais en vuestro puro amor.

¡Oh Corazon liberalísimo, sed Vos solo el
tesoro que nos baste!

¡Oh Corazon amante y deseable, enseñad-
nos á no amar ni desear sino á Vos!

Destruid en nosotros el reino del pecado,
y estableced el de la virtud, á fin de que
vuestra imágen quede perfectamente copia-
da en nuestras almas, y que sea un dia
digno ornato de vuestro palacio celestial.
Así sea (2).

---

(1) Instrucciones, t. ii, pag. 439.
(2) Instrucciones y pequeño libro de oraciones, t. ii,
págs. 480, 484 y 442.

Meditacion.

El preludio y la oracion preparatoria como todos los dias.

Punto 1.º Así como uno de los caractéres del amor del Corazon de Jesús, es ser liberal con aquellos, á quienes ama; así éstos, en retorno, devuélvenle á su manera semejante liberalidad, que en la pobreza de la criatura se traduce por el celo. Celo ardiente y fervoroso en hacerle amar de todos.... celo discreto y prudente en favorecer los intereses del Amado.... celo infatigable é insaciable en atraer corazones en seguimiento del de Jesús.... celo, por último, consigo mismo, favoreciendo el obrar del Corazon deífico en el tiempo de su puro amor, por medio de la completa destruccion del amor propio en el corazon..... ¡Ay! Corazon amante, celoso sois Vos tambien en procurar vuestro reinado en las almas, celoso sois en proporcionarles medios que faculten vuestra victoria; y como amor puro, quiere decir puro sufrimiento, sufrimiento puro, y acrisolado de todo interés propio, dareis á vuestros más fieles amantes, con sólo introducirlos en esa hoguera de caridad, donde os tiraniza el amor, que os abrasa, en cuyas llamas no podrán ménos de quedar cautivos, cuantos á ellas se acerquen. ¡Oh, y qué dulces son esas llamas : y qué hermoso ese cautiverio...!

¿Rehusarás dejarte por completo en poder de tan suavísimo amor...?

Punto 2.º Hemos visto cuál debe ser nuestro celo, en propagar la gloria del divino Corazon de Jesús : la Beata Margarita María de Alacoque, va á decirnos cuál sea la liberalidad, con que ese Señor pagará nuestros desvelos : «El Corazon Sagrado, de nuestro divino Maestro, dice, no dejará sin recompensa, vuestro celo, en hacerle amar y venerar : fuera de que me parece bastante recompensa la de hallarnos dignos de servirle en alguna cosa». ¡Oh! cuán cierto es esto, Corazon divino de Jesús, ¿qué mayor premio que el de poderos servir...? ¿y qué dulzura puede ser comparada con la de padecer con Vos...? No me extraña, Corazon amante, que vuestra fiel esposa Margarita María, conociendo ella tambien, lo que obran los corazones de puras criaturas en el Corazon de Dios, no me extraña, que dijera que áun cuando hubiéramos sufrido por tan hermosa causa todos los tormentos de los mártires, los reputaremos por grandísima dicha en el dia sin noche de la eternidad, aunque no sea más, que por el gran número de almas, que este divino Corazon quiere salvar por este medio. Qué nos resta, pues, sino en medio de los dolores, de las luchas y de las penas, luchando, sufriendo, y padeciendo tan sólo por amor de Él mismo, exclamar de nuevo con la Beata Margarita María : «Bastante recompensa es la de complacerle».

Jaculatoria. En este abismo de amor, se halla nuestra morada, y descanso para siempre.

DIA II.

El alma purificada en el Corazon de Jesús.

La Beata refiere así lo que entendió durante uno de sus ejercicios anuales: «Mi soberano Maestro, dice, se presentó á mí en el primer dia de mi soledad con el Corazon como una hoguera de amor, en la cual me sentí arrojada, y desde luego penetrada y abrasada en tan vivos ardores, que casi me iba á reducir á cenizas. Me fueron dichas estas palabras: He aquí el divino purgatorio de mi amor, donde es necesario te purifiques todo el tiempo de esta vida purgativa; despues yo te llevaré á una estancia de luz, y despues de union y trasformacion» (1).

Las enseñanzas de la Beata correspondian á las luces, de que su alma estaba inundada: «Entrad, decia, en este Sagrado Corazon como en un horno de amor, para pu-

_____

(1) Vida por sus contemporáneas, t. I, pág. 193.

rificaros de todas las manchas y miserias, que habeis contraido, y para consumir esta vida de pecado, y revivir en la del puro amor y de gracia, que os trasformará todas en Él mismo (1).

Es preciso consumirnos y trasformarnos en esta ardiente hoguera del Sagrado Corazon de nuestro adorable Dueño, y no salir de allí jamás. Y despues de haber perdido nuestro pobre corazon en estas divinas llamas del puro amor, debemos tomar uno nuevo, que nos haga vivir en adelante una vida renovada con un corazon nuevo, que tenga nuevos pensamientos, nuevos afectos, y que produzca obras nuevas en pureza y fervor, es decir, que es preciso que desaparezcamos nosotros mismos, para que este divino Corazon ocupe el lugar del nuestro; que Él solo viva y obre en nosotros y por nosotros; que su voluntad tenga á la nuestra tan anonadada, que pueda obrar de una manera absoluta, sin resistencia de nuestra parte, y en fin, que sus afectos, sus pensamientos, y sus deseos ocupen el lugar de

---

(1) Escritos diversos, t. ii, pág. 469.

los nuestros, pero sobre todo su amor, que se ame Él mismo en nosotros y por nosotros. Y siendo este Corazon divino nuestro todo en todas las cosas, podremos decir con San Pablo, que ya no vivimos nosotros, sino Él en nosotros (1).

¡Ay! ¡cuán bueno es amarle á Él solo!.....

Es necesario amar á este divino Corazon, de tal suerte, que no vivamos ya, ni suspiremos, sino por Él.

Es preciso amarle tanto en esta vida, que seamos una misma cosa con Él para no separarnos de Él jamás.

Lo único que debemos poseer es su puro amor, Él debe poseernos, haciéndonos obrar y sufrir; pues no estará nunca ocioso en nuestro corazon. Entreguémoselos pues sin reserva, para que los consuma en sus ardores, á fin de que le amemos con todo el ser, que nos ha dado; que todo le esté sometido, que todo esté rendido á este divino amor.

« Amémosle, pero sin excepcion, démoslo todo, sacrifiquémoslo todo por alcanzar esta

---

(1) **Carta** cviii **á la Hermana de la Barge, t.** ii, **pág.** 227.

dicha, y lo tendremos todo, poseyendo el Corazon Sagrado de Nuestro Señor Jesucristo.

» Amémosle con todas nuestras fuerzas, y demos todo á su amor, á fin de que nos consuma y purifique en sus más vivos ardores. ¡Oh, si consiguiésemos arder eternamente en la ardiente hoguera de este Corazon divino!

» Las muchas gracias recibidas son como otras tantas llamas ardientes de su amor puro, que nos deben abrasar sin cesar en un perfecto agradecimiento, y fiel correspondencia á sus designios.

» ¡Ay! ¿por qué no nos abrasaremos en ese fuego divino, que ha venido á traer á la tierra! Sí, es preciso consumirnos. Voy á hacer todo cuanto pueda, para amarle y abrasarme en estos santos ardores, y este Sagrado Corazon será el altar de nuestros sacrificios.

»Nuestro corazon ha sido criado para Dios solo; desgraciado el que se contenta con ménos, que con Dios, ó permite que su corazon se abrase en otro amor, que el suyo.

¡Si se supiese lo dulce que es amar á Dios,

no se evitaria ningun sufrimiento á trueque de conseguir este amor (1).

¡Oh, Dios mio, si yo tuviese mil corazones, mil amores, mil vidas, las inmolaría todas en vuestro servicio!»

El Corazon de Jesús escoge el de la Beata, como un altar, para hacer arder en él el fuego de su amor.

Nuestro Señor, cuenta la Beata, me honró con una de sus visitas y me dijo : «¿Sabes bien el fin que tengo, al darte mis gracias con tanta abundancia? Es para que seas como un santuario, en el cual el fuego de mi amor arda continuamente. Tu corazon es como un altar sagrado, al cual no puede tocar nada manchado. Te he escogido, para ofrecer á mi eterno Padre continuos sacrificios, á fin de apaciguar su justicia, y tributarle una gloria infinita, por la ofrenda que tú le harás de mí mismo en estos sacrificios, uniendo el de tu ser, para honrar el mio.»

_____

(1) Cartas cxiv, xxii, xcviii, t. ii, pág. 242, 43, 226 y 198.

«Confieso que desde entónces sentí en mi corazon un fuego tan violento y ardiente, que hubiese querido comunicársele á todas las criaturas, á fin de que mi Dios fuese amado... » (1).

Vida de sacrificio, de abandono y de amor en el Sagrado Corazon de Jesús.

La Beata escribia á una persona decidida á abrazar la devocion del Sagrado Corazon:

« ....No tengo duda alguna, de lo agradable que le es al Sagrado Corazon de Jesús, el sacrificio que le haceis de vos misma, para ser toda suya, y hacer y sufrir sólo por su amor, á fin de vivir toda en Él, segun su deseo, de una vida de sacrificio, de amor y de abandono: de sacrificio de cuanto os sea más querido y os cueste más, de abandono total de vos misma á los cuidados de su amorosa conducta, tomándole por vuestro guia en el camino de la salvacion; y no hareis nada, sin pedirle su auxilio y su gracia, la cual espero os dará, á medida que

---

(1) Vida por sus contemporáneas, t. 1, pág. 64.

confieis en Él. Además es preciso vivir esa vida de amor, que nos una á Él por medio de nuestra humillacion y anonadamiento de nosotros mismos para conformarnos á su estado de sacrificio, de abandono y amor en el Santísimo Sacramento, donde el amor le tiene como una víctima toda abandonada, para ser continuamente sacrificada por la gloria de su Padre, y para nuestra salvacion. Uníos á Él en cuanto hagais, referidlo todo á su gloria; estableced vuestra mansion en este amable Corazon de Jesús, y encontrareis una paz inalterable, y la fuerza para efectuar todos los buenos deseos, que os da, y para no hacer faltas voluntarias; llevad allí todas vuestras penas y amarguras; porque cuanto viene de este amable Corazon, es dulce y se cambia todo en amor » (1).

Súplica al Sagrado Corazon de Jesus.

Colocadme, oh mi dulce Salvador, en vuestro sagrado costado y en vuestro adorable Corazon, en ese horno ardiente del puro

_____

(1) Pequeño libro de oraciones, t. ii, págs. 479 y 495.

amor, y asi estaré seguro. Espero me lo concedereis, Jesus mio, y mi sumo bien.

Elijo vuestro Corazon por estancia, para que sea mi fuerza en el combate, el sostén en mi flaqueza, mi guia y luz en las tinieblas, en fin, el reparador de todos mis defectos, el santificador de mis intenciones y acciones, que uno á las vuestras, para ofréceroslas y para que me sirvan de una continua preparacion para recibiros. Así sea.

Meditacion.

El preludio y la oracion preparatoria como todos los dias.

Punto 1.º Si el Corazon deífico de Jesús es el manantial del amor, como consecuencia se deduce, que si nada hay que desapropie tanto de sí mismo, como el amor, este divino Corazon, que es su fuente inagotable, necesariamente ha de ser el crisol como propiedad del alma que le ama, donde ella se purifique, y en cuya posesion sea feliz y dichosa. En efecto, Corazon divino, ¿qué es

amaros sino desamarnos á nosotros? ¿Y qué
es amaros, sino ser todo vuestro amor como
posesion nuestra? ¿Y no es cierto que ese
desamor encierra en sí mismo para con nosotros un no se qué, de santo ódio, que sólo
se satisface con dolor? y ¿no es cierto tambien, que nada purifica, ni levanta el alma
á regiones superiores, como ese mismo dolor? ¡Ay Corazon amante! nunca se repetirá
bastante, que el dolor y el amor, mezquino
y pobre de la criatura, posesionado del dolor y del amor de vuestro propio ser, trasforma de tal suerte el corazon de esa mísera
criatura, que perdida su voluntad, en la
vuestra, siempre á impulso del amor, y
anonadado su entendimiento en el piélago
inmenso de vuestra sabiduría, y abismada
su nada en ese todo, hasta el punto de que
si la nada, en esa misma pérdida pudiera
ser algo, hasta ese algo desapareceria,
pueda exclamar con el Apóstol : «Vivo yo,
más no yo, Jesucristo vive en mí».

Punto 2.º El deífico Corazon de Jesús,
nos manifiesta lo dicho en el punto anterior, por estas palabras dirigidas á la Beata
Margarita María, en cuya persona, sin dúda,

las dirigió tambien á cuantas almas se quieran entregar de veras á su amor. «Este es, le dijo mostrándole su Corazon deífico como una hoguera de caridad, este es el divino purgatorio de mi amor, donde has de purificarte en el camino de esta vía purgativa; despues encontrarás en él una morada de luz, y por último de union y de trasformacion!» ¡Oh Corazon divino, abrasadme en vuestras llamas...! ¡purificadme en vuestros ardores...! ¡trasformad mi corazon en vuestro amor...! Desaparezca esta nada, y no quiera preferir ser algo en la nada, que ser nada en el todo. Exclame yo con vuestra amante Margarita María: «Despues que haya desaparecido nuestro corazon de tierra, en las llamas del puro amor, coloquemos el suyo en el lugar de los nuestros. Que Él sólo viva y obre en nosotros y por nosotros, que nuestra voluntad anonadada deje obrar á la suya sin resistencia, que sus afectos.... sus pensamientos... sus deseos.... ocupen por completo el lugar de los nuestros, y sobre todo, que su amor se ame á sí mismo, en nosotros y por nosotros. Así sea, Corazon divino, y ojalá nunca os dis-

putemos, lo que por tantos títulos os pertenece.

Jaculatoria. ¡Oh, Dios mio, si tuviera mil
corazones, mil amores, y mil vidas, os las
sacrificaria todas sin reserva!

DIA 12.

El Corazon de Jesús manantial de Santidad.

El adorable Corazon de Jesús debe ser el que santifique y consuma tados los nuestros con los santos ardores de su puro amor.

¡Ah! es preciso amarle con todas nuestras fuerzas, cueste lo que costáre. Es preciso santificarnos á toda costa, y puesto que Él es santo, tenemos que hacernos santos. Y si para esto no se necesita sino amarle, ¿por qué no ardemos sin cesar en la ardiente hoguera de su puro amor, el cual nos purificará y santificará al mismo tiempo? (1).

No debemos respirar más que llamas de amor, y de amor puro, crucificando y sacrificando todo nuestro ser por una continua inmolacion á la divina voluntad; para que ella se cumpla en vosotras perfectamente,

_____

(1) Carta L, y cv, t. II, pág. 99 y 252.

contentándonos con amar, y dejarle obrar;
ora nos humille, ora nos ensalce, ya nos consuele, ó ya nos aflija. Todo debe sernos indiferente; y si le contentamos, esto nos basta;
amemos á este único amor de nuestras almas, puesto que Él nos ha amado primero,
y nos ama áun con ardor, que se abrasa contínuamente en el Santísimo Sacramento. No
hay más que amar al Santo de los Santos,
para ser santas ¿quién nos impedirá pues
serlo, teniendo un corazon para amar, y un
cuerpo para padecer? Pero ¡ay! ¿Puede uno
sufrir cuando ama? No, no hay sufrimiento
cuando se ama ardientemente al Sagrado
Corazon de nuestro amable Jesús; porque
los dolores, humillaciones, desprecios, contradicciones y cuanto hay de más amargo
en la naturaleza, se trasforma en amor en
este Corazon adorable, el cual quiere ser
amado sin reserva, quiere poseerlo todo sin
excepcion, y quiere hacerlo todo en nosotras sin resistencia de nuestra parte. Entre-
guémonos á su poder, confiemos en Él,
dejémosle obrar, y veremos que nos enviará
sin faltarnos nunca, cuantos obreros sean
necesarios para nuestra perfeccion: de tal

suerte, que el trabajo estará pronto terminado, con tal que no pongamos obstáculo...
¡Ay, quien le ama de veras, no piensa en re-
sistirle! (1).

Amémosle con todas nuestras fuerzas y
potencias, y seamos suyas sin reserva,
puesto que quiere todo, ó nada. Y despues
de habernos dado todas de una vez, no nos
volvamos atras. Él tendrá cuidado de santificarnos á medida que nosotras cuidemos de
glorificarle.....

Consejos para llegar á la Santidad.

«Nuestro Señor quisiera veros adelantar
á grandes pasos en los caminos de su amor,
aunque ellos sean de crucifixion para la naturaleza. No regateeis con Él más tiempo,
dadle todo, y Él os hará encontrarlo todo en
su divino Corazon. Buena señal es cuando
la gracia nos persigue y obliga, pero temamos no se canse y nos abandone».

«Tratad de cultivar y aprovechar los buenos sentimientos, que recibís de la soberana

---

(1) Carta cvii á la Hermana de la Barge, t. ii, pág. 228.

bondad; estad atenta; porque el Espíritu Santo sopla donde le agrada. Por esta razon aprovechemos la gracia, porque el Señor al inspirarnos el bien, nos da la fuerza para practicarle, y creedme, siempre sucede esto así con las criaturas. Seguid sus luces sin cansaros, hasta que consigais, que sea el dueño absoluto de vuestro Corazon (1).

Aprended á dejaros y olvidaros con un abandono pleno en manos de la Providencia, y estad en el Corazon de Jesús, como una estatua en las manos de un escultor, la cual deja que la labren, formen, cortando y quitando de ella, cuanto quiere el artista que la perfecciona.

Es preciso abrazar todas las ocasiones de sufrir amorosamente, y como joyas preciosas del amor del Sagrado Corazon de Jesús, acordándoos que para ser Santa, es preciso humillarse, renunciarse á sí misma, y mortificarse; en una palabra, crucificarse en todo y por todo (2).

---

(1) Carta LXXIII, á la Hermana de la Barge, t. II, pag. 142.

(2) Avisos particulares, t. II, pág. 227.

Es verdad que todo esto es costoso á la naturaleza, que teme su propia destruccion en cuanto la hace sufrir. Pero, ¡ay! ¿Se la puede hacer morir, sin sufrir mucho, puesto que todo es lucha y oposicion en nosotros? Porque nuestras pasiones se rebelan sin cesar, y si no peleamos varonilmente nos harán caer; no obstante no debemos turbarnos por esto, ni abatirnos ó desanimarnos, sino hacernos violencia, sacando provecho de nuestras propias caidas, para animarnos al combate, á ejemplo de los Santos, que sintieron nuestras mismas debilidades. Es preciso que, como ellos, luchemos contra nosotros mismos hasta el fin, y morir con las armas en la mano, porque la corona no se da, sino á los victoriosos. (1)

«Ya sabeis, que en esto no hay medio, es preciso obrar con ánimo; pues que se trata de salvarse ó perderse por toda la eternidad. Lo uno y lo otro depende de nosotros; es preciso pues, escoger entre amar á Dios eternamente en el cielo con los santos, despues de habernos hecho violencia, mortificán-

(1) Carta LXXVII á su hermano, t. II, pag. 151.

donos y crucificándonos en la tierra como
ellos, ó renunciar á esta dicha, concediendo
á la naturaleza, lo que ciega é inicuamente
desea » (1).

No os precipiteis, al tratar de formar
vuestro interior y exterior, bajo el modelo
de la humilde dulzura del Corazon de Jesús;
haced vuestras acciones todas con la misma
tranquilidad, como si no tuviéseis otra cosa
que hacer, y con la misma pureza y amor,
como si fuese la última de vuestra vida, empleando todos los momentos en aquello á
que está destinado (2).

Mucho deseo, que podamos dejarnos y
olvidarnos enteramente de nosotros, para
no ver, ni tener más que nuestro *Uno Necesario* que esto sólo quiere de nosotros.
Nuestra vida toda debe aspirar á esta unidad, por medio de un acto puro y simple;
unidad de voluntad á la de nuestro Soberano
bien, para no querer, sino lo que Él quiere;
unidad de amor, unidad de corazon, de
espíritu, de obra, procurando tambien esta

---

(1) Carta LXXII á la Hermana de Thelis, t. II, pág. 136.
(2) Avisos particulares, t. II, pág. 404.

union, cuando Él obre en nosotros (1) en cuanto esté de nosotras.

La Beata elige el camino más seguro para llegar á la perfeccion.

Hacia ya algunos años que habia abrazado la vida Religiosa, cuando Nuestro Señor se presentó á ella de la manera que explica: Tenia, dice, en una mano el retrato de la vida más dichosa que se puede imaginar, para una Religiosa: toda de paz y consuelo interior y exterior, una salud perfecta, y aplaudida de las criaturas; en la otra el retrato de una vida humillada, crucificada, despreciada, contradecida, y siempre padeciendo en el cuerpo y en el espíritu; presentándome estos dos retratos me dijo: Escoge, hija mia, el que más te agrade; te haré las mismas gracias en la eleccion del uno, que en la del otro. Postrándome á sus piés, y adorándole, le dije: «Señor mio, yo no quiero sino á Vos, haced la eleccion por mí».

_____

(1) Carta LXXXIX á la Hermana de la Barge, t. II, pág. 180.

Despues de haberme instado, para que eligiese, le repetí: « Vos me bastais; oh Dios mio, elegid por mí el que más gloria os dé, sin fijaros en mi interés y consuelo. Estad Vos contento, y esto me basta ». Entonces me dijo: « que, como la Magdalena, habia escogido la mejor parte, que no perderia jamás, puesto que Él sería mi herencia para siempre; y me presentó la vida de crucifixion. He aquí, me dijo, lo que te he escogido, y lo que más me agrada; tanto para el cumplimiento de mis designios, cuanto para hacerte más semejante á mí. El otro retrato es una vida de goces, no de méritos; esta es para la eternidad ». Acepté este retrato de muerte, besando la mano, que me le presentaba, aunque mi naturaleza se extremeció; le abracé con toda la efusion de mi corazon, y estrechándole contra mi pecho, me pareció se imprimia de tal manera en mí, que creí no ser ya otra cosa, que un compuesto de lo que se me habia representado (1).

---

(1) Vida por sus contemporáneas, t. I, pág. 103.

Acto de adoracion y amor al Sagrado Corazon.

Yo adoro con toda la capacidad de mi Corazon vuestra soberanía, ¡oh sagrado, divino y adorable Corazon de Jesús! Quiero temeros y respetaros con mi constante cuidado en no ofenderos más; porque sois infinitamente bueno. ¡Oh Corazon Santísimo! yo os amo, y quiero amaros sobre todas las cosas, y con todas mis fuerzas y potencias, detestando todo pecado, esperando que puesto que soy toda vuestra, por haberme dado la vida en la cruz, á costa de tantos dolores, tendreis piedad de mi flaqueza y miseria, y no permitireis que me pierda.

Yo os amo cuanto puedo; pero extended mi capacidad, y aumentad mi amor, á fin de que os ame más, y que este amor me haga ser siempre vuestra. Esta es la gracia que os pido para mí, y para todos los corazones, capaces de amaros (1).

---

(1) **Antiguos manuscritos, t. ii, págs. 495 y 500.**

Meditacion.

El preludio y la oracion preparatoria como todos los dias.

Punto 1.° El Corazon Sagrado de Jesús, es la fuente de la santidad, porque es el manantial del amor, y de un amor unificador, á cuyo fin pone en obra todo el poder de ese mismo amor, abrasando, cortando, igualando, destruyendo y por medio de esto último, uniendo y reinando para siempre en el corazon que así se le entrega. ¡Ay, Corazon deífico de Jesús, Corazon abrasado en centellas de caridad! para saber quien sois, con solo miraros basta; porque con ese mirar, dejareis ya llagado el corazon de quien así os mire, y esa llaga no podrá cicatrizarse miéntras se os siga mirando, y el miraros será amaros, y los bálsamos que en vuestra infinita caridad derramais en ella, son como otros tantos dardos que hiriéndola más y más, la dan nueva salud y vida nueva, creada, digámoslo así, sobre las ruinas de su antigua vida. Por esta razon, todo en el alma es nuevo y nuevo sobre todo,

el amor. Y como este amor, deífico Corazon,
os llaga á Vos de un modo dolorosamente
amante, llágueme á mí de un amor amorosamente doloroso; y que confundida en este
amor y en este dolor, que es vuestro propio
amor, y vuestro propio dolor, no sepa si es
más poderoso este para trasformarme en
Vos, ó más activo aquél para consumirme
igualmente en Vos.

Punto 2.º Miremos atentamente, como nos
enseña esto mismo, la Beata Margarita Maria de Alacoque con las siguientes palabras:
«Sólo debemos respirar, dice, llamas y
amor: amor puro sacrificado por una contínua entrega de nosotros mismos á su divino
beneplácito, contentándonos con amar y dejarle obrar. Amemos pues á este único amor
de nuestras almas, ya que nos ha amado Él,
el primero, y áun de continuo se abrasa en
estas llamas en el Santísimo Sacramento. Y
puesto que para ser santos, sólo se necesita
amar á ese Santo de los santos ¿quién nos
impelirá serlo, teniendo corazones para
amar y cuerpos para padecer...?» Todo está
pues, encerrado en estas dos palabras, que
comprenden hasta lo infinito en su significa-

cion ¡amor...! ¡dolor...! Y ¿cómo no, si la vida del Corazon Sagrado de Jesús, comprendida está tambien en estas dos palabras? ¡Oh deífico Corazon de Jesús! enseñadme esa ciencia de los santos, manifestadme cuantas enseñanzas nos dan esos dos arcanos de vuestro Corazon, para que tiranizados con la suave violencia del uno, y purificados con las llamas abrasadoras del otro, podamos perdernos en la bienaventuranza que ambos os proporcionan.

Jaculatoria. Vos me bastais ¡Oh Corazon deífico! glorificaos en mí, sin atender á mis propias miras ni intereses. ¡Contentaos y me basta!

DIA 13.

El Corazon de Jesús quiere ser amado, más por las obras que por las palabras.

Es necesario os convenzais, que para poseer á Jesucristo y habitar en su Sagrado Corazon, no se debe escuchar á la naturaleza inmortificada, ni á las sugestiones del amor propio. Que grite cuanto quiera; estamos en el Corazon de Jesús, que quiere le amemos con un amor de preferencia á todo (1).

Ofreceos á este Sagrado Corazon, como una víctima que se presenta á su sacrificador, para ser degollada é inmolada sobre el altar de su puro amor, que debe consumirla como un holocausto con sus divinas llamas, á fin de que no la quede nada de sí misma y que pueda exclamar con San Pablo : « No, ya no vivo yo, Jesús es el que vive en mí ».

_____

(1) **Avisos particulares**, t. II, pág. 415

En Él y por Él obro, y su Sagrado Corazon
es el que vive y obra por mí, ama por mí, y
repara todas mis faltas (1).

« El Sagrado Corazon desea le sacrifiqueis
todo lo que la naturaleza le rehusa. Si os
hace encontrar amargura é inconstancia en
las criaturas, es porque os ama, y no quiere
os apegueis á nada perecedero, sino á Él solo.
¡Oh, si pudiésemos comprender el ardiente
amor que nos tiene, y cuán bueno es amarle
y ser todas suyas, despreciaríamos bien
pronto todo lo demás para corresponderle,
amándole más con obras que con palabras!

La virtud no está en hacer bellas reflexiones y resoluciones, ni en decir buenas palabras, sino en hacer buenos propósitos y
buenas obras. De lo contrario, las reflexiones
no sirven sino para mayor condenacion.
Sed fiel en vuestro interior, y dad á Dios lo
que le habeis prometido (2).

« Nuestro corazon es tan pequeño, que no
pueden caber en él dos amores: y no habiendo sido criado sino para el divino, no

---

(1) Diversos escritos, t. ii, pág. 471.
(2) Avisos particulares, t. ii, págs. 410 y 374.

puede hallar reposo cuando se halla con otro.

« Puesto que el que ama es poderoso, amemos y nada nos parecerá difícil.

« El Sagrado Corazon de Jesús, sabe bien cuanto pasa en el vuestro, y por esto permite vuestras penas. Manteneos en paz, y someteos fielmente á las disposiciones que tenga sobre vuestra alma. Al fin hallareis la victoria y la paz en el Sagrado Corazon (1).

Asímismo él será el premio de vuestras victorias.

. . . .

Consejos para sostener á las almas en los combates espirituales.

Es necesario que os prepareis á resistir las tentaciones de vuestro enemigo en presencia de vuestro Soberano, como un soldado que está destinado á un continuo combate. Él mismo será vuestro escudo de

---

(1) Cartas y avisos, t. II, págs. 186 y 384.

fortaleza, teniendo poder para destruirle, cuando le agrade. Pero su gloria está en presentarnos al combate, á fin de que haciéndonos triunfar, su fortaleza brille sobre nuestra flaqueza, y halle además en ello motivos de recompensarnos. Puesto que Él se complace en nuestra lucha, complazcámonos nosotros en serle fieles.

«¿Qué teneis que temer, si este Sagrado Corazon os rodea con su poder, como con un muro invencible á los ataques del enemigo? Debeis mantener en Él vuestra debilidad como en una fortaleza segura, refugiándoos allí, sobre todo cuando os sintais combatida de vuestros enemigos, que residen en vosotras mismas y que quisieran turbaros con frecuencia con la pena de las pequeñas dificultades, que se os presentan.

«Cuando os halleis tentada, unid vuestro corazon al adorable Corazon de Jesús, y decid: Oh Salvador mio; sed mi fortaleza, combatid por mi; pues no rehuso la batalla con tal que seais mi defensa, para que no os ofenda, puesto que soy y quiero ser toda vuestra, sin reserva alguna».

«Otras veces decid: ¡Oh Señor, mi corazon

es vuestro! no permitais se ocupe sino de Vos, que sois la recompensa de mis victas y ori el sosten de mi debilidad — ¡Oh Sagrado Corazon de Jesús, confundid á mis enemigos. Dios mio, padezco violencia, apresuraos á socorrerme.»

«Nuestros enemigos no nos molestarian, si no nos detuviésemos á escucharlos, y á reflexionar sobre nuestras penas».

«Cuando os vengan tentaciones sobre respetos humanos decid interiormente: No, Dios mio, nada haré por respeto á las criaturas; puesto que sólo pretendo agradaros, me basta que vos me veais».

En los pensamientos de vanidad, es preciso no fijarse, sino decir á ese espíritu maligno, cuando os los sugiera en alguna de vuestras acciones:

«¡Oh cruel enemigo! renuncio á tí y á tus malignas sugestiones. Ni empecé por ti, ni por tí acabaré.

«Y cuando hayais hecho faltas, no os turbeis por esto, porque la turbacion, la inquietud y el desmedido sentimiento, apartan nuestras almas de Dios; sino pidiéndole perdon, roguemos á este Corazon Sagrado, satisfaga por nosotras, y nos ponga en gracia con la divina Majestad (1).

Decid entónces con confianza al divino Corazon de Jesús. «¡ Oh único amor mio! pagad por vuestra pobre esclava, y reparad el mal que acabo de hacer. Haced que se convierta en gloria vuestra, para edificacion del prójimo y salvacion de mi alma»: Y de esta manera nuestras caidas nos servirán sin duda de humillacion, de conocimiento de nuestra miseria y para entender cuán útil nos es mantenernos ocultos en el abismo de nuestra nada (2).

Despues de haberos humillado, principiad de nuevo á ser fiel, porque el Corazon de Jesús ama esta manera de obrar, que mantiene la paz del alma.

Abandonaos á sus amorosos cuidados, diciendo con frecuencia en vuestro interior: «puesto que el divino Corazon es mio ¿qué puede faltarme? Y si soy toda suya ¿quién podrá hacerme daño?»

---

(1) Avisos particulares, t. II, págs. 400, 438, 460 y 407.
(2) Carta LXXXVI, á la Hermana de la Barge, t. II, pag. 173.

«Pero ante todo os recomiendo esteis alegre, gozosa, y contenta, porque esta es la señal verdadera del espíritu de Dios, que quiere se le sirva con paz y alegría.

La paz del Sagrado Corazon de Jesús sea siempre la plenitud de los nuestros, á fin de que nada sea capaz de turbar nuestra tranquilidad (1).

Tomad por divisa: «El amor divino me ha vencido, Él sólo me poseerá para siempre y será el dueño de mi corazon».

El Sagrado Corazon dá la fuerza para vencerse.

En una ocasion en que la Beata, todavia novicia, tenía dificultad en vencerse, su divino Maestro la hizo ver su Sagrado Cuerpo, cubierto de las llagas que habia sufrido por su amor, y reprendiéndola su ingratitud y flojedad en vencerse por el suyo: «¿Qué quereis que haga, Dios mio, dijo ella, si mi voluntad es más fuerte que yo? Él la dijo, que la metiese en la llaga de su Sagrado

---

(1) Avisos particulares, t. ii, págs. 422 y 384.

Costarlo, y no la costaria ya sobreponerse».
¡Oh Salvador mio! metedla Vos mismo tan
adentro y encerradla tan bien, que no pueda
jamás salir. Confiesa que desde entónces,
todo lo encontró tan fácil, que ya apénas la
costaba el vencerse (1).

Oracion á nuestro Señor como víctima.

Para honrar vuestro estado de víctima en
este Sacramento de amor, vengo á ofrecerme
á Vos en cualidad de tal, para ser sacrificada, suplicándoos seais mi sacrificador y
me inmoleis sobre el altar de vuestro Sagrado Corazon, y como esta víctima es toda
criminal, yo os suplico, ¡oh mi divino Sacrificador! os digneis purificarme y consumirme en los ardores de vuestro divino Corazon, como un holocausto perfecto de
amor y de gracia, para obtener una nueva
vida, y poder decir con verdad : «Ya nada
tengo mio, ni puedo decir nada mio, sea
que viva ó que muera : mi Jesús es mi
todo». Así sea.

---

(1) Antiguos manuscritos, t. ii, pág. 493.

Meditacion.

El preludio y la oracion preparatoria como todos los dias.

Punto 1.º El amor no puede estar ocioso; por eso entrando en un corazon, le vá trasformando, si es verdadero, en el objeto á quien ama, y no descansa más que en darle pruebas evilentes de la sinceridad de su amor. Esto nos enseña hoy el deífico Corazon de Jesús, dándonos á entender, que no quiere amor de palabras, sino de obras. Y cierto, que buen ejemplo de esto nos ha dado en su propio Corazon. Una mirada hácia Él, y quedaremos convencidos. ¿Puede haber mayor amor, que el de abrasarse y consumirse de contínuo en fuego de caridad?.... Mirad al deífico Corazon, y esas llamas, que se abren paso entre las llagas, que le hacen nuestras imperfecciones, darán voces diciendo, ¡que se abrasa..... que se quema..... que se consume de amor!.... ¿Será menester probarle por medio del sacrificio? ¿Cuál mayor, que ofrecerse como víctima?.... ¡Y que esto haya sido así, basta de nuevo con mirarle y aten-

der á los estragos que en Él hace la justicia
vengadora del Padre, que descarga su enojo
sobre el justo, para perdonar al pecador!....
¡Oh! ¡Corazon, verdadero holocausto de
amor, cuánto puede en Vos la criatura, para
haceros obrar tan asombrosos sacrificios! ¿Y
qué? ¿No sabré corresponder á tan fina caridad, devolviendo sacrificio por sacrificio,
amor por amor, y víctima por víctima?....

Punto 2.º La amante del Sagrado Corazon
de Jesús, la Beata Margarita María, nos de-
muestra claramente, cómo quiere ser amado
por nosotros, el amante y divino Corazon.
Dice así: «Debeis convenceros, de que si quereis poseer á Jesucristo, y morar en su Corazon sagrado, no debeis volver á escuchar las
sugestiones de la naturaleza inmortificada,
ni atender á las sutilezas del amor propio. Que
alborote cuanto quiera, somos del Corazon
de Jesucristo, el cual desea le amemos con
amor de preferencia.» ¡No escuches las sugestiones de la naturaleza inmortificada....!
¡cuánto encierran estas palabras!... no atender á las sutilezas del amor propio..... ¡qué
completo olvido de nosotros mismos, requiere el cumplimiento de esta máxima!.... De-

tente y considera..... y mira lo que sigue despues; el Corazon deífico, desea le amemos con amor de preferencia..... ya se vé, sólo en nuestro desamor le amaremos á Él debidamente, sólo olvidándonos de nosotros mismos nos acordaremos de Él dignamente..... ¡Oh! Corazon sagrado de Jesús, no más dudas: si se necesitan luchas, lucharemos sin descanso para poder exclamar con la amante de vuestro deífico Corazon: «¡El amor divino me ha vencido; Él sólo poseerá mi corazon!»

Jaculatoria. ¡Vuestro es mi corazon, no permitais se ocupe sino de Vos, que sois el precio de mis victorias y el sostén de mi flaqueza!

DIA 14.

El Corazon de Jesus, maestro de las virtudes.

Nuestro Señor dirigió un dia estas palabras á la Beata, descubriéndola su Corazon amoroso : «Hé aquí el maestro que te doy, y que te enseñará todo lo que debes hacer por mi amor.»

La Beata á su vez, invitándonos á escuchar las lecciones de su divino Maestro nos dice :

«Venid á este Corazon sagrado como discípulo á la escuela de su puro amor, dejando y olvidando todas las ciencias del mundo, del amor propio y vanidad, para no saber sino las de su infinito amor, corriendo valerosamente en pos de su voz, que dice : «Venid á mí todos los que pretendeis amarme, y yo os haré habitar en el manantial de mi divino amor» (1).

«Aprended de mí á ser mansos y humil-

---

(1) Diversos escritos, t. ii, pág. 489.

des de corazon: de otra manera no podreis ser amados y conocidos de mi Corazon sagrado, que no os reconocerá por sus discípulos, miéntras no os conformeis con Él por la práctica de sus santas máximas.»

«Consideraos siempre durante la oracion ó fuera de ella como una discípula delante de su Maestro; Él os enseñará á hacer su voluntad por la renuncia de la vuestra.

»Es preciso que como sierva fiel, os decidais á trabajar con fervor en el servicio de vuestro Maestro, que recompensará vuestras acciones á medida de vuestro amor, único lazo que os unirá á su Corazon.

»Quiere que animeis vuestro corazon, segun las virtudes del suyo.

» Como el amor hace conformes á los amantes; si quereis ser amada de Jesús, es preciso os hagais dulce como Él, y humilde como Él.

»En una palabra, vuestra perfeccion consiste, en conformar vuestra vida y vuestras acciones á las santas máximas del sagrado Corazon de Jesus (1).

_____

(1) Avisos particulares, t. ii, págs. 431, 378 y 396.

Consejo para la práctica de las virtudes de humildad y dulzura.

Creo que nada podeis hacer, que gane más la amistad del sagrado Corazon de nuestro buen Maestro, y que os haga más agradable delante de Él, que ser muy dulce y humilde; pero con una dulzura y humildad que os haga ser sumisa á todos, y sufrir en silencio alegremente y de buen grado las pequeñas mortificaciones y humillaciones que os viniesen, sin escusaros ni quejaros, pensando siempre, que mereceis mucho reprimiendo valerosamente los sentimientos de la naturaleza inmortificada.

«Cuando os viniese deseo de escusaros, decid interiormente: «Jesús era inocente, y callaba cuando le acusaban, y yo que he sido tantas veces criminal, ¿osaré justificarme?»

»Que vuestra gloria consista en las humillaciones, diciendo cuando os sucedan: «Hé aquí lo que me es debido, y no las aprobaciones y alabanzas.»

»Amad y honrad á los que os humillen ó mortifiquen, mirándolos como vuestros mayores bienhechores.

»El sagrado Corazon tendrá para con vosotros un particular cuidado y amor, si os manteneis dentro de vosotros mismos, haciéndoos dulce y humilde en sufrir con constancia las contradicciones y humillaciones, que son tanto más sensibles, cuanto más pequeñas sean en apariencia.

»Sufridlas con una dulce tranquilidad, pensando siempre que el amoroso Corazon de vuestro Padre celestial os las ha preparado, para perfeccionaros á su gusto.

»Sed siempre pequeña y humilde á vuestros ojos, á fin de crecer en este divino Corazon.

»Vuestro empeño debe ser el decir con resolucion: «Hé aquí la hora de humillarme, y manifestar á Dios mi amor.»

La dulzura con el prójimo os hará amable y condescendiente con él, caritativa para servirle, excusando sus faltas, á pesar de todas las repugnancias que sintais cuando hayais recibido alguna ofensa, y debeis pedir á Dios por él.

De este modo ganareis al sagrado Corazon de Jesús.

Soportad dulcemente las pequeñas contrariedades, que os viniesen por parte del prójimo, ó de su génio y carácter opuesto al vuestro, sin manifestar resentimientos; porque esto es contrario á lo que practicó el Sagrado Corazon de Jesucristo.

« No conserveis jamás frialdad alguna con el prójimo; porque el Sagrado Corazon la tendrá para con vosotros, si lo hiciéseis así.

»Sed dulce y condescendiente con el prójimo, pero sin concederle cosa alguna, de lo que debeis al Corazon de Jesús » (1).

Las virtudes hallan su expansion bajo la influencia del Sagrado Corazon de Jesús.

Podeis considerar este Sagrado Corazon como un divino conducto por donde sale sin cesar el manantial de aguas vivas, para re-

---

(1) Avisos particulares, t. II, págs. 390, 418, 437, 423, 429.

gar el jardin de vuestra alma y donde las flores de las virtudes están tan ajadas, que sólo con este riego recobrarán su natural belleza, para que vuestra alma sea el jardin de sus delicias. Suplicadle que despues de haber sido un manantial de aguas vivas, sea un sol, divino siempre, brillante y abrasador, que calentándoos os haga crecer en virtudes, y disipe las nubes y tinieblas de vuestra alma.

«Otras veces miraos como un árbol plantado en la corriente de las aguas, que da el fruto en su tiempo, el cual, cuanto más combatido es por los vientos, más introduce sus raíces en la tierra. De la misma suerte, cuanto más combatida seais por el viento de las tentaciones, más debeis introducir las raíces de una profunda humildad en el Corazon de Jesucristo.

Este adorable corazon exige á sus amigos la pureza de intencion, la humildad en las obras y la unidad en las pretensiones.

La pureza de intencion y de corazon hará que sea objeto de sus complacencias; la humildad le hará reinar en vuestro corazon, y os conservará en su amistad, y

la caridad os hará reinar en este Corazon adorable (1).

Modo de grabar nuestro nombre en el Corazon de Jesús.

La Beata en una de sus instrucciones á las novicias las decia:

« Amadas hijas del Sagrado Corazon de Jesús, la gracia que el Señor ha empezado á haceros, os elevará á una alta perfeccion, con tal que la deis curso por una fiel correspondencia de vuestra parte. Es preciso obrar de tal suerte, que vuestra virtud se adelante y crezca como la resplandeciente aurora del dia.

No os quiero adular; si vuestros nombres están escritos en este Corazon adorable, áun no es más que con tinta, que significa el principio de la gracia en vosotras, que viene para ayudaros á combatir y vencer vuestras imperfecciones. Como el oro se purifica de la tierra en el crisol, de la misma manera, nuestras acciones é inclinaciones

(1) Avisos particulares, t. ii, págs. 456, 385, 389 y 413.

deben ser purificadas en la hoguera de su amor, de todo lo humano y terreno y de los miramientos de nuestro interés propio.

Y cuando progresando todo esto se haya cambiado en caractéres de plata, que significa la pureza de corazon, no debemos parar aquí, y dejar esta obra imperfecta; es preciso llegar al oro de la caridad, que marque vuestros nombres con caractéres indelebles.

Entónces sereis como unos holocaustos, todas consumidas en las ardientes llamas del Corazon de Jesús. Es preciso que el amor os haga llegar aquí; preciso es sufrir por amor, haciéndose una continua violencia, mortificándose y humillándose por amor; y creernos felices, cuando hallamos ocasion de manifestar así nuestro amor á este único Amor de nuestras almas.

Todo lo que acabo de deciros marca el principio, el progreso, y el fin de nuestra vida. No se dará la corona á los principiantes, ni á los adelantados, sino á los victoriosos que perseveran hasta el fin.

. . . .

Por último, mis queridas hermanas, no puedo admirar suficientemente las bondades y liberalidades de este Sagrado Corazon para con vosotras. Parece haber abierto todos sus tesoros, para enriqueceros, segun el placer que se ve tiene en haceros bien...

Como el amor quiere correspondencia, y no quiere otra que este mismo amor, Dios le ha grabado en vuestros corazones, para que se le tributeis, segun su deseo. Es necesario que este mismo amor grabe por correspondencia el nombre de nuestro Amado en vuestro corazon, lo cual podrá hacerse así :

Cuando consigais alguna victoria sobre vosotras mismas, sea por la humildad, mortificacion, ó de otra manera, ó cuando hagais algunas prácticas de caridad con el prójimo, escusándole, soportándole ó haciéndole algun servicio; todo esto será como otras tantas letras que grabareis en vuestros corazones, del adorable nombre de Jesús.

Pero sed fieles, constantes y fervorosas; no sabré encomendaros esto bastante, por el mal que os resultará de lo contrario (1).

_____

(1) Avisos particulares, t. ii, pág. 429.

Invocacion al Sagrado Corazon de Jesús.

« ¡Oh Corazon Santo, Corazon augusto, dueño de todos los corazones, yo os amo, yo os adoro, yo os alabo, yo os doy gracias y soy toda y para siempre vuestra!

» ¡Vos sois mi fortaleza, mi apoyo, mi recompensa, mi salvacion, mi refugio, mi amor y mi todo!

» ¡Oh corazon de amor, manteneos conmigo y en mí, gobernadme, salvadme, cambiadme toda en Vos!

» No me rehuseis la humilde condicion de hija de vuestro Corazon, en el que deseo morir á mí misma y al pecado, para no vivir sino vuestra vida.

» Corazon de mi Jesús, reformad mi infiel corazon; haced que en adelante se una á vuestro amor por el suyo, y esté tan próximo á Vos, como apartado estuvo en lo pasado; puesto que sois su Criador, sed su corona. Así sea (1).

---

(1) Pequeño libro de oraciones, t. ii, págs. 479, 474 y 491.

Meditacion.

El preludio y la oracion preparatoria como todos los dias.

Punto 1.º El Corazon deífico de Jesús, se nos muestra hoy como el único y verdadero maestro, que nos enseñará la ciencia verdadera de la virtud. En efecto, ¿qué enseñanzas no nos dá ese amante Corazon en todas las condiciones y consecuencias de la vida?.... ¡Ay! ciertamente que en esa divina escuela, mucho se puede aprender, y el que más amase, más perfectamente habría aprendido su doctrina. Una de las más elocuentes en su oscuridad, es la humildad de ese divino Corazon. ¡Humilde, el que es manantial de todos los bienes, y que se iguala en poder, en sabiduría y en bondad con el Padre!.... ¡Ay! ciertamente que sí, el Corazon de Jesús agradece al Verbo divino la elevacion á que ha querido sublimarle reconociendo asímismo, que sólo por aquella persona adorable y divina le han venido tantos bienes, y éstos incapaces son de apartarle del conocimiento, de lo que por sí mismo es la naturaleza humana, quedando por efecto de este conocimiento, anonadado. ¡Qué incomprensibles son los secretos y los ejemplos del Corazon divino de Jesús!.... Ante ellos, ¿rebuscarás, siendo nada, reconocer tu propia nada?.... ¿Querrás atribuirte algo, siendo la humildad del Corazon de un Dios?....

Punto 2.º Un dia, descubriendo nuestro Señor á la Beata Margarita María de Alacoque su Corazon amoroso, la dirigió estas palabras: «Este es el maestro que te doy: Él te enseñará cuanto has de hacer por mi amor.» Oigamos ahora á la misma Beata, lo que le enseñó este divino Maestro: «El Corazon adorable de Jesús, dice, pide de sus amigos a fuerza en la intencion, la humildad en la obra y la unidad en la pretension.» ¡Cortas palabras que encierran en sí mismas toda la perfeccion! Pureza en la intencion..... ¡cuán meritorias serían nuestras obras delante de Dios si fuesen acompañadas siempre de esta virtud!.... Humildad en la obra..... ¡qué gratas le serían todas al deífico Corazon de Jesús, si no esperando ni atribuyéndonos cosa alguna, todo lo esperásemos de Él, mediante nuestra humilde cooperacion á su gracia, refiriéndole luego la gloria que sólo á Él pertenece!.... Unidad en la pretension..... ¡si así fuera, no mirando ya más que á Dios, sólo á Él encontrariamos en todas nuestras acciones, habria unidad de pensamiento, unidad de afecto y unidad de amor, reinando é imperando el del deífico Corazon! ¡Oh Corazon divino! adelanta tu obra en el mio, vive tú y desaparezca yo, y que este desaparecer sea el triunfo voluntario y amoroso de vuestro amor.

Jaculatoria. Aprenda yo, Jesús mio, cuanto me enseñas, para que sea semejante á Tí.

DIA 15.

Divinas predilecciones del Corazon de Jesús.

La Beata fué desde su infancia el objeto de las predilecciones incomparables de Nuestro Señor Jesucristo. Estas palabras dan de ello testimonio :

«Mira, hija mia, la dijo este divino Maestro, ¿se hallará un padre lleno de amor por un hijo único, que ponga más empeño en probarle su amor, que yo pongo para probarte el mio?...

Te he elegido por esposa mia, me has prometido fidelidad cuando me has hecho el voto de castidad, que te inspiré antes que el mundo tuviese parte en tu corazon, pues le queria libre de los afectos terrenos. Y para conservármele, he quitado toda la malicia á tu voluntad, y te he abandonado á los cuidados de mi santa Madre, para que te pefeccionase, segun mis designios.

Me he constituido tu padre, tu maestro, y te he gobernado desde tu más tierna infancia, dándote continuas pruebas del amor de mi Corazon divino, y en Él mismo he establecido tu mansion actual y eterna. Para mayor seguridad ¿qué mayor prueba deseas de mi amor, y estoy dispuesto á dártela?..

Conserva en su pureza el templo del Señor; porque donde quiera que se halle, Dios le asistirá con una presencia especial de proteccion y de amor. Yo soy quien te gobierna, y á quien debes estar toda abandonada, sin temor ni cuidado de tu alma ni de tí misma, puesto que sólo te faltará el socorro, cuando á mí me falte el poder. Yo tendré buen cuidado de recompensar ó vengar lo que te hagan. Del mismo modo no olvidaré á los que confien en tus oraciones, á fin de que tú te emplees y dediques toda á mi amor.

He establecido mi reino de paz en tu alma, nadie podrá turbarle: y el de mi amor en tu corazon, que te producirá una alegria, que nadie podrá quitarte... (1)

_____

(1) Vida por sus contemporáneas y por ella misma, t. L, págs. 125 y 123, 13 y 23, t. II, pág. 334.

Dejemos á la Beata, prevenida de este modo con los favores divinos, enseñarnos el secreto de hacernos nosotros tambien el objeto de las predilecciones del Corazon Sagrado de Jesús.

«El alma más humilde y despreciada, será la que más habite en este Corazon adorable.

»La más despreciable y desprendida de todo, la que más le posea.

»La más mortificada, será la más acariciada.

»La más obediente, la que le hará triunfar.

»La más caritativa, será la más amada.

»La más silenciosa, será la que estará más enseñada... (2).

1.º La más humilde y despreciada, será la que más habite en este Corazon adorable.

» Sólo el corazon humilde puede entrar en el Sagrado Corazon de Jesús, sólo él puede conversar con este dulce Corazon, amarle y ser amado de Él.

»El Sagrado Corazon de nuestro soberano

_____

(2) Avisos particulares, t. ii, pág. 451.

Maestro es un manantial innagotable, que quiere derramarse en los corazones humildes y que se hallan vacíos y desocupados de todo, para estar prontos á sacrificarse á su agrado, cueste lo que costase á la naturaleza.

»El Corazon de Jesús se complace en el servicio de los pequeños y humildes de corazon, y bendice sus trabajos.

»Encuentra su placer en las almas anodadas, que son totalmente suyas, y encuentran su todo en Él, no siendo ya de sí mismas.

»Cuando esteis en la humillacion, regocijaos; porque estais muy dentro del Corazon de Jesús.

»Abrazad humildemente cuanto os humille y anonade más, como medios los más propios para hacer triunfar el dulce y amable Corazon de Jesús, y para hacer reinar á su vez el vuestro en el suyo.

»Me alegro y creo firmemente, que os hace un especial favor, dándoos á conocer y haciendo que ameis vuestra abyeccion; porque no hay medio más eficaz, para penetrar y mantenerse en la amistad del Sagrado Corazon.

»Es un agua dulce, que es capaz de dar la vida de la gracia á vuestra alma, y la del puro amor á vuestro corazon y á todas vuestras acciones. En fin, la virtud del Sagrado Corazon de Jesús hace humillar en nosotros su grandeza, si nos encuentra anonadados en el amor de nuestra pequeñez; y cuidará de elevaros en union con Él, á medida que esta santa virtud os desuna en el amor de todo aquello, que brille ante la criatura y ante vosotras mismas.

»¡Dios mio! ¡Qué tesoro tan inmenso es el amor á la pequeñez y á nuestra propia humillacion! ¡Qué es lo que no debiéramos querer padecer, para obtenerle! Sólo debiéramos amar el padecer, puesto que el alma que lo posee está segura y nada puede faltarla; porque el Todopoderoso se complace en ella.

»Mirad pues este camino humilde, como el verdadero trazado por Él, para llegar á Él. ¿Qué temeis en un sendero tan seguro, como es el de las humillaciones, en donde la mejor de todas es aquella, que nos viene sin apercibirnos siquiera? Porque la humildad es de tal manera, que desaparece desde

el instante |en que la apercibimos en nos-
otros (1).

»Un ejemplo sacado de la vida de la Beata
nos lo prueba: «La víspera de la Visitacion,
dice ella, durante los Maitines hice varios
esfuerzos inútiles por cantar el invitatorio,
sin poder ni áun seguir al coro en los sal-
mos; al primer verso del *Te Deum*, me
sentí toda penetrada de un poder, al cual
todas mis potencias se sometieron desde
luego en espíritu de homenaje y adoracion.
Teniendo, segun costumbre, los brazos cru-
zados bajo las mangas, una luz divina vino
á colocarse á mi vista bajo la forma de un
pequeño niño, ó más bien de un sol resplandeciente, lo que me hizo exclamar:
«Señor y Dios mio, ¿qué exceso de amor es
este que hace humillar así vuestra infinita
grandeza?—Vengo, hija mia, á pregun-
tarte por qué me dices tantas veces, que no
me acerque á tí.—Bien sabeis, Soberano
mio, que es porque no soy digna de acer-
carme á Vos, y ménos de tocaros. Has de

_____

(1) Cartas L, CXI, CV, LXXIII, LXXVI, t. II, págs. 100, 230,
218, 398, 140 y 147.

saber, que cuanto más te ocultas en tu nada, más se humilla mi grandeza para hallarte. Temiendo que esto no fuese el espíritu de Satanás le dije:

»Si sois Vos, Dios mio, haced que cante vuestras alabanzas.—En el mismo instante tuve mi voz libre y más fuerte que nunca; proseguí el *Te Deum* con el coro, y así pasé lo que restaba de los Maitines, sin que todas las caricias con que su bondad me honró, distrajesen mi atencion del oficio. Sólo que sentia mi interior todo unido estrechamente á esta divina presencia, y ocupado en honrarla. Al terminar me dijo: «He querido probar el motivo que te impulsaba á rezar mis alabanzas, pues si te hubieses distraido, y dejado de estar atenta, me hubiese alejado.»

Todo esto quedó tan impreso en mí, que alejando el sueño de mis ojos, me hizo aparecer la noche muy corta (1).

---

(1). **Vida por sus contemporáneas** t. i, pág. 50.

2.º La más desprendida y despojada de todo, le poseerá más.

Sólo en el completo despojo de vos misma, y de todo lo que no es Dios, hallareis la verdadera paz y la dicha perfecta; porque no teniendo nada, lo hallareis todo en el Sagrado Corazon de Jesús.

«Empobreceos de todo, y el Corazon de Jesús os enriquecerá.

» Desocupaos de todo, y Él os llenará.

» Olvidaos de vos misma, y abandonaos á Él, y Él pensará y cuidará de vosotras.

» No puedo deciros otra cosa, sino que el anonadamiento de vosotras mismas os elevará á la union del soberano bien. Olvidándoos le poseereis, y abandonándoos á Él, Él os poseerá.

Y ¿qué mayor bien que no ser nada para el mundo ni para nosotras mismas, para ser poseidas de Dios, y no poseer más que á Él solo?» (1).

---

(1) Cartas y avisos, t. ii, págs. 403, 176 y 259.

Salutaciones al Corazon Sagrado de Nuestro Señor Jesucristo.

Yo os saludo, Corazon amante, obrad en mí.

Yo os saludo, Corazon misericordioso, responded por mí.

Yo os saludo, Corazon humilde, descansad en mí.

Yo os saludo, Corazon paciente, soportadme.

Yo os saludo, Corazon fiel, pagad por mí.

Yo os saludo, Corazon digno y admirable, bendecidme.

Yo os saludo, Corazon bello y deseable, arrebatadme.

Yo os saludo, Corazon ilustre y perfecto, ennoblecedme.

Yo os saludo, Corazon Sagrado, bálsamo precioso, conservadme.

Yo os saludo, Corazon de Jesús, modelo de perfeccion, ilustradme.

Yo os saludo, Corazon de Jesús, origen de toda felicidad, fortificadme.

Yo os saludo, Corazon de Jesús, eternamente bendito, llamadme (1).

Meditacion.

El preludio y la oracion preparatoria como
todos los dias.

Punto 1.º ¡Qué pródigo de gracias y favores es el Corazon amoroso de Jesús, en favor
de las almas que le aman...! Agota, por decirlo así, los tesoros de su sabiduría, á fin de
iniciarles los medios, por los cuales logren
franquearse la entrada en su Corazon. ¡Ansioso está de derramar mercedes, y uno de
los tormentos mayores de su Corazon deífico,
es ,el no encontrar almas á quienes enriquecer...! ¡Tormento ciertamente digno de mar-
tirizar el Corazon de un hombre Dios, cuyos
tesoros son tan infinitos, como el mismo
amor, de donde proceden! ¿Por qué pues,
dulcísimo Corazon de Jesús; por qué, vivimos tan pobres en méritos, teniendo en nuestra mano vuestras riquezas...? ¿Por qué no
recibimos con profusion vuestras divinas li-

_____

(1) **Pequeño libro de oraciones, t. ii, pág. 476.**

beralidades, estando Vos tan sediento de comunicarlas? ¡Ay! ¡que esto sólo es efecto de nuestra propia dureza...! Sí, la mala disposicion de nuestros corazones nos impide recibir con abundancia las gracias, que sin cesar brotan del vuestro. Dejadme, Corazon dolorido, dejadme que me acerque á esa hendidura, que el amor os ha hecho, y que recibiendo gota á gota en mi alma la sangre que de ella brota, aprenda el medio de grangearme vuestras divinas predilecciones.

Punto 2.º Es tan bueno el amante Corazon de Jesús, ama tanto á sus pobres criaturas, que no les quiere dejar ignorar los medios por donde han de conseguir su dicha. Por eso, por medio de la bienaventurada y escogida Vírgen de Paray, la Beata Margarita María nos dice lo siguiente: «El alma más despojada poseerá más intimamente al divino Corazon.» Y luego añade: «Empobreceos de todo, y os enriquecerá el deífico Corazon... Despojaos de vosotros mismos, y Él lo llenará todo..... Olvidaos de vosotros mismos, abandonándoselo todo, y Él pensará en vosotros y os cuidará. En ese olvido le poseereis, y en ese abandono, Él os poseerá.» Detente y considera la fnerza y el valor de estas palabras: En ese olvido, dice, le poseerás..... ¿A quién? ¡Nada ménos que al que hace la bienaventuranza de los cielos...! En ese abandono Él os poseerá..... ¿Podría haber mayor dicha? ¡no sólo poseer á Dios, sino ser su posesion...! ¡Oh olvido venturoso, qué felicidad nos das...! ¡Oh abandono feliz, qué suerte tan dichosa proporcionas...! ¡Oh despojo, qué riquezas nos granjeas...! ¡Ea pues, Corazon divino de Jesús, nada quiero saber ya de mí, para poseerte á Tí: no quiero más bienes particulares, para conseguir tus riquezas!

Jaculatoria. ¡Qué dicha la de no ser nada, para no tener más que á Dios!

DIA 16.

3.º La más mortificada será la más acariciada.

La Beata, segun nos dice ella misma, tenia aversion á ciertos alimentos. Desde su noviciado resolvió no obstante vencerla, diciéndose á sí misma: «Es preciso ó vencer ó morir». Despues de haber implorado el socorro de Nuestro Señor delante del Santísimo Sacramento, cumplió este acto generosamente, sin otras armas ó consideracion, que estas palabras: «No quiero reservar nada al amor». La extrema violencia que se hizo la costó estar enferma todo el dia; á la tarde, durante la oracion, Nuestro Señor la hizo mil caricias, llenándola de dulzuras y consuelos, mostrándola el placer que le habia dado en esta mortificacion, que se habia impuesto por su amor. Despues de este sacrificio las gracias y favores que Nuestro Señor la hacía, fueron tan en aumento, que inundando su alma la hacian

exclamar : «Suspended, oh Dios mio, el tor-
rente que me abisma, ó estended mi capacidad, para que reciba tantas gracias» (1).

Imposible sería expresar hasta qué punto
llevó la Beata la mortificacion, tanto en salud como en enfermedad. Puede decirse, que
estaba muerta á todo placer sensible. Para
honrar la sed, que nuestro Salvador padeció
en la cruz, se abstenia de beber, desde el
jueves por la tarde hasta el sábado siguiente. Pasó una vez hasta cincuenta dias
sin beber, en honor de la sed ardiente que
el Corazon de Jesús habia tenido por la salvacion de los pecadores (2).

Confiesa haber hallado tantas delicias en
un acto heróico de mortificacion, que hizo
sirviendo á una enferma, que hubiese
querido encontrar todos los dias ocasiones
semejantes, para aprender á vencerse sin
más testigo que Dios, el cual no dejó de
manifestarla el placer que le habia dado. En
la noche siguiente la tuvo como dos ó tres

_____

(1) Vida por sus contemporáneas, t. i, pág. 30.
(2) Idem ó sea vida por sus contemporáneas, t. i,
pág. 139.

horas con los labios pegados á la llaga de su Sagrado Costado. Dice ella que la sería imposible expresar las gracias que quedaron impresas en el fondo de su alma (1).

4.º La mas obediente le hará triunfar.

Leemos en la vida de la Beata estos ejemplos de obediencia. Para apartar su espíritu de su gran aplicacion á la oracion, la enviaban á trabajar al jardin, á la cocina y á los lugares más humillantes, hasta ir á guardar una jumenta en la huerta. La hicieron pasar los ejercicios para prepararse á su profesion en este empleo, á fin de moderar el incendio de amor divino, que la devoraba.

Un dia que iba á interrumpir el dulce entretenimiento con que Nuestro Señor la regalaba, para correr en pos de la jumenta y el jumentillo, el divino Salvador la dijo: «Déjalos correr, no harán daño alguno.» Obedeció llena de fé. Vimos desde la sala de la comunidad, los animales que andaban

---

(1) Idem, t. i, pág. 108.

sobre las verduras. Pero cuando quisimos ver los desastres que habian hecho en ellas, nos fué imposible reconocer el lugar por donde habian pasado.

Mi divino Maestro, dice ella, me acompañaba con fidelidad en todos los oficios que tenía que hacer continuamente. En este tiempo recibí gracias tan extraordinarias, sobre todo en el misterio de la pasion, que nunca las habia tenido semejantes, lo que causó en mí un amor tan grande á la cruz, que no puedo vivir ni un instante sin sufrir; pero sufrir en silencio, sin consuelo ni alivio; y morir con este soberano de mi alma, abrumada bajo la cruz de toda clase de padecimientos, esto ha durado toda mi vida, la cual por su misericordia se ha pasado toda en esta clase de ejercicios, que son los del puro amor» (1).

Hablando de la virtud de la obediencia, la Beata dice: «...En el interior obedecereis fielmente á los movimientos de la gracia por los actos de virtudes, y en el exterior obedecereis amorosamente á aquellos, que

(1) Carta á la Madre de Sourdeilles, t. II, pág. 86.

tienen poder de mandaros, pensando en estas palabras: Jesucristo fué obediente, quiero pues obedecer hasta el último instante de mi vida. Vuestras obediencias serán para honrar las de Jesucristo en el Santísimo Sacramento; si sois fiel en hacer la voluntad de Dios en el tiempo, la vuestra se cumplirá por toda la eternidad. En verdad me parece que toda la dicha de un alma consiste en hacer la voluntad de Dios. En esto encuentra nuestro corazon su paz, nuestro espíritu su alegria y reposo, puesto que el que se une á Dios, se hace un espíritu con Él. Y yo creo, que es el verdadero medio de hacer nuestra voluntad; porque su amorosa bondad se complace en contentar al alma, en la cual no halla resistencia» (1).

5.º La más silenciosa será la que más aprenda en la escuela del Sagrado Corazon de Jesús.

«Mantened siempre vuestro interior en silencio, hablando poco con las criaturas, y

_____

(1) Vida por sus contemporáneas, t. i, pág. 87.

mucho con Dios, sufriendo y trabajando por su amor.

» Tened vuestros sentidos interiores y exteriores en el Sagrado Corazon de Nuestro Señor, imponiéndoles un profundo silencio: silencio interior, evitando los pensamientos inútiles y las reflexiones del amor propio, para disponeros á oir la voz del Esposo; silencio, sobre cuanto puede alabaros y escusaros, condenar ó acusar á los otros: silencio en los pequeños asaltos que la naturaleza inmortificada os suscite, para manifestar vuestra alegría, ó vuestro descontento en los momentos tristes.... y, este silencio será para honrar el de Jesús, solitario en el Santísimo Sacramento. Por este medio aprendeáreis conversar con su Sagrado Corazon y á amarle en silencio (1).

«El amor á nuestra querida abyeccion en el Corazon de Jesús, nos basta hasta para honrar los misterios de su santa muerte y pasion, que desea que honremos guardando este sagrado silencio como Él, en todas las ocasiones de humillacion y de sufrimiento;

(1) Avisos particulares, t. II, pág. 419.

porque os confieso que nada me encanta tanto, como el que guardó tan exactamente en el curso de su pasion. No abramos la boca á su imitacion, sino para pedir por aquellos que nos afligen» (1).

6.º La más caritativa será la más amada.

Debeis mostraros dulce y soportar en paciencia las pequeñas contradicciones, desatenciones y penas, que os ocasionen vuestros semejantes, sin cansaros de sufrir estas pequeñas contrariedades que os ocasionen : al contrario, rendidle de buen grado los servicios que podais ; de este modo ganareis la amistad del Sagrado Corazon de Jesús.

» Buscad ocasion de contentarle por el ejercicio de la santa caridad, pensando y hablando siempre bien de vuestro prójimo, asistiendo á los pobres cuando podais, espiritual ó corporalmente, mirando á Jesucristo en su persona, y no haciéndoles nada, que no quisiésemos que nos hiciesen á nosotros mismos» (2).

Tened paciencia con todos, para merecer

_____

(1) Carta c, á la hermana de la Barge, t, ii, pág. 205.
(2) Cartas y avisos particulares, t. ii, pág. 487.

su confianza, y sobre todo con los pobres, para que acudan á vosotros en sus necesidades. «Tened á todo el mundo por amigo y á nadie por enemigo, en cuanto podais segun Dios».

Un recuerdo de la infancia de la Beata debe tener aquí lugar.

« Nuestro Señor, dice ella hablando de sus primeros años, me concedió un amor tal hácia los pobres, que deseaba no tener más conversacion que la suya, é imprimió en mí una compasion por sus miserias, que si hubiese estado en mi poder, todo lo hubiese sacrificado y dado por ellos. Cuando tenía algun dinero, se lo daba á los niños pobres, para obligarlos á que viniesen conmigo á aprender el catecismo, y amar á Dios. Así fué, y hubo veces que por ser muchos, no sabia en invierno donde meterlos, más que en un cuarto grande, de donde nos echaban con frecuencia. Esto me mortificaba bastante, porque no me gustaba viesen lo que hacía.

Sentia una extrema repugnancia por las llagas; pero me decidí á besarlas y curarlas, para vencerla, no sabiendo ni cómo debia empezar.

Pero mi divino Maestro sabia suplir tan bien mis ignorancias, que quedaban curadas en poco tiempo; sin más ungüento que el de la divina Providencia, por más que fuesen muy peligrosas; pero tenia más confianza en su bondad, que en los remedios exteriores » (1).

Convenio de amor bajo forma de oracion.

«Yo os pido, oh dulce Jesús mio, que me hagais conforme á esta vida de muerte de los sentidos, que teneis en el Santísimo Sacramento, donde os haceis obediente hasta la muerte, de una manera mística, á la sola voz del Sacerdote bueno ó malo. Haced, Salvador mio, que para honrar vuestra obediencia y anonadamiento, me haga humilde y obediente segun toda la extension de la perfeccion, que pedís de mí.

Por Vos, Jesús mio, sacrifico mi libertad y propia voluntad á la vuestra, sin reserva. Detesto de todo mi corazon y renuncio á to-

---

(1) Vida por ella misma, t. II, pág. 302.

das las miras, repugnancias y murmuracio-
nes que pueda sugerirme mi amor propio,
sobre aquello que me sea mandado ó prohi-
bido. Este es un pacto que mi corazon hace
con el vuestro, ¡oh mi divino Jesús! de hacer todo por amor y por obediencia y de querer morir y vivir en este ejercicio, donde se
halla todo lo necesario para mi perfeccion.
Yo os suplico tomeis posesion de mi corazon
y de cuanto pueda daros gloria en mí, por el
tiempo y por la eternidad. Así sea» (1).

Meditacion.

El preludio y la oracion preparatoria como
todos los dias.

Punto 1.° Si queremos recibir copiosas
enseñanzas del Sagrado Corazon de Jesús,
mantengámonos en silencio, así exterior
como interiormente. Calle la lengua, sin derramarse con palabras inútiles y mucho ménos perjudiciales, y callen tambien los sentidos interiores del alma, para que se recoja
en el asilo que le ofrece con amor el deífico

---

(1) Antiguos manuscritos, t. II, pág. 501.

Corazon. En efecto, este amantísimo Jesús, tiene en su Corazon una morada oculta, misteriosa y solitaria, donde reina un silencio tan profundo como elocuente. El alma que desee penetrar allí, ha de tratar, en primer lugar, de acallar el tumulto de las pasiones insubordinadas contra la razon, y conseguido esto, recójase dentro de sí misma, mediante el olvido de cuanto la rodea. Cuando así se halle, la introducirá el divino Corazon en ese lugar, silencioso y solitario: allí le enseñará secretos impenetrables al entendimiento humano, y le hará penetrar en unos como arcanos de su Corazon Sagrado, donde verá cosas grandes de su amor, y oirá enseñanzas, que con su gracia practicará aunque no logre comprenderlas... ¡Oh Corazon divino! ¡qué hermoso es callar, para escucharos á Vos!..... ¡y qué grande es practicar, lo que no se llega á comprender!..

Punto 2.° Si amamos al deífico Corazon de Jesús, desearemos su triunfo: pues Él mismo nos dice por la Beata Margarita María que al alma más obediente, la hará triunfar. Es preciso someterse y rendir nuestra voluntad, para ser fieles en esa virtud tan amada de su Corazon, es cierto; pero tambien lo es; que fácilmente y sin titubear nos despojaremos de ella, por cumplir hasta la muerte la voluntad del que amamos, si de veras le amamos. El amor hará que trabajemos no sólo en glorificar á Dios, sino que labraremos con él nuestra propia felicidad. Escuchemos lo que sobre esto nos dice la misma Beata: «Me parece que toda la dicha del alma consiste, en conformar su voluntad con la de Dios. Así encontrará nuestro corazon la paz y nuestro espíritu su alegría y descanso, puesto que el que se une á Dios, hace un mismo espíritu con Él: fuera de que creo ser este el medio más eficaz de hacer nuestra voluntad, puesto que el Sagrado Corazon de Jesús tiene sus delicias en satisfacer los deseos de los corazones, donde nada le resiste». ¡Oh deífico y amante Corazon, qué ingenioso sois en favorecernos! colocad vuestra voluntad en el lugar de la nuestra, para que en todo impere, reine y domine.

Jaculatoria. ¡Oh! conformad mi voluntad con vuestro querer, ¡Corazon adorable!

DIA 17.

El Corazon de Jesús, divino piloto al cual el alma fiel se abandona en las tempestades de la vida.

«Respecto á entrar en el Corazon de Nuestro Señor, ¿qué teneis que temer, cuando el mismo deífico Corazon os invita á que vayais allí, á tomar vuestro reposo? Entrad pues en Él como un viajero en un navío seguro, cuyo piloto es el amor divino, el cual os conducirá dichosamente en el mar borrascoso de la vida, preservándoos de sus escollos y tempestades, que son las sugestiones de nuestros enemigos, nuestras pasiones, nuestro amor propio y vanidad, el apego que tenemos á nuestro propio juicio y voluntad».

«Cuando os sintais turbados y agitados de algun temor, es preciso decir á vuestra alma: «¿Qué temes teniendo, como tienes, al Corazon de Jesús, su vida que es el puro amor, y con esto el tesoro y las delicias del cielo y de la tierra?» (1).

«Y para mantenernos siempre en este divino Corazon, es preciso, que olvidemos y despreciemos todo lo que no es compatible con este amor, que debe ser de preferencia, como lo único necesario á nuestro corazon. ¡Ah, si se pudiera comprender, cuánto adelantan las almas llamadas á este perfecto despojo y abandono de sí mismas, si son fieles en corresponder hasta con la muerte á todo deseo, satisfaccion, curiosidad, miramiento propio, para dejarse conducir por este divino Piloto en la barca segura de su divino Corazon!

Me parece que de este modo aseguramos nuestra salvacion, la cual está tan expuesta en esta vida miserable y llena de corrupcion. Cuando estamos consagradas y dedicadas á este Corazon adorable, para amarle y servirle con todas nuestras fuerzas, abandonándoselo todo, Él cuida de nosotros y nos hace llegar, á pesar de todas las tempestades, al puerto de salvacion.

«Os envío pues al Corazon Sagrado de

---

(1) Diversos escritos, t. II, págs. 469 y 457.

nuestro buen Maestro, para que sea Él mismo vuestro conductor y director; es muy sábio, y cuando nos abandonamos todos á su conducta dejándole obrar, nos hace andar el camino en poco tiempo, y sin que nos apercibamos de ello más, que por los combates que su gracia propone continuamente á nuestra naturaleza inmortificada.

«El amable Corazon de Jesús debe ser vuestra sola ocupacion, vuestra meditacion, vuestro entretenimiento, vuestro libro y toda vuestra direccion; Él debe llenar vuestra memoria, iluminar vuestro entendimiento, inflamar vuestra voluntad, para que no os acordeis, ni penseis, ni ameis otra cosa que á Él. Procurad, yo os lo suplico, comprender sus divinas enseñanzas y cuanto de vosotros quiere, para efectuarlo con prontitud.

Una sola cosa hay necesaria, y es el puro y divino amor. Amemos, ó á lo menos soportemos nuestra propia abyeccion, abandonándonos á la amorosa providencia del sagrado y amable Corazon de Jesús, para dejarnos conducir y gobernar á su gusto. Él tendrá buen cuidado de procurarnos, cuanto sea necesario á nuesta santificacion; y si nos aplicamos á recibirlo todo bien, segun sus designios, esto basta (1).

Consejos sobre el abandono.

Estad pronta y dispuesta á hacerlo y sufrirlo todo en silencio, como un alma completamente abandonada en Dios, pues así creo que Nuestro Señor os quiere. Abandono en el cuerpo tomando indiferentemente la enfermedad, ó la salud, el trabajo, ó el descanso. Abandono en el espíritu queriendo las ceguedades, insensibilidades, desolaciones y aceptándolas con la misma gratitud, que aceptaríais las dulzuras y consuelos; mánteniendo vuestra alma en paz, haciéndola obrar en una completa desnudez de espíritu y de fé, sin deteneros en el gusto sensible, que no sirve frecuentemente, sino para deteneros en el camino de la perfeccion.

«El tercer abandono es el del corazon,

---

(1) Carta LXXXIX, XXX, LXXIII, c, págs. 172, 469, 457, 181 61, 141 y 205.

asiento del amor y de la voluntad, la cual debeis hacer morir de tal suerte en el Sagrado Corazon de Jesús, que le dejeis querer por vosotros cuanto sea de su divino agrado, no procurándoos ni placer, ni sufrimiento, sino tomando con gusto cuanto os presente, sea dulce ó amargo, puesto que el mismo amor os prepara lo uno y lo otro, para santificaros á su gusto (1).

Manteneos en paz toda abandonada y sacrificada al Sagrado Corazon de Jesucristo, el cual me atrevo á deciros no os abandonará jamás, sino que tomará un cuidado particular de vuestra alma, á medida que confieis y os abandoneis en Él por medio de una fidelidad inviolable en las ocasiones en que se trate de su gloria, ó de probarle vuestro amor (2).

« ¡Cuán obligada estais al Sagrado Corazon de nuestro buen Maestro, que tiene tanto amor para con vosotras! Correspondedle con todo el amor que sois capaces, y tributadle todo bien y toda gloria. Sedle

---

(1) Avisos particulares, t. ii, pág. 388.
(2) Carta xviii á la Hermana de la Barge, t. ii, pág. 250.

fiel inviolablemente, aunque os cueste mucho; pues Él es bastante rico, para recompensaros todo.

Este divino Corazon os hará sentir los efectos de su liberalidad, si confiais plenamente en su amorosa bondad.

Vuestro corazon debe ser el trono de vuestro amado, tributándole amor por amor, en la confianza de que os hará conocer que le sois más agradable. Abandono por el amor, abandono en el amor y todo para el amor sin reserva alguna (1).

Especial cuidado con que nuestro Señor mismo conducia á la Beata.

Desde su infancia la jóven Margarita comprendió por su propia experiencia, cuán delicioso es al alma, abandonarse en la voluntad de Nuestro Señor.

Durante largos años, dice ella, no he tenido propiamente otro director, que mi divino Maestro; pues desde que tuve uso de razon, tomó un imperio tal sobre mi volun-

---

(1) Avisos particulares, t. ii, págs. 404, 884, 401 y 883.

tad, que me obligó á obedecerle en todo, sin que pudiese, por decirlo así, escusarme.

Me reprendia Él mismo de mis faltas, por pequeñas que parecian, con grande severidad. Concebí desde entónces un horror tan grande al pecado, que me escondia para llorar á mi gusto, cuando me apercibia de que habia hecho la menor falta (1).

Sentia un atractivo tal por la oracion, que sufria mucho por no saber, ni poder aprender, como debia hacerla; y como no tenía trato alguno con personas espirituales, no sabia otra cosa más que esta palabra, *oracion;* pero ella sola arrebataba mi alma.

Habiéndome dirigido á mi divino Maestro, me enseñó cómo debia hacerla, y esta leccion me sirvió para toda la vida. Me hacía postrar humildemente delante de Él, y pedirle perdon de cuanto le habia ofendido; y despues de haberle adorado le ofrecia mi oracion, sin saber cómo empezar. Enseguida se presentaba Él mismo ante mí, en el misterio, en que tenía que considerarle; aplicaba fuertemente mi espíritu, y tenía mis poten-

_____

(1) Carta cxxv al Padre Rolin, t. ii, pág. 268.

cias tan embebidas en Él, que yo no tenía ninguna distraccion; y mi corazon se sentia consumido del deseo de amarle, y esto me daba un deseo ardiente é insaciable de la sagrada comunion, y de padecer... y hubiese pasado dias y noches enteras delante del Santísimo Sacramento, sin comer ni beber, y sin saber lo que era de mí, consumiéndome en su presencia, como se consume una luz que arde, para devolverle amor por amor... Quejándome sin cesar á mi divino Maestro del temor que sentía por no poder agradarle en todo lo que hacía, y que habia mucho de mi voluntad, no estimando yo sino lo que hacía por obediencia : ¡Ay Dios mio! le dije, dadme alguna persona, que me coduzca á Vos. ¿No te basto yo? me respondió; ¿qué temes? Un hijo tan amado como tú lo eres de mí, puede perecer en los brazos de un padre Todopoderoso? Yo te daré á conocer en adelante, que soy un sabio director que sabe conducir á las almas sin peligro alguno, cuando se abandonan á mí, olvidándose de sí mismas (1).

_____

(1) Vida por ella misma, t. ɪɪ, pags. 296, y 309.

Acto de union á los sentimientos del Sagrado Corazon en el Santísimo Sacramento.

¡Oh Jesús, mi Señor y mi Dios, á quien creo verdadero y realmente presente en el Santísimo Sacramento del altar! recibid este acto de una adoracion profunda, para suplir el deseo que tengo de adoraros sin cesar y en accion de gracias por los sentimientos de amor, que vuestro Corazon tiene para mí. No puedo agradecerlos mejor, que ofreciéndoos todos los actos de adoracion, de resignacion, de paciencia y de amor que este mismo Corazon ha hecho durante su vida mortal, y hace aún y hará eternamente en el cielo á fin de amaros, alabaros y adoraros por él mismo, cuanto me sea posible. Yo me uno á esta oferta divina que haceis á vuestro Padre; yo os consagro todo mi ser, suplicándoos destruyais en mí el pecado, y no permitais que sea separada de Vos eternamente (1).

_____

(1) Antiguos manuscritos, t. ii, pág. 498.

Meditacion.

El preludio y la oracion preparatoria como todos los dias.

Punto 1.º—Una de las señales mejores para conocer la sinceridad del amor, es la confianza: de esta confianza procede el abandono en el objeto amado.

Tres clases de abandono desea el Sagrado Corazon de Jesús, que practiquemos, demostrándole por ellos el aprecio que hacemos de su conducta para con nosotros.

Abandono respecto al cuerpo: nos ama tanto el Corazon deífico, que ciertamente nada nos enviará que no sea para nuestro mayor bien.... de esto se deduce que debemos recibir con igualdad de ánimo, la salud y la enfermedad, el descanso ó el trabajo, la vida ó la muerte..... Abandono en cuanto al espíritu: recibiendo del Corazon Sagrado con la misma paz y alegría, las sequedades, tristezas y desconsuelos, como las mayores dulzuras espirituales, apoyando nuestras esperanzas en la firmeza de la fé.... Abandono del corazon, trono de la voluntad, haciendo morir á ésta con todos sus afectos é inclinaciones, en la amabilísima voluntad del divino Corazon de Jesús, de suerte que recibamos con el mismo consuelo lo amargo y lo suave, puesto que el mismo amor nos ofrece uno y otro..... ¡Oh abandono, cuánto glorificas á Dios!... ¡Oh alma así abandonada, qué paz tan inalterable posees!..... Considera atentamente...... mira..... y proponte glorificar de este modo al deífico Corazon.

Punto 2.°—Para alentarnos al sacrificio que antecede, se nos presenta hoy el deífico Corazon de Jesús, como un divino piloto, que guia felizmente nuestra navecilla por entre los escollos del mar de esta vida. Por medio de su amante Esposa Margarita María, nos dice lo siguiente:

«¿Por qué temeis entrar en el Sagrado Corazon de Jesús, puesto que Él mismo os invita á descansar en Él? Entrad pues allí, como un viajero en un navío seguro, cuyo piloto es el puro amor; él os hará surcar felizmente los mares borrascosos de este mundo, preservándonos de sus escollos y tempestades, que son las sugestiones de nuestros enemigos, nuestras pasiones, nuestro amor propio y vanidad, y el apego á nuestra voluntad.» Y para animarnos más, añade: «Si quereis morar *siempre* en su divino Corazon, amadle con un amor de preferencia, como lo *único necesario* á nuestros corazones, los que han de despreciar todo lo demás. ¡Ah! si comprendiesen las almas llamadas á esa perfecta desnudez y abandono, cuánto adelantarian, por la fidelidad en corresponder á esa llamada amorosa por la muerte total á todo deseo, satisfaccion, curiosidad y miras sobre sí mismas, dejándose guiar de ese divino Piloto, en la nave segura de su corazon!... ¡Dejarse guiar de ese divino Piloto, qué dicha!.... pero á qué condicion... ! No mirarse nunca á sí misma!...

Jaculatoria.—Sólo una cosa es necesaria, amarle y dejarle obrar!....

DIA 18.

El hijo de amor en el Corazon de Jesús.

Habiendo dado Nuestro Señor la vida sobre la Cruz con tantos dolores, cubierto de tantas llagas y de su propia sangre, para curar las que habeis causado á vuestra alma, ninguna otra cosa desea sino poneros en posesion de su reino, y haceros descansar en su seno, como un hijo de amor, que se abandona enteramente á los cuidados de su adorable Providencia. Él cuidará de vosotros, y nada os faltará: y puesto que es Todopoderoso, no os dejará perecer. Abandonaos sin reserva á su amoroso cuidado, y dadle todo vuestro corazon. Esto es lo que pide de vosotros ; para conformar vuestra vida á la suya sacrificada, tomadle por modelo en todas vuestras acciones, uniendo todos vuestros pasos á los suyos, á fin de que no camineis por otra senda que la de su santo amor (1).

_____

(1) Diversos escritos, t. ii, pág. 470.

No debemos tener ningun temor estando en sus sagrados brazos, y en ellos estaremos, si desconfiando de nosotros mismos, lo esperamos todo de Él.

Puesto que el Sagrado Corazon os ama, ¿qué teneis que temer? Sea vuestro temor el de no corresponderle con todo el amor, que exige de vosotros, el cual consiste, si no me engaño, en este perfecto abandono y olvido de vosotros mismos. No se puede amar, sin sufrir; bien claro nos lo ha probado sobre la Cruz, donde se ha consumido por nuestro amor, y lo hace áun todos los dias en el Santísimo Sacramento del altar, donde tiene un deseo tan vivo de que conformemos nuestra vida á la suya, que está todo oculto y anonadado á los ojos de las criaturas. Y puesto que el amor hace conformes á los amantes, si le amamos, conformemos nuestra vida á la suya.

Amad y haced lo que querais, porque el que tiene amor lo tiene todo. Hacedlo todo por amor, en el amor y por el amor, porque el amor dá el precio á todo. El amor no quiere un corazon dividido; quiere ó todo ó nada. El amor os hará todo fácil. Devolved amor por amor, y no olvideis nunca á Aquel, á quien el amor ha hecho morir por vosotros. No le amareis, miéntras no sepais sufrir en silencio, y preferirle á toda criatura, y la eternidad al tiempo.

Seamos todas de este Amado de nuestras almas. Démosle todo nuestro corazon, nuestro amor, nuestros afectos, inclinaciones y ternuras. Es preciso que no amemos á ninguna criatura, ni á nosotros mismos, sino todo para el Sagrado Corazon (1).

Consejos sobre la amorosa confianza con que debemos tratar á Nuestro Señor.

Me complazco en que Nuestro Señor os invite á que os abandoneis toda á Él.... Fijaos y apropiaos estas palabras: Si no os haceis como niños pequeñitos, no entrareis en el reino de los cielos. Yo creo que esto consiste en que os hagais pequeña por la verdadera humildad de corazon y simplicidad de espí-

---

(1) **Avisos particulares**, t. II, págs. 423 y 457.

ritu, recibiendo de buen corazon y como venido de la mano de vuestro Padre, las humillaciones y contradiciones que os vinieren,
sin deteneros en las segundas causas.
Mirad únicamente á su amoroso Corazon,
que no permitirá jamás á su mano adorable
ejecute nada con vosotros, que no sea para
su gloria y vuestra santificacion. Por lo
mismo que os ama, os proporcionará con frecuencia medios de crucificaros, sea por medio de las criaturas, ó por vosotros mismos;
mas de cualquier modo que sea, no os opon-
gais ; y en la resignacion y sumision más
rendida decid : Es mi Padre celestial quien
lo há hecho, esto me basta » (1).

Vayamos pues, con una filial confianza á
arrojarnos en sus brazos, que su amor le há
hecho extender en la cruz para recibirnos. Di-
gámosle con frecuencia: Dios mio, Vos sois
mi Padre, tened piedad de mí, segun vuestra gran misericordia. Yo me abandono á Vos;
no me desecheis, pues yo sé bien, que un
hijo no puede perecer estando en los brazos
de su Padre Todopoderoso. Otras veces mi-

_____

(1) Avisos particulares, t. II, pág. 394.

rando su bondad y amor, decidle : ¡Oh mi buen Padre! hacedme digna de cumplir vuestra santa voluntad, porque soy toda vuestra (1).

¡Ah! Si pudiéseis comprender la gran caridad de Nuestro Señor para con vosotros, veríais claro que sus permisiones y disposiciones no son más que amor. Quiere que le hagais otros tantos sacrificios de vuestro amor propio y voluntad, como ocasiones os presente, rompiéndola y contrariándola hasta que se halle enteramente destruida y anonadada, para hacer reinar la de este divino Corazon en vosotros. Ved aquí en lo que consiste vuestra completa paz, de la cual no podreis gozar plenamente, hasta que hayais trabajado en esto con todas vuestras fuerzas (2).

El Corazon de Jesús no os pide más, que la confianza en su bondad, para haceros experimentar la dulzura y la fuerza de su socorro en vuestras necesidades, pero siempre á medida de vuestra confianza.

---

(1) Diversos escritos, t. ii, pág. 460.
(2) Avisos particulares, t. ii, pág. 402.

Id sencillamente con Nuestro Señor, no os perderá, porque os ama. Confiad en Él, olvidándoos y despreciándoos á vosotros mismos. Contentaos con amarle y dejarle obrar, esto os basta.

El niño Jesús se presenta á la Beata para servirla de modelo.

La Beata nos refiere así una aparicion con que la Santísima Virgen la regaló, en uno de sus ejercicios.

Mi santa Libertadora, nos dice, me honró con una de sus visitas, teniendo á su divino Hijo en los brazos; y colocándole sobre los mios, me dijo: Hé aquí el que viene á enseñarte lo que has de hacer. Sentíme penetrada de una sensible alegría, y presurosa del deseo de acariciarle, lo cual me permitió hacer á mi gusto, y habiéndome satisfecho plenamente, me dijo: «¿Estás ya contenta? Que esta satisfaccion te sirva para siempre, pues quiero estés abandonada á mi poder, segun has visto. Sea que te acaricie, ó que te atormente, no debes tener otros sentimientos, que los que te dé (1).

Tal vez el recuerdo de esta gracia arrebatadora era lo que hacía decir á la Beata:

Yo quiero vivir como un hijo sin cuidado alguno en el Corazon de mi buen Padre, dejándole hacer y disponer de mí segun su agrado, sin otro cuidado de mí misma, que abandonarme toda á Él y á su amorosa Providencia, dejándome conducir en todo con la sencillez de un niño, no teniendo otra mira ni deseo en cuanto haga, que contentar á Jesucristo.

No tengo que mirar nada en mí misma, y me someteré gustosa á cuanto agrade á mi Soberano hacer de mí y en mí; porque me tiene dicho, que miéntras yo no me mezcle en nada, que á mí se refiera, jamás me faltarán sus cuidados; esto lo hé experimentado muchas veces en mis infidelidades, en las cuales me ha hecho ver contrariados mis deseos; pero ya no deseo más que cumplir, lo que me ha dicho tantas veces: Déjame obrar.

El Sagrado Corazon de Nuestro Señor Je-

_____

(1) Vida por sus contemporáneas, t. ɪ, pag. 196.

sucristo hará todo en mí, si le dejo obrar:
Querrá, amará, deseará por mí, suplirá todas mis faltas (1).

Súplicas al Sagrado Corazon de Jesús.

Yo os suplico, Jesús, único amor mio, que
absorbais todos mis pensamientos, y apar-
teis mi corazon de cuanto hay debajo del
cielo, por la fuerza de vuestro amor, más ardiente que el sol, y más dulce que la miel.
Haced que yo muera del amor de vuestro
amor, como Vos habeis muerto del amor del
mio. ¡Ay Señor! herid de tal suerte este
corazon, que es vuestro, y atravesadle de
modo que no pueda ya contener nada terreno ni humano.

¡Oh Corazon de Jesús! Yo languidezco de
deseo de unirme á Vos; de poseeros, de abis-
marme en Vos, para no vivir más que |de
Vos, que sois mi mansion eterna.

En Vos, Corazon amable, quiero vivir,
amar y sufrir. Consumid en mí cuanto hay
de mí misma, y poned en su lugar cuanto
sea vuestro, para que me trasforme en Vos.

_____

(1) Carta cxxxiii, al Padre Rolin, t. ii, pag. 287.

¡Oh Corazon buenísimo y sacratísimo, donde el eterno gozo será sin amargura y lleno de regocijo! ¡Oh Corazon, recompensa de los bienaventurados! ¡ah, cuán amable y deseable sois!... (1).

Meditacion.

El preludio y la oracion preparatoria como todos los dias.

Punto 1.º ¿Puede haber nada más consolador, que descansar en el Corazon divino de Jesús, como un hijo que se reclina dulcemente en el seno de su padre? Pues esto es precisamente á lo que nos convida hoy este amoroso Corazon, cuyo amor no le deja descansar, si no proporciona á sus criaturas infieles é ingratas como son, una morada de amor donde puedan reposar dulcemente al abrigo de todos los peligros. ¡Oh, cuánto nos ama el amante Corazon de Jesús, y qué solícito se manifiesta en hacer patente á todos las llamas en que se abrasa!... ¡Mira y contempla el lugar de tu refugio, el Corazon

_____

(1) Libro de oraciones; t, ii, págs. 488 y 479.

llagado de tu Salvador y de tu Dios!... Considera atentamente la entrada de ese santuario de paz... es una herida... de ella brota sangre... ¿Qué quiere decir esto, sino que si quieres penetrar allí, primero has de purificarte en la sangre que corre gota á gota á impulso del amor que le consume, y segundo, estar dispuesto á padecer?... Porque si la entrada es una llaga, ¿qué heridas tan dolorosas no se encontrarán allí?... ¡Con estas dos disposiciones, encontrarás el deseado descanso, bebiendo á torrentes la ciencia del amor! ¡Oh, Corazon deífico, purificadme, abrasadme, consumid la escoria de mi ser, á fin de que consiga gozar de Vos plenamente!...

Punto 2.º Veamos ahora, cual sea la ciencia que aprenderemos en ese refugio seguro del Sagrado Corazon de Jesús. Nos lo dice la Beata Margarita María de Alacoque: «Amad, dice, amad y haced lo que querais, porque el que tiene amor lo tiene todo. Hacedlo todo en el amor, por el amor y para el amor, pues él es quien da precio hasta á lo que parece más insignificante. El amor desecha un corazon partido, pues lo quiere todo ó nada: él os hará fáciles todas las cosas. Devolved, pues, amor por amor, sin olvidaros nunca de Aquél que murió por amor nuestro. No le amareis hasta que sepais sufrir en silencio, dándole la preferencia sobre la criatura, y prefiriendo la eternidad al tiempo.» ¡Qué caractéres tan marcados del verdadero amor! ¡sufrir en silencio...! ¡cuánto amor no supone el preferirle á las criaturas...! ¡Qué despojo tan completo... amar con preferencia la eternidad al tiempo presente...! ¡Qué desprecio tan grande de cuanto el mundo encierra...! ¡Oh Corazon deífico: silencio...! ¡olvido...! ¡eternidad...! Estas tres palabras, han de formar en lo sucesivo todos mis encantos, puesto que en el silencio, hablaré con Vos... en el olvido de todo os preferiré á todo... y el recuerdo de la eternidad me estará diciendo, que por toda ella os he de amar...!

Jaculatoria. ¡Amad y haced cuanto querais!

DIA 19.

El alma debe procurar hacerse un agradable santuario del Sagrado Corazon de Nuestro Señor Jesucristo.

Hé aquí el relato de una gracia insigne con que la Beata fué honrada el dia de la Ascension:

Estando reunidas en el coro delante del Santísimo Sacramento, venerando el instante en que nuestro Señor subió al cielo, yo me hallaba en grande recogimiento. De repente ví un grande resplandor que encerraba en sí á mi amable Jesús.

Aproximándose, me dijo estas palabras: «Hija mia, he escogido á tu alma para que sea mi cielo sobre la tierra, y tu corazon será un trono de delicias para mi divino amor.» Yo le decia alguna vez con esta santa familiaridad que me instaba á tener con Él: «Dios mio, en medio de vuestras amorosas caricias, no puedo olvidar las injurias que os he hecho, y que Vos sois todo y yo nada (1).

Escuchemos ahora á la Beata cuyo corazon era un cielo de descanso para su divino Esposo, y ella nos enseñará con una amable sencillez por qué medios haremos que nuestros corazones sean la agradable estancia de Nuestro Señor.

Yo os exhorto á mantener vuestro corazon dispuesto á recibir las visitas de Nuestro Señor..... Para esto es preciso que nuestros sentidos se hallen en soledad por un santo recogimiento interior, evitando las reflexiones inútiles y miramientos propios, que sólo sirven para turbarnos y apartar nuestra alma de la paz que necesita para ser el Santuario del Señor (2).

Debeis mirar siempre á Dios en vosotras mismas... porque al mirarle en nosotras es imposible que todas nuestras potencias y facultades no se recojan en nuestro interior. Si le miramos fuera de nosotras los objetos nos distraen fácilmente.

---

(1) Vida por sus contemporáneas, t. i, pág. 119.
(2) Carta lxxx, á la Hermana de la Barge, t. ii, página 153.

Si queremos que habite su amor en nosotras es necesario desocupar y desprender nuestro corazon del afecto de todas las criaturas y de nosotros mismos, porque todo apego nos le arrebata, nos quita á Dios y su puro amor que reina en el sufrimiento y triunfa en la humildad para gozar en la unidad (1).

Debeis siempre mirar vuestra alma como un santuario donde Dios habita. Ved porque debeis evitar mancharla con ninguna falta. Además, es preciso que hagais de vuestro corazón un trono de su amor, y retirándoos allí con Él os entretendreis en silencio adorándole y amándole con todas vuestras fuerzas y potencias.

Debeis imitar á una esposa muy amante y poner sumo cuidado en ser muy pura é inocente para agradar á este divino Esposo, no teniendo otra mira ni fin en cuanto hagais que agradarle, dándoselo todo sin reserva.

El Sagrado Corazon de Nuestro Señor quiere ser el objeto de todas vuestras com-

_____

(1) Diversos escritos, t. II, pág. 462.

placencias y quiere que todo vuestro placer le halleis en él para ser digna de que Él le encuentre en vosotras.

Como Jesús es celoso de vuestro corazon y que quiere poseerle él sólo, quiere tambien que vosotras seais celosas del suyo, amándole más que nadie si es posible (1).

La Beata enseña á sus novicias á hacer de su corazon una capilla toda dedicada al Sagrado Corazon de Jesús.

Yo creo que no podeis dar prueba mayor de amor á este divino Corazon, ni que le sea más agradable que la de dejarle hospedarse en el lugar de delicias que él mismo se ha fabricado, que es vuestro corazon, del cual es preciso arrojeis esos ídolos que tanto tiempo habeis adorado, ya sea el ídolo de vuestro orgullo, ó el de la propia voluntad ó el del apego á alguna criatura. Despues de haber arrojado de esta capilla á todos los enemigos del Sagrado Corazon—porque este nombre debeis dar á los vuestros—la lim-

(1) Avisos particulares, t. ii, págs. 422, 878 y 806.

piareis y la purificareis de toda mancha, quitando todas las pasiones é inclinaciones inmortificadas, despues la adornareis con la pureza de intencion que consistirá en procurar agradarle en todo.

Despues por medio de una profunda humildad, echareis los cimientos de su trono que adornareis para colocar en él como rey al Sagrado Corazon. Es el amor puro y divino entre cuyos ardores está siempre este Corazon Sagrado como una víctima de holocausto, inmolada y sacrificada á la gloria de su divino Padre por nuestro amor.

Los adornos de este trono serán ricos y preciosos segun Él los desea y vosotros podais santamente adquirir. El primero debe ser todo de oro, es decir, de ardiente caridad, la cual os estrechará tanto en su amistad que permitirá la poseais como una esposa amada, á la cual dice amorosamente: Todo lo que es mio es tuyo, y todo lo que es tuyo es mio; porque la caridad nos une.

Las tres potencias de vuestra alma son como tres ángeles destinados á tributarle un continuo homenaje.

Vuestro entendimiento no se ocupará de

otra cosa más que de conocerle, y vuestra voluntad de amarle, ofreciéndole sin cesar el incienso de mil santos afectos, el deseo de agradarle y de no separarse nunca de Él. El recuerdo de vuestra memoria no será más que una continua gratitud á sus beneficios.

Entrareis tres veces al dia. Por la mañana para tributar vuestros homenajes de adoracion y de sacrificio á este Sagrado Corazon, como á vuestro soberano libertador, al cual sacrificareis cuanto hagais y sepais, y todo vuestro ser para no serviros de él sino para amarle, honrarle y glorificarle, uniéndoos á sus santas intenciones y renunciando á todo lo que pueda desagradarle.

Al medio dia entrareis á rendirle vuestros homenajes de amor y súplica. Le descubrireis todas las llagas y miserias de vuestra alma como al eficaz remedio de vuestros males, puesto que sólo Él puede remediar todas vuestras necesidades.

Por la noche entrareis para rendirle vuestros homenajes de gratitud, dándole gracias por todos sus beneficios y pidiéndole perdon con un vivo dolor de todas las ingratitudes é infidelidades que podais haberle hecho, y con una firme resolucion de morir ántes que ofenderle. Despues le haceis una corona de las prácticas de virtudes que hayais hecho y le coronareis con ella para dulcificar las heridas que recibe de las espinas de nuestros pecados, suplicándole repare el mal que hemos hecho, con el bien que Él ha hecho (1).

El amor es una oracion y la oracion nace del amor.

Me pedís una corta oracion para manifestarle vuestro amor; por mí no sé ni encuentro otra mejor que este mismo amor, porque todo habla cuando se ama y áun las mayores ocupaciones son pruebas de amor. Amad pues, como dice San Agustin, y haced lo que querais. Y como no se puede amar sin sufrir, amemos y suframos á la vez, sin perder un momento, porque todas las cruces son buenas y preciosas para un corazon que ama á su Dios y quiere ser amado de Él.

_____

(1) Carta xci á la Madre Dubuysson, t, ii, pág. 188.

Procuremos ser verdaderas copias de nuestro amor crucificado (1).

Oracion á nuestro Señor como verdadero Rey en el Santísimo Sacramento.

Yo os adoro ¡oh Jesús! como Rey y poderoso, sobre vuestro trono de amor y de misericordia. Recibidme como vuestra esclava y vuestra sierva, y perdonad, os ruego, mis resistencias y rebeliones á vuestro soberano dominio sobre mi alma. ¡Ay Rey benigno! Acordaos que no podríais ser misericordioso si no tuviéseis súbditos miserables. Extended, os suplico, vuestra liberal mano para remediar mi extrema indigencia con el precioso tesoro de vuestro santo amor, y puesto que él no es otra cosa que Vos mismo, despojadme de todo este miserable amor propio y de todos estos vanos respetos humanos que me tienen como atada y encadenada. Venid ¡oh soberano Rey mio! á romper mis ataduras y á librarme de esta mala servidumbre, y estableced vues-

(1) Instrucciones, t. ii, pág. 154.

tro imperio en mi corazon. Quiero reinar en el vuestro por una ardiente caridad con mi prójimo; no hablando de él sino caritativamente, soportándole, excusándole, haciendo y queriendo para con él, lo que yo quisiese hiciesen conmigo, no permitiendo que mi lengua pronuncie jamás palabra alguna ofensiva ó de resentimiento. No me turbaré con nada para que mi Rey halle en mí un imperio de paz. Así sea (1).

Meditacion.

El preludio y la oracion preparatoria como todos los dias.

Punto 1.º Si queremos que nuestro corazon sea un verdadero santuario, donde resida y encuentre sus delicias el deífico Corazon de Jesús, vaciémosle en primer lugar, de todos los apegos, y afectos desordenados á las criaturas. ¡Ay! ¡si pudiésemos llegar á comprender, cuánto detienen estos apegos, ligeros en la apariencia, las corrientes de las gracias de Dios en nuestros corazones! Y si

_____

(1) Antiguos manuscritos, t. ii, pág. 492.

viésemos claramente, las espinas que le clavan, nuestros afectos, é inclinaciones hacia
las mismas...! Dadnos luz, Corazon amante,
descubrid con vuestra gracia los lazos en
que están enredados nuestros corazones, y
dadnos fuerza, para romper definitivamente
cuanto nos sirva de obstáculo, para llegar á
Vos. Esto nos conducirá á lo segundo, que
requiere el divino Corazon, para descansar
en los nuestros : el silencio recogido, que
aparta al alma, de cuanto la derrame en lo
exterior... Y mediante ese vacío de afectos,
y ese silencio tan elocuente, descenderá
como rocío divino el amante y dulce Corazon, llenando lo vacío, y enseñando en el
silencio.

Punto 2.º Escuchemos atentamente á la
Beata Margarita María: «Mirad siempre á
Dios, dice, dentro de vosotros mismos.....
porque este mirar, recogerá así nuestras potencias, como nuestros sentidos.» « ¡Cuando
deseamos, prosigue, tener el amor del Sagrado Corazon, por huésped, es preciso desprender el nuestro del afecto de todas las
criaturas, y de nosotros mismos: porque todo
aquello á que nos apegamos, nos le arrebata,

quitándonos á Dios, y á su puro amor, que reina en el padecer, triunfa en la humildad, para gozar en la unidad!» ¡Qué enseñanzas....! ¡el amor de Dios, reina en el padecer....! ¡ya se vé, si descansa en un trono de dolor, el deífico Corazon de Jesús, siendo el manantial del amor...! ¡triunfa en la humildad...! ¡cómo nó, si por la humildad ha establecido su reinado en los corazones áun más altivos....! ¡Oh padecer! ¡oh humildad, que producís el goce de la unidad....! tomad posesion de mi corazon, divididle para unirle; y ojalá que esta union, producida por esa humildad y ese padecer, me haga ménos indigno de oir del Corazon deífico, aquellas palabras que dirigiera un dia á su amada Margarita María: Hija mia, he escogido tu alma, para que me sirva de cielo, de descanso sobre la tierra, y tu corazon para trono de delicias á mi divino amor.» Así sea, Corazon amante y dolorido de Jesús, descansad en un corazon que os ama, y reinad en el trono de la nada, que os ofrece vuestra criatura.

Jaculatoria. ¡Purificad.... santificad.... y reinad....!

DIA 20.

Felicidad del alma que recibe en la Santa Eucaristía el Corazon de nestro Señor Jesucristo.

La Beata se abrasaba sin cesar en el deseo de recibir en la sagrada comunion al Dios de su Corazon y al Corazon de su Dios.

Desde su infancia, este amor por la Sagrada Eucaristía habia dominado su alma.

Al dejar el mundo, dice ella, mi mayor alegría era pensar que comulgaria con frecuencia; porque en Él rara vez me lo permitian, aunque me hubiese tenido por la más dichosa del mundo comulgando á menudo y pasando las noches sola delante del Santísimo Sacramento. Sentia allí tanta seguridad, que á pesar de ser en extremo miedosa, al verme en este lugar de delicias me olvidaba de todo y nada temia.

Las vísperas de comunion, me sentia abismada en un silencio tan profundo, por la grandeza de la accion que iba á hacer, que no podia hablar sino con gran violencia; despues de este acto, hubiese querido no comer ni beber, ni oir, ni ver, ni hablar; tal era mi consuelo y mi paz en este tiempo.

En cuanto me era posible, me ocultaba de todo para aprender á amar á mi Soberano bien, que me instaba fuertemente á que le devolviese amor por amor.

Este ardiente amor, debia aumentarse en el cláustro.

Tengo un deseo tan vivo de la santa comunion, decia, que aunque tuviese que atravesar con los piés desnudos por un camino de llamas, me parece que no me causaria pena alguna, comparada con la que siento en la privacion de la comunion. Nada es capaz de causar á mi alma una alegría sensible, más que este pan de amor; despues de recibirle, quedo como anonadada delante de mi Dios, con una alegría tan grande, que algunas veces, durante la accion de gracias, todo mi interior está sumergido en un silencio y respeto profundo para escuchar la voz de Aquel que causa toda la alegria de mi alma. (1)

Mi Soberano ha puesto en mi alma un deseo tan ardiente de amarle, que todos los objetos que veo me parecen debieran convertirse en llamas de amor, á fin de que fuese amado en su Santísimo Sacramento. Es un martirio para mí, el pensar que es tan poco amado, y que hay tantos corazones que rehusan su puro amor, le olvidan y le desprecian. Si yo al ménos le amase, mi corazón hallaria consuelo en su dolor; pero soy la más ingrata é infiel de todas las criaturas, porque llevo una vida sensual entregada al amor de mí misma. (2)

El deseo que tengo de morir es más fuerte que nunca; no podria resolverme á pedir á Dios más años de vida, á no ser que fuese con la condicion de que habia de emplearlos en amar al Sagrado Corazon de Jesús en el silencio y la penitencia, sin ofenderle más, y permaneciendo noche y dia delante del Santísimo Sacramento, donde este divino Corazon es todo mi consuelo en la tierra. (3)

(1) Vida por sus contemporáneas, t. i, página 16.
(2) Carta xii, á la madre de Saumaise.
(3) Carta xxiv, á la Madre Greifié.

18

Poder de los deseos del alma sobre el Corazon de Jesús.

Un dia de Viérnes Santo, sintiendo un ardiente deseo de recibir á Nuestro Señor, le dije con muchas lágrimas estas palabras: «Amable Jesús, quiero que me consuma el deseo de recibiros, y no pudiendo este dia poseeros, no cesaré de desearos.» Vino á consolarme con su dulce presencia, diciéndome : «Hija mia, tu deseo ha penetrado tan dentro de mi Corazon, que si no hubiese instituido este Sacramento de amor, por tu amor sólo le sustituyera, por tener el placer de habitar en tu alma y tomar mi amoroso reposo en tu corazon.» Esto me penetró tan vivamente, que sentia mi alma toda trasportada, y no podia expresarme sino por estas palabras. ¡Oh amor! ¡oh exceso del amor de un Dios con una tan miserable criatura! Nuestro Señor me dijo aún: «Encuentro tanto placer en ser deseado en el Sacramento de mi amor, que tantas veces como el Corazon forma este deseo, otras tantas le miro amorosamente para atraerle á mí. Estas palabras me impresionaron tanto, que experimenté una gran pena al ver á mi Jesús tan poco amado y deseado en el Santísimo Sacramento. Sobre todo, cuando veo que se apartan de Él, ó que hablan con frialdad ó indiferencia, me causa una pena insoportable. (1)

Un dia que el deseo de recibir á Nuestro Señor me atormentaba, le dije: «Señor mio, enseñadme lo que quereis que os diga.» Nada, me respondió, más que estas palabras: «Dios mio, mi Unico, mi Todo, Vos sois todo para mí, y yo soy toda para Vos.» Ellas te librarán de toda suerte de tentaciones, ellas suplirán á todos los actos que desees hacer y te servirán de preparacion en t.:s acciones. (2)

Práctica de la Beata, propia para las almas consagradas á Dios.

La Beata expresa así una de las gracias con que Nuestro Señor la favoreció en uno de sus ejercicios.

---

(1) Carta lxvi, á la Madre de Saumaise, t. ii, página 12ő.

(2) Vida por sus contemporáneas, t. i, pág. 151

«Mi Soberano Maestro, dice, me hizo la misericordia de prodigarme las gracias con tanta profusión, que me sería muy difícil expresar.

»Se desposó con mi alma en el exceso de su amor, dándome á entender, que habiéndome destinado á tributar un continuo homenaje á su estado de hostia y de víctima en el Santísimo Sacramento, debia en estas mismas cualidades inmolarle continuamente mi ser por amor, adoracion, anonadamiento é indiferencia santa á la vida, ó á la muerte que tiene en la Eucaristía, practicando mis votos sobre este sagrado modelo, el cual está en un tal estado de despojo de todo, que se ha puesto en estado de recibir de sus criaturas todo cuanto quieran darle y devolverle.

Lo mismo en el voto de pobreza, no debo estar solamente despojada de los bienes y comodidades de la vida, sino hasta de todos los placeres, consuelos, deseos, afectos y de todo interés propio, dejándome dar ó quitar todo, como si fuese insensible ó estuviese muerta á todo.

¿Hay nada más obediente que mi Jesús en

la Sagrada Eucaristía, donde se halla en el mismo instante que el Sacerdote pronuncia las palabras sacramentales, sea este bueno ó malo, y haga de Él el uso que quiera, sufriendo ser llevado á corazones llenos de pecados, á los cuales tiene tanto horror? De la misma suerte, quiere que yo me abandone en las manos de mis superioras, sean las que sean, para que dispongan de mí á su gusto, sin que yo manifieste la menor repugnancia, por contrario que sea á mis inclinaciones, diciendo: Jesús fué obediente hasta la muerte de cruz: yo quiero obedecer hasta el último suspiro de mi vida, para rendir homenaje á la obediencia de Jesús en el Santísimo Sacramento. La blancura de la hostia, me enseña que es necesario ser una víctima pura, para serle inmolada; sin mancha para poseerle, pura de cuerpo, de corazon, de intencion y de afecto. Para trasformarse toda en Él, es necesario llevar una vida sin curiosidad de amor, de privacion, regocijándome al verme despreciada y olvidada, para reparar el olvido y desprecio, que mi Jesús reciba en la hostia.

Invocacion al Sagrado Corazon de Jesús.

¡Oh Corazon altísimo, delicias de la Divinidad, yo os saludo desde el destierro en que habito; yo os invoco en mi dolor, y os llamo para que remedieis mi fragilidad! Corazon misericordioso, Corazon buenísimo de mi Padre y de mi Salvador, no rehuseis vuestro socorro á mi pobre corazon.

Vos, Dios de mi corazon, que me habeis criado para ser el objeto de vuestros amores y el motivo de vuestras inefables bondades.

¡Oh Corazon divino! Venid á mí, ó atraedme á Vos.

Venid, el más tierno, el más fiel, el más dulce, el más amable de todos los amigos, venid á mi corazon. Yo os suplico por vuestra amistad incomparable y por vuestra palabra, que vengais á aliviarme. Venid, y no permitais que yo os dé motivo de que me dejeis.

Venid, vida de mi corazon, alma de mi vida, único apoyo de mi alma; venid, dadme

la vida vuestra y en Vos, pero eficazmente,
¡Oh única vida mia y todo mi bien!

Venid, mi Dios y mi todo (1).

Meditacion.

El preludio y la oracion preparatoria como
todos los dias.

Punto 1.º Si alguna cosa puede aliviar el
destierro del alma, que camina por entre los
trabajos y miserias de la vida, ciertamente
que es la real presencia de Nuestro Señor
Jesucristo en el Santísimo Sacramento. ¡Oh,
y qué deseoso está el Corazon del divino
Maestro, qué deseoso está de derramar las
gracias, que no puede contener en sí mismo,
por efecto del amor que le obliga, á comu-
nicarles á todos...! ¡Y cuáles no son sus suspiros, para entrar en corazones que le amen,
que le consuelen y suavicen sus amarguras...! ¡Oh, Corazon deífico de Jesús! ¿por qué
queriendo Vos formar las delicias del alma
que os recibe en su pecho, por qué las más
de las veces quedan yertos nuestros cora-

---

1) Pequeño libro de oraciones, t. ii, págs. 479 y 481.

zones...? ¿Qué asombroso misterio es ese, que recibiendo vuestro Corazon, abrasado y consumido de amor, queden los nuestros helados en medio de tan ardiente hoguera...! ¡Oh fuego del Corazon de mi Jesús, enciende en el mio una llama que nunca se extinga...! ¡Oh Jesús, en vuestra inmensa bondad, buscais combustibles para alimentar las llamas, en que se abrasa vuestro Corazon, tenga el mio ese oficio en el vuestro amante, y conviértase en una de las llamas, que se abren paso por entre tantas heridas, para que sin cesar se abrase y arda sin consumirse.

Punto 2.º Escuchemos con qué disposiciones recibia la Beata Margarita María al Sagrado Corazon de Jesús en la santa comunion: «Fuera de ese divino manjar de amor, nada, dice, es capaz de darme alegría; así es, que luego que le tengo en mi corazon, es tan grande mi consuelo, que queda mi interior en un profundo silencio, para oir la voz del que forma todas mis delicias.» ¡Oh, si nos acercásemos al deífico Corazon de Jesús, en la sagrada comunion, con disposiciones análogas, cuántas gracias no recibiríamos de Él!... ¡Si supiéramos callar, qué sublimes

enseñanzas no nos daria!... ¡Si Él formase
únicamente nuestras delicias, con qué anhelo, con qué fervorosos deseos no iríamos
á recibirle!... ¡Oh Corazon herido de amor,
no tengais que proferir de nuevo, aquello
que dijísteis por el discípulo amado: «Vino
á los suyos, y ellos no le recibieron!» ¡Ojalá
que nunca tampoco exclameis: «En la casa
de los que me amaron, me llagaron;» ni
ménos os veais precisado á decir amarga-
mente: «¡Vivo por gracia en corazones que
me desconocen!» ¡Oh quejas dolorosas de
Jesús! ¡Oh Corazon angustiado de amor,
basta ya de padecer; entrad en mi corazon
y hallad en él vuestro descanso!

Jaculatoria. Venid y poseedme, ¡oh Corazon de mi Dios y Dios de mi corazon!

DIA 21.

Invitacion al amor del Sagrado Corazon de Jesús, nuestro amigo en la Santa Eucaristía.

La Beata hubiera querido excitar á todas las almas á comprender y gustar el don que nuestro Señor nos ha hecho dándonos su Corazon en la Santa Eucaristía.

« Entrad en este Sagrado Corazon, dice, como invitada al festin de amor de vuestro único y perfecto amigo, que quiere embriagaros en el delicioso vino de su puro amor, único que puede dulcificar vuestras amarguras, haciéndoos encontrar disgusto en todas las falsas delicias de la tierra, para que no halleis placer más que en el Corazon de este querido Amigo que os dice amorosamente : « todo lo mio es tuyo; mis llagas, mi sangre y mis dolores son tuyos, mi amor hace comunes los bienes; déjame pues poseer todo tu corazon; y yo abrsaaré tus frialdades y animaré tu languidez que te hace ser tan floja en mi servicio y tan tíbia en mi amor.

Jesucristo es el solo y verdadero amigo de nuestros corazones, que han sido criados para Él solo; por esto no pueden hallar alegría, reposo ni hartura sino en Él.

Se ha cargado con nuestros pecados, haciéndose nuestro reparador para con su eterno Padre que, mirándole bajo la forma de pecador, le ha entregado á todos los rigores de su divina justicia, sin embargo de ser inocente.

Ha querido morir para merecernos, por el exceso de su amor, una vida inmortal y dichosa, librándonos de una muerte eterna, desgraciada. Bendigámosle y démosle gracias por tan ardiente caridad, por la cual deberíamos consumirnos de reconocimiento: hagámosle un contínuo sacrificio de todo nuestro sér en homenaje de amor y adoracion á su soberana grandeza, que se complace en nuestra pequeñez.

Mirándole en esta cualidad de amigo, podeis decirle todos los secretos de vuestro corazon, descubriéndole todas vuestras miserias y necesidades como á Aquel que sólo puede remediarlas, diciéndole: ¡Oh amigo de mi corazon! la que amais está enferma. Visitadme y curadme, pues yo sé bien que no podeis dejarme en mis miserias, amándome como me amais (1).

¡Cuán dichosas son las almas que se han olvidado tan perfectamente de sí mismas, que no tienen más amor, más miras, ni más pensamientos que para este único amigo de nuestros corazones!....

Creo que todo otro pensamiento y ocupacion, es pérdida de tiempo.

Este divino amor que reposa sobre nuestros altares, no nos predica más que amor, no quiere más que llenarnos de amor, á fin de que por El mismo podamos tributarle todo el amor que espera de nosotros. Amor fuerte que no se deja abatir; amor puro que ama sin mezcla alguna de interés; amor crucificado que no goza más que en el sufrimiento, para conformarse con su bien amado; amor de preferencia, de olvido, de abandono de sí mismo, para dejar obrar á

_____

(1) Diversos escritos, t, ii, págs. 470 y 462.

su bien amado, para dejarle cortar, abrasar, anonadar en nosotros cuanto le desagrade, siguiéndole á ciegas, sin detenernos á mirar ni reflexionar sobre nosotros mismos, para ver lo que hacemos.

¡Oh, cuán bueno es amar á este Señor lleno de amor! Por poco que haga comprender á un corazon su bondad y amabilidad, ¿es posible que este corazon halle algun impedimento para amarle, para dejarlo todo, para abandonarse al poder de este amor? (1).

Consejos para sacar fruto práctico de la santa Eucaristía.

Arrojaos frecuentemente en los brazos de la amorosa providencia del Sagrado Corazon de Jesús despues de la Sagrada Comunion, abandonándoos y entregándoos totalmente al divino poder de su autor, para todo lo que le agrade.

Yo os invito á que hagais al Corazon amoroso de Jesús una entera donacion de todo vuestro ser espiritual y corporal, y de todo

_____

(1) Cartas LXXXIV y XXXII, t. II, págs. 165 y 54

cuanto podais hacer ó haber hecho, á fin de que despues de haber purificado y consumido todo lo que no le agrade, disponga de ello á su gusto.

Haceos cuenta que cogeis vuestro corazon en las manos, y le ofreceis y consagrais al Corazon Sagrado de Jesús, para que reine en Él absolutamente, y os enseñe á amarle con perfeccion, y á no desagradarle voluntariamente, llevando amorosamente vuestra cruz.

Creo que contentareis mucho al Sagrado Corazon de Jesús cuando os abandoneis totalmente á El, que El sea la sola mirada de vuestros ojos, el eco de vuestros oidos, la luz de vuestro entendimiento, el afecto de vuestra voluntad, todo el recuerdo de vuestra memoria, y todo el amor de vuestro corazon; dejándole obrar en vosotros, segun su deseo; sin reservaros otra cosa, que el cuidado de agradarle y amarle sobre todas las cosas, rechazando todas las reflexiones del amor propio y sus miramientos interesados, pues todo esto es un obstáculo á la obra de la gracia en nuestra alma.

Sereis la Sulamitis, la esposa querida que

honrareis la vida de amor de Jesucristo en el Santísimo Sacramento. Por esta razon debeis poner cuidado en manteneros pura é inocente, para agradar á este divino Esposo, no teniendo otra mira, otro fin, en cuanto hagais, dándoselo todo sin reserva. Si quereis que se dé á vosotras y si quereis gustar las dulzuras de sus amorosos entretenimientos, es indispensable rechazar toda reflexion propia, todo respeto humano.

Hareis treinta y tres comuniones espirituales y una real, para reparacion de honor al Sagrado Corazon de Jesús, implorando el perdón por todas las comuniones mal hechas, tanto por nosotras, como por todos los malos cristianos.

Procurad no perder comuniones, porque no podríamos dar mayor placer á nuestro enemigo, que apartándonos de Aquel, que le quita todo el poder que tiene sobre nosotros.

Cuidad mucho de no juzgar ligeramente á nadie, ni acusar ó desaprobar cosa alguna, que no os incumba, á fin de que vuestra lengua, destinada únicamente á bendecir y alabar al Señor, sea como el medio por donde penetre Él con frecuencia en vuestro co-

razon, y no sea jamás instrumento de Satanás para envenenar vuestra alma (1).

**Nuestro Señor descubre á su esposa
una pequeña parte de los misterios, que se
verifican en el alma despues
de la comunion.**

«En una ocasion, dice la Beata, Nuestro
Señor me hizo ver el mal tratamiento, que
recibia de un alma, que comulgaba indig-
namente. Le ví como atado, pisado y despreciado, diciéndome tristemente: «Mira
cómo me tratan y desprecian los pecadores;
le ví tambien dentro de un corazon que se
rendia á su amor; tenia sus sagrados oidos
cubiertos con sus manos y los ojos cerrados,
diciendo: «No escucharé lo que me dice, ni
miraré su miseria, para que mi Corazon no
se conmueva y sea insensible para Él, como
Él lo es para mí.»

Nuestro Señor se complacia tambien, en
dar á conocer á la esposa privilegiada de su
Corazon, el contento que recibia de algunas
personas, sólidamente religiosas.

_____

(1) Instrucciones y diversos escritos, t. II, págs. 399,
406, 407 y 408.

Una vez entre otras la hizo ver tres que iban á comulgar, diciéndola : Yo las daré tres besos, de paz, de amor y de confianza. Es imposible expresar sus trasportes, al ver el placer que encontraba Jesucristo en estas santas almas (1).»

Ejercicio de la Beata para la comunion espiritual.

Padre eterno, yo os ofrezco mi entendimiento, á fin de que aprenda á no conocer otra cosa, que á Vos. Dulce Jesús mio, yo os ofrezco mi memoria, para que no se acuerde más que de Vos. Espíritu Santo, todo caridad, yo os ofrezco mi voluntad, para que la abraseis con vuestro divino amor, adornad mi alma con vuestros siete dones, y haced sea vuestro santo templo. Llenadme de vuestras gracias, y preparad mi corazon para recibir á mi Dios espiritualmente. Divino Jesús mio, puesto que mis pecados me hacen indigna de recibiros en mi corazon, recibidme, Vos en el vuestro, y unidme tan estrecha-

_____

(1) Vida por sus contemporáneas, t. i. págs. 68 y 116

mente á Vos, que nada sea capaz de apartarme un solo instante, abismad mi pequeñez y miseria en la grandeza de vuestras misericordias y trasformarme toda en Vos, á fin de que no viva ya más que de Vos, en Vos y por vuestro amor. Venid, único objeto capaz de contentarme, á tomar posesion de este corazon, que es todo vuestro, y que no puede estar ni un momento sin Vos.

Yo os doy gracias porque habeis querido daros espiritualmente á mi alma; yo me doy tambien toda á Vos sin reserva, á fin de que os digneis hacer en mí cuanto deseeis hacer. Destruid este espíritu de amor propio; humillad cuanto quiera elevarse, y anonadad cuanto os haga resistencia (1).

Meditacion.

El preludio y la oracion preparatoria como todos los dias.

Punto 1.º El Corazon deífico de Jesús es el amigo más fiel y constante, que podemos tener. ¡Miremos cómo le ha puesto la justi-

---

(1) Antiguos manuscritos, t. II, pág. 492.

cia vengadora del Padre, que ha descargado toda la ira, acumulada por nuestros pecados, sobre Él, inocente y justo. Si le miramos por fuera, le veremos desangrado.... llagado.... coronado de punzantes espinas.... abrasado por las llamas, que si son de amor, son tambien de dolor... y por último, plantada como cetro una cruz! ¡Cuánto nos ha amado el Corazon de Jesús..! ¡Qué fidelidad en su amistad...! ¡Si le contemplamos por dentro, vémosle angustiado, oprimido, dolorido..! ¡Ah! bien podemos exclamar de nuevo, ¡cuánto nos ha amado el divino Corazon de Jesús..! ¿Buscarás despues de esto, buscarás otro corazon, que no sea el suyo, para consagrarle todo tu afecto? ¿Quién mejor que el deífico Corazon comprenderá tus dolores, tus penas, tus sinsabores...? ¿Qué amigo más compasivo y amante, puedes encontrar...? ¡Oh divino Jesús mio, quiero tener á Vos sólo por amigo, áun cuando para ello haya de tener al mundo entero por enemigo.

Punto 2.º ¡Qué generoso es en su amistad el amante Corazon de Jesús! «Todo cuanto es mio, es tuyo, nos dice por medio de su amante **Margarita María** : mis llagas, mi sangre, mis dolores, tuyos son; el amor que te tengo, hace comunes todos los bienes, déjame que posea tu corazon, por entero, yo abrasaré tus frialdades, y consumiré las tibiezas de tu amor, y servicio.» ¡Oh! ¡ qué grande es el amor de mi Jesús, qué ingenioso en procurar bienes, qué deseoso de excitar la confianza, qué hambriento de repartir beneficios! ¡Ah! en mis penas, en mis trabajos, en mis miserias, os abriré mi corazon, sin ir á buscar consuelo en los que no me lo pueden dar. Con toda confianza os diré con la amada esposa de vuestro Corazon, Margarita María: «¡Oh amigo de mi corazon, aquel á quien amais, está enfermo! Visitadme para curarme, pues bien sé, que no podeis amarme, y dejarme juntamente languidecer en mis miserias.»

Jaculatoria. ¡Cuán bueno es amar, á un Señor tan amante!.

DIA 22.

Los abismos del Sagrado Corazon de Nuestro Señor.

El Sagrado Corazon de Jesús es un abismo de amor, donde es necesario abismar todo el amor propio que está en nosotros con sus malos productos, que son los respetos humanos y el deseo de satisfacernos.

Si nos hallamos en un abismo de privaciones y desolaciones, entremos en este divino Corazon; Él es todo nuestro consuelo, en el que es necesario nos perdamos sin desear sentir la dulzura.

Si nos encontramos en un abismo de oposicion y resistencia á la voluntad de Dios, es preciso abismar este abismo en el de sumision y conformidad al agrado divino del Sagrado Corazon de Nuestro Señor, y allí perder todas nuestras resistencias, para revestirnos de esta dichosa conformidad en cuanto disponga de nosotros.

Si os hallais en un abismo de pobreza y despojo de vosotras mismas, id á abismaros en el amable Corazon de Jesús, que os fortificará y librará.

Si estais en un abismo de misericordia, id y abismadlas en este adorable Corazon, que está todo lleno de misericordia.

Si os hallais en un abismo de orgullo y vana estimacion de vosotras mismas, abismadlo todo en el abismo de humildad del Sagrado Corazon.

Si os encontrais en un abismo de ignorancia, id á abismaros en el Sagrado Corazon de Jesús, donde aprendereis á amarle y hacer cuanto desea de vosotros.

Si estais en un abismo de infidelidades ó inconstancias, id á abismaros en el de firmeza y estabilidad del Sagrado Corazon de Jesús.

Si encontrais en vosotros un abismo de ingratitud á los grandes bienes, que habeis recibido de Dios, id á abismaros en el divino Corazon, que es un manantial de gratitud, de la cual os llenará, si se lo pedís.

Si veis en vosotros un abismo de arrebato ó de cólera, id á abismarlos en el de dulzura del amable Corazon de Jesús, á fin de que os haga dulce y humilde.

Si os encontrais en un abismo de distracciones, id á perderlas en el abismo de tranquilidad del Sagrado Corazon, que os alcanzará infaliblemente la victoria. Si combatís generosamente, podreis abismaros como en un abismo de pureza y consuelo, para purificar vuestras intenciones y consumir vuestros deseos y pretensiones.

Si os hallais en un abismo de tinieblas, os revestirá de su luz, por la cual debeis dejaros conducir como una ciega. Cuando os veais abismada en un abismo de tristeza, id á abismarla en el de la divina alegría de este Sagrado Corazon, donde hallareis un tesoro que disipará todas vuestras tristezas y aflicciones de espíritu.

Cuando os encontreis turbada é inquieta, id á abismaros en la paz de este Corazon adorable, que nadie os podrá quitar.

Abismaos con frecuencia en la caridad de este amable Corazon, para que nada hagais por insignificante que aparezca, que pueda herir esta virtud, no haciendo á otros lo que no quisiéreis que hiciesen con vosotros.

Si os encontrais en un abismo de temor, abismaos en el de confianza hácia el Sagrado Corazon; y allí quedará vencido el temor (1).

Voto de perfeccion.

Extractamos aquí algunos de los heróicos compromisos, que la Beata habia contraido, bajo la salvaguardia de la obediencia.

Voto hecho la víspera de los Santos, para ligarme, consagrarme é inmolarme más estrecha, absoluta y perfectamente al Sagrado Corazon de nuestro Señor Jesucristo.

¡Oh único amor mio! Yo trataré de someter y sujetar á Vos, cuanto hay en mí, haciendo lo que me parezca más perfecto, ó lo que más gloria dé á vuestro Sagrado Corazon, al cual prometo no negar cosa alguna de cuantas estén en mi poder, y no rehusar, ó sufrir ninguna, que pueda contribuir á que sea amado, conocido y glorificado.

No omitiré ni descuidaré ninguno de mis

---

(1) Diversos escritos, t. II, pág. 463.

ejercicios, ni la observancia de mis reglas, sino por caridad ó verdadera necesidad, ó por obediencia, á la que someto todas mis promesas y votos.

Quiero sufrir en silencio, sin quejarme de cualquiera manera que me traten; no evitando sufrimiento, ni pena alguna de cuerpo ó de espíritu de humillaciones, desprecios ó contradicciones.

No buscaré, ni procuraré ningun consuelo, placer ni contento, sino el de no tener ninguno en mi vida. Cuando la Providencia me presente alguno, le tomaré sencillamente, no por el gusto que en él encuentre, al cual renunciaré interiormente, sea que la naturaleza le tenga, al tomar sus necesidades, ó sea que no le tenga, no deteniéndome á pensar, si me satisfago ó nó, sino á amar á mi Soberano que me concede este placer.

Me abandono totalmente al Sagrado Corazon de nuestro Señor Jesucristo, para que me consuele ó aflija, segun su agrado, sin querer yo mezclarme en nada, contentándome con adherirme á sus santas disposiciones y operaciones, mirándome como su víctima, que debe estar siempre en un acto continuo de inmolacion y de sacrificio, segun su agrado, no anhelando más, que amarle y contentarle, obrando y sufriendo en silencio.

No me informaré jamás de las faltas del prójimo; y cuando me vea obligada á hablar de ellas, lo haré con la caridad del Sagrado Corazon de Jesús, pensando ántes si me gustaría á mí, que me hiciesen ó dijesen de mí, lo que voy á decir de otros; y cuando vea cometer alguna falta, ofreceré al Eterno Padre la virtud contraria del Corazon de Jesús, para repararla.

Miraré á todos los que me aflijan ó hablen mal de mí, como mis mejores amigos, y trataré de hacerles todos los servicios y todo el bien que pueda.

Procuraré no hablar de mí misma sino brevemente, y nunca, si puedo, para alabarme ó justificarme.

No buscaré la amistad de criatura alguna, sino cuando el Sagrado Corazon de Jesucristo me lo inspire, para llevarme á su amor.

No me detendré voluntariamente en ningun pensamiento, no solamente malo, pero ni inútil: Me miraré en la casa del Señor como una pobre, que debe estar sometida á todas, á quien dan y tienen por pura caridad. Pensaré siempre que tengo demasiado. Pondré cuidado en que mis acciones y palabras den gloria á Dios, edifiquen al prójimo, y sean saludables á mi alma, siendo fiel y constante en la práctica del bien, que mi divino Maestro me dará á entender y quiera de mí, procurando no hacer faltas voluntarias; y si hago alguna, no me perdonaré, tomaré venganza, haciendo prudente y regulada penitencia (1).

El ejercicio del amor puro reduce todo á la unidad.

En la multitud de todas estas cosas, añade la Beata, me sentí acometida de un gran temor de faltar, y no hubiera tenido valor de comprometerme, si no hubiese sido fortificada y asegurada con estas palabras, que me fueron dichas, en lo más íntimo de mi corazon: «¿Qué temes, puesto que yo res-

---

(1) **Vida por sus contemporáneas, t. i, pág. 249.**

pondo por tí, y me he hecho tu fiador? La unidad de mi puro amor equivaldría á la atencion de toda esta multiplicidad de cosas ; yo te prometo que reparará las faltas, que puedas cometer, y se vengará Él mismo sobre tí.»

Estas palabras imprimieron en mi alma una confianza tan grande, y una seguridad de que así sería, que no obstante mi extrema fragilidad, no tengo temor alguno, habiendo puesto mi confianza en Aquel, que todo lo puede, y del cual lo espero todo, y nada de mí.

Se vé por este voto lo que puede la gracia en un alma generosa y fiel, lo que hace esta misma gracia en un corazon abrasado del puro amor de Jesucristo. Este amable Salvador la dijo: Aunque tu voto te impone una obligacion de pensar continuamente en tanto como abraza, has de saber que cumplirás con todo, amándome sin reserva ni interrupcion. No pienses, no te apliques más que á amarme y agradarme en todas las cosas y en toda ocasion. Que mi amor sea el móvil de todas tus acciones, de todos tus pensamientos y de todos tus deseos. No te ocupes más que en amarme, para hacerte digna de amarme más cada dia. Yo te aseguro, que sin hacer otra cosa, harás más por el solo ejercicio del puro amor que lo que has prometido por tu voto.

Este es propiamente el sentido de estas admirables palabras :

La unidad de mi puro amor equivaldrá á la atencion en toda esta multiplicidad de cosas (1).

Oracion para unirse á nuestro Señor en el momento de la Consagracion de la santa misa.

Dulce Jesús mio, yo uno mi alma á la vuestra, mi corazon y mi espíritu, mi vida, mis intenciones á las vuestras, y así unida me presento á vuestro Padre. Recibidme ¡oh Padre eterno! por los méritos de vuestro divino Hijo que os ofrezco con el sacerdote y toda la Iglesia. No me mireis ya más que como escondida en sus llagas, cubierta con su sangre y cargada con sus méritos. Así

---

(1) Vida por sus contemporáneos, t. i, pág. 252.

es como me presento á Vos, á fin de que no me arrojeis de vuestra presencia, y me recibais en los brazos de vuestra paternal bondad, concediéndome la gracia de mi salvacion.

¡Oh Dios mio! yo os doy gracias por todos vuestros beneficios, por vuestra pasion y muerte, por la institucion de vuestros sacramentos, sobre todo por el Sacramento del Altar (1).

Meditacion.

El preludio y la oracion preparatoria como todos los dias.

Punto 1.º El ejercicio del amor divino lo reduce todo á la unidad. El Corazon amante, sólo tiene un pensamiento, un deseo, un suspiro: amar y convertirlo todo en amor. Sus obras todas sólo son amor, su descanso, amar, y su única suavidad, amar en el padecer. Estos son los efectos más evidentes, del amor divino, el cual, en entrando en un corazon, se enseñorea de él, de tal modo,

---

(1) Antiguos manuscritos, t. II, pág. 491.

que no le deja por decirlo así descanso. Si
esto hace el amor en el corazon de una pura
criatura ¿qué no hará en la fuente y manantial, de donde procede, en el Sagrado Corazon de Jesús?.... Por eso suspira con tan profundo dolor, por eso lanza tan dolorosas
quejas, por eso su vida es toda unidad y
concordia, y por eso se ve, que como todas sus
operaciones son amor, se ejecutan con aquel
sosiego y silencio admirables..! ¡Oh Corazon
enamorado de los hombres...! ¡oh amor tan
poderoso sobre el Corazon de un Dios...!
union...! silencio...! amor...! tomad posesion para siempre del mas pobre de todos los
corazones....

Punto 2.º Despues de haber visto la unidad
que establece el amor, y como apagando
toda multiplicidad, queda Él como el único
móvil de todo: sigamos lo que sobre esto
mismo nos dice el deífico Corazon de Jesús,
por medio de su humilde y predilecta Margarita: «No pienses ni te ocupes más, que
en amarme con perfeccion. Que mi amor
sea el objeto de todos tus pensamientos, y de
todos tus deseos, y que esta ocupacion de
amor te haga digna de amarme cada dia

20

más.» ¡Oh qué palabras tan consoladoras...! Todo pues consiste en amar...! ¿quién nos podrá impedir, por lo tanto, dar al Sagrado Corazon de Jesús la gloria que espera de nosotros? Amemos sin decir nunca basta, glorifiquemos á este amante y deífico Corazon, de la manera que Él quiere ser glorificado; y despues, viendo que tan poca cosa podemos, exclamemos más con el corazon que con la lengua: ¡Oh amor! ¡oh Corazon de mi Jesús, amaos en mí y por mí, pues sólo así os amaré dignamente!

Jaculatoria: Ameos Señor, y viva sólo para Vos.

DIA 23.

Disposiciones con que recibia la Beata las gracias de Nuestro Señor.

La Beata recibia los favores divinos con los sentimientos del amor más puro.

Un viérnes, nos dice, habiendo recibido á mi Salvador, me acercó á la llaga de su costado y me estrechó tan fuertemente por espacio de tres ó cuatro horas con delicias tan inefables, que no puedo expresarlas..... Yo le decia: « ¡Oh amor mio, yo renuncio con todo mi corazon á todos estos extremados placeres por amaros con el amor de Vos mismo, Dios mio!» (1).

Cuando nuestro Señor Jesucristo queria gratificarme con alguna nueva cruz, escribe ella, me preparaba con una abundancia de placeres espirituales tan grandes, que me hubiese sido imposible sostenerlos si

_____

(1) Vida por sus contemporáneas, t. I, pág. 57.

hubiesen durado. Le decia yo alguna vez: «¡Oh único amor mio, yo os sacrifico todos estos placeres. Guardadlos para otras almas santas que os glorificarán mejor que yo, que no quiero otra cosa que á Vos sólo, desnudo sobre la cruz, donde quiero amaros á Vos sólo con el amor de Vos mismo. Quitadme todo lo demás, para que os ame sin mezcla de interés ni de placer (1).

A todas las gracias, de que nuestro Señor habia colmado á la Beata Margarita María, añadió la de darla un ángel especial, que la asistiese. «Hija mia, la dijo, quiero darte un guarda fiel que te acompañará en todo, te asistirá en todas tus necesidades, é impedirá que tu enemigo prevalezca contra tí.»

Este fiel guardian de mi alma, escribe la Beata, me fortalecía con sus familiares entretenimientos. Me dijo una vez: «Quiero deciros quién soy, para que sepais el amor que os tiene vuestro Esposo; soy uno de los que están más cerca del trono de la Divina Majestad, y que participan más de los ardores del Sagrado Corazon de Jesucristo; y mi

---

(1) Vida por ella misma, t. ii, pág. 367.

designio es comunicároslos segun la capacidad que tengais para recibirlos. »

Otra vez me dijo: « Guardaos bien de que ninguna caricia familiar, ni ninguna gracia de las que recibís de nuestro Dios, os haga jamás olvidar lo que Él es, y lo que sois vos; porque de lo contrario yo mismo trataré de anonadaros. »

Cuando nuestro Señor me honraba con su divina presencia, no apercibia la de mi santo ángel. Habiéndole preguntado la razon, me dijo, que en este tiempo se prosternaba con un profundo respeto, para rendir homenaje á esta grandeza, humillada hasta mi pequeñez; y en efecto así era como le veía, miéntras recibia las amorosas caricias de mi celestial Esposo. Se encontraba siempre pronto para asistirme en mis necesidades, sin que me haya jamás rehusado nada, de cuanto le he pedido (1).

_____

(1) Vida por sus contemporáneas, t. I, pág. 126.

Impresiones de la divina presencia en el alma de la Beata Margarita María.

El divino Salvador, dice la Beata, habiéndome honrado en una de sus visitas, me dijo, que queria hacerme aún una nueva gracia, superior á cuantas me habia hecho ya, y era ésta, que no le perdiese nunca de vista, teniéndole continuamente presente: favor que miro, como el colmo de cuantos he recibido hasta aquí de su misericordia infinita, puesto que desde entónces tengo á este divino Salvador íntimamente presente, Él me instruye, me sostiene, me advierte mis faltas y no cesa de hacer crecer en mí por medio de su gracia, el ardiente deseo de amarle perfectamente, y de sufrir por su amor. Esta divina presencia inspira en mí tanto respeto, que cuando estoy sola, me veo obligada á postrarme contra la tierra y anonadarme, por decirlo así, en presencia de mi Salvador y mi Dios, sobre todo cuando considero lo que soy, es decir, la más indigna y miserable de sus esclavas, que seguramente no merece ni áun el nombre de sierva de Jesucristo (1).

Dando cuenta de los sentimientos más íntimos de su alma, la Beata se expresa así:

....Todo me aflije y. atormenta, á causa de que no puedo amar puramente á mi único amor, el cual me gratifica continuamente con su amorosa presencia... Esto es, como si un poderoso monarca, ansioso de ejercer su caridad, fijase su vista en todos sus súbditos, para elegir el más pobre, miserable y destituido de todo bien, y habiéndole encontrado, le enriqueciese con profusion, con sus liberalidades y favores, de los cuales el mayor sería, si este poderoso monarca quisiese rebajarse hasta caminar siempre al lado de este pobre miserable, llevando una linterna, y todo él resplandeciente y revestido de su púrpura real; y despues de haberse dejado ver de esta suerte, ocultase su luz en la oscuridad de la noche, para dar más confianza á este pobre de acercarse á Él, y hablarle confidencialmente.

Y si á pesar de todo esto esta pobre cria-

_____

(1) Carta cxxvi al Padre Rolin, t. ii, pág 273.

tura llegase á apartarse de su bienhechor y á serle infiel, y que él, para castigarla, no usase mas medio, que hacer de nuevo aparecer la luz que tenía oculta, para hacerla ver lo que es él y lo que es ella, él todo resplandeciente en belleza, y ella toda cubierta de lodo, de llagas y de miseria, y que viese al mismo tiempo la grandeza de su ingratitud y malicia tan opuesta á la bondad de este Soberano.... Hé aquí próximamente la manera de obrar de nuestro Soberano con su indigna esclava.

Es verdad que esta divina presencia causa en mí divinas impresiones. Algunas veces me eleva al colmo de todo bien, cuyo gozo sobrepasa á toda expresion, no encontrando más palabras que estas : ¡Mi amor, mi vida y mi todo! Vos sois todo para mí, y yo soy toda para Vos...! Otras veces me abisma hasta el centro de mi nada, donde padezco raras confusiones, viendo este abismo de toda grandeza y perfeccion. Otras veces se agrava en mí de una manera tal, que me parece no me queda ya más ser, que Él mismo, lo cual es alguna vez de una manera tan dolorosa, que me hace exclamar incesantemente : Quiero sufrirlo todo sin quejarme ; puesto que el puro amor me impide temer nada.

Otras veces me parece ser un agua tranquila, donde el Sol encuentra placer en mirarse....

Dios es un abismo incomprensible de todo bien. Toda mi gloria debe consistir, segun me há dicho, en mirarme como un juguete de las complacencias de su adorable Corazon, que es todo mi tesoro, puesto que no tengo más que mi Señor Jesucristo. Por esto me dice algunas veces: «¿Qué harías sin mí? ¡Cuán pobre serías!

Las demas gracias y favores que recibo de su liberal bondad, confieso que son bien grandes, pero el dador vale mas que todos sus dones, y mi corazon no puede amar ni pegarse mas que á Él sólo. Todo lo restante es para mí nada, y no sirve frecuentemente más, que para impedir la pureza del amor, y ser como un intermedio entre el alma y su Bien amado, que quiere ser amado sin mezcla y sin interes (1).

_____

(1) Carta xii, á la Madre de Saumaise, t. ii, pág. 23.

Efusiones de reconocimiento y humildad de la Beata.

...¡Ay, cuán bueno y misericordioso es Dios conmigo...! Es para mí como mi Padre, lleno de la mas amorosa ternura para su pequeño hijo.

Nunca se ha mostrado mi Dios tan bueno conmigo, no se aparta de mí, no obstante mis grandes infidelidades; así es que no tengo más recurso que su adorable Corazon, que se ha hecho mi fiador y defensor.

...¡Oh cuán grandes son sus liberalidades! Muchas veces no me permiten más que esta expresion.

Meditacion.

El preludio y la oracion preparatoria, como todos los dias.

Punto 1.º La gratitud es otro efecto del amor. Como este es tan liberal, enriquece en seguida al corazon que conquista, llenándole de gracias, y generosas dádivas, y el que así se ve favorecido, cuanto más ame, más sentirá su corazon, como oprimido, por el peso de tantos bienes, y no pudiendo otra cosa devolverá gratitud, quedando por esta causa como esclavo de aquel, cuyos tesoros tan liberalmente se le comunican. ¡Oh! ciertamente, que así poseida el alma exclamará, como en un exceso de amorosa gratitud, con la amante del Corazon de Jesús: «Quiero sufrirlo todo sin quejarme, pues que el puro amor me impide el menor temor.» ¡Oh puro amor de mi Dios! ¿cuán invicta es la fortaleza que comunicas, cuando así dispone al alma á sufrir, que no la arredren los tormentos? ¡Oh reconocimiento! fruto del amor, ¿qué grandeza te comunica Dios, para efectuar tan asombrosas obras...? ¡Oh Jesús! Si vuestro amor es el orígen de todo, abrasad mi corazon en esas llamas, que con ellas recibiré todo lo demás,

Punto 2.º Á cada momento nos da ejemplos la Beata Margarita María del agradecimiento, con que recibia las gracias de Nuestro Señor: «¡Ah! exclamaba, ¡qué bueno y misericordioso es Dios conmigo!» y otras veces: «¡Cuán grandes son las liberalidades de Nuestro Señor conmigo! Me sucede á veces, quedar como oprimida por ellas, pudiendo soló decir: ¡Cantaré eternamente, las misericordias de mi Dios...!» Qué extraño es despues de esto, oirla estas palabras: « Sólo un negocio tengo yo, y este es amar, olvidarme y anonadarme, puesto que *todo*, consiste en amar á Dios, y *odiarnos* á nosotros mismos. Y paréceme este negocio de tanta importancia, que no encuentro tiempo bastante, que emplear en él.» ¿No haremos nosotros lo mismo...? Encontraremos aún cosa alguna, que merezca nuestra preferencia, fuera de este único y verdadero amor...? ¡Oh Corazon de Jesús, Corazon deífico y abrasado de amor; quiero amaros, y agradecer vuestras mercedes...! Amaros y olvidar todo lo demás! Amaros y quedar perdido para siempre en ese piélago de amor... ¡Qué triple dicha...!

Jaculatoria. ¡Oh mi Dios, mi único y mi todo! Vos sois todo para mí, y yo soy toda vuestra.

DIA 24.

Santos rigores del amor divino.

Este único amor de mi alma me hizo ver en Él dos santidades; la una de amor y la otra de justicia, las dos muy rigurosas en su manera, las cuales me dió á entender que se ejercerian continuamente sobre mí. La primera, me haria pasar una especie de purgatorio muy doloroso, para aliviar á las almas en él detenidas, á las cuales permitiría, ó querria él se dirigiesen á mí. En cuanto á su santidad de justicia, tan terrible y aterradora para los pecadores, me haría sentir el peso de su justo rigor, haciéndome sufrir por ellos, «y en particular, me dijo, por las almas que me están consagradas, te haré ver y comprender en adelante, lo que conviene sufras por mi amor (1).»

_____

(1) Vida por ella misma, t. ii, pág. 312.

«En los primeros ejercicios que se siguieron á mi profesion, los dos primeros dias esta santidad divina dejó caer su peso sobre mí, impresionándome tan fuertemente que me ponia incapaz de hacer oracion, no pudiendo soportar el dolor interior, que padecia. Sentia una vergüenza tal, y un dolor tan grande de parecer delante de Dios, que si el mismo poder que me hacia sufrir, no me hubiese sostenido, hubiese querido, á estar en mi mano, abismarme, destruirme y confundirme mil veces. A pesar de todo, no podia apartarme de esta divina presencia; me perseguia en todo lugar, como á una criminal, sentenciada á recibir su condena; pero sentia una sumision tan grande al querer divino, que siempre me hallaba dispuesta á recibir todas las penas y dolores, que quisiese enviarme, con la misma alegría, que si fuese la suavidad de su amor.

»Una vez, despues de haber sufrido largo tiempo bajo el peso de la santidad de Dios, perdí la voz y las fuerzas. Tenía tal confusion de presentarme delante de las criaturas, que hubiese encontrado la muerte muy dulce, por evitarlo. La sagrada comunion me era tan dolorosa, que me sería difícil expresar la pena que tenía, cuando me acercaba á comulgar; y como no me era permitido dejarla, por ser el mismo que me hacía padecer este estado, el que me prohibia alejarme. Podia decir con el Profeta, que mis lágrimas me servian de pan noche y dia. Jesucristo en el Santísimo Sacramento, que era todo mi refugio, me trataba con tanta indignacion, que padecia una especie de agonía, y no podia estar en este estado, sino haciéndome una continua violencia. En los tiempos libres iba á postrarme á sus piés, y le decia: «¿Dónde quereis que vaya ¡oh divina justicia! si en todo lugar me acompañais?» Entraba y salia sin saber lo que debia hacer, y sin encontrar otro reposo que el del dolor.

Otra vez sentí tan impresa en mí la santidad de mi Dios, que me parecia no tenía ya fuerzas para resistirla, y únicamente le decia estas palabras: «Santidad de mi Dios, ¡cuán temerosa sois para las almas criminales!» Otras veces le decia: «Mi señor, y mi Dios, sostened mi flaqueza, para que no sucumba bajo este enorme peso de mis innumerables crímenes, por los cuales he merecido todo el rigor de vuestra justicia.» Me dijo estas palabras solamente : «No te hago sentir sino una pequeña muestra; porque las almas justas la detienen, para que no caiga sobre los pecadores (1).»

Al salir de una cruel enfermedad, de que se curó á la voz de la obediencia, la Beata escribia : «Mi cruz fue cambiada por una interior, la cual os confieso no podria sostener largo tiempo, si la misma mano que me aflije, no fuese mi fortaleza: porque me parece, que su santidad de justicia me ha hecho sentir una pequeña muestra del infierno, ó mejor dicho, del purgatorio; puesto que no habia perdido el deseo de amar á Dios. No puedo expresar con claridad esto; porque no acierto á decir lo que sentia en mí ; únicamente os diré, que estaba como una persona en agonía, á quien arrastrasen con cuerdas al lugar de sus deberes, que son nuestros ejercicios. No sentia en mí ni espíritu, ni voluntad, ni imaginacion, ni memoria ; todo se habia

---

(1) Vida por sus contemporáneas, t. 1, pág. 58 y 58.

alejado de mí de tal manera, que no sentia ningun vigor; y todas mis penas se imprimian tan vivamente en mí, que me penetraban hasta la médula de los huesos. En una palabra, todo sufria en mí, y no sentia ya más que una entera sumision á la voluntad de Dios, cuyos designios adoraba. Pero como me es imposible deciros el resultado de esta disposicion, ni cuanto ha pasado, os digo solamente, que me representaba como un pequeño reflejo y participacion, de lo que sufrió nuestro Señor en el Huerto de las olivas, y así decia con Él: «Cúmplase vuestra voluntad y no la mia, Dios mio, aunque me cueste la vida.» Estando resuelta á sufrir hasta el fin, con el socorro de su gracia (1).»

En otra parte la Beata dice así:

«Esta santidad de amor me estrechaba tan fuertemente á sufrir, para corresponder á su amor, que todo mi descanso era sentir mi cuerpo agobiado de sufrimientos, mi espíritu en toda clase de aflicciones, y todo mi ser en las humillaciones, desprecios y

---

(1) Carta xx á la Madre de Saumaise, t. ii, pág. 38.

contradicciones. Estas no me faltaban por la gracia de Dios, y ella hacía que no estuviese un momento sin padecer interior y exteriormente. Cuando este alimento diario disminuia, era para venir sobre mí otro, por medio de la mortificacion. Mi natural sensible y orgulloso me proporcionaba bastantes ocasiones. Mi Soberano Maestro no queria perdiese ninguna, y cuando esto me sucedia, por huir de la gran violencia que tenía que hacerme para vencer mis repugnancias, me costaba bien caro. Cuando queria alguna cosa de mí, me instaba tan vivamente, que no me era posible resistir: y el haberlo querido hacer algunas veces, me ha hecho sufrir sobre manera. Me llevaba por todo lo que era más opuesto á mi natural, y contrario á mis inclinaciones; y en oposicion á ellas me hacía caminar sin cesar (1).»

Santos temores de la Beata.

Este párrafo de una carta de la Beata á la

(1) Vida por ella misma, t. II, pág. 386.

Madre de Saumaise nos pinta las disposiciones de crucifixion, en que nuestro Señor se complacia en tenerla algunas veces, para poner á prueba su amor.

«..... Preciso será deciros algo de vuestra pobre hija, que os ama más que nunca. La creo llena de sufrimiento y de pena ; está sin socorro, ni remedio, ni otro recurso, que el divino Corazon. Me he hecho indigna de sus favores por mis ingratitudes é infidelidades, aunque Él no desiste en ser para mí más misericordioso y liberal que nunca; esto aumenta mi tormento; porque no sé si es el enemigo el que atormenta mi pobre corazon, con este doloroso pensamiento, de que todo es para perderme, puesto que Dios no hace tantas gracias á una criatura tan mala, que ha llevado una vida tan criminal, y que con sus vanas hipocresías ha engañado á las criaturas, y en particular á las que la dirigen. En medio de estas agitaciones mi vida me es representada en un cuadro tan admirable, que aunque no pueda discernir nada en particular, me parece no podria soportar su vista largo tiempo, sin morir de dolor, si no me sintiese al mismo tiempo fortificada y rodeada de un poder invisible, que disipa estas furias infernales, las cuales no pretenden otra cosa, que quitarme la paz del corazon, como nuestro Señor me lo ha dado á entender, si no me engaño. Otras veces me viene al pensamiento, que ésta es una falsa paz, que proviene del endurecimiento en que se halla mi corazon insensible á su propia desgracia. Pero ¡ay! mi buena Madre, ¿será posible que este amable Corazon tenga valor de privar al de su indigna esclava de amarle eternamente? Decidme, os suplico, para mi consuelo, lo que os parece (1).»

Lo que es el pecado á los ojos de Dios.

Mi divino Maestro me dió un dia esta leccion: «Sabe, me dijo hablándome de una falta que hice, que soy un Maestro santo, que enseña la santidad. Soy puro, y no puedo sufrir la menor mancha...... Yo te haré ver, que no puedo soportar las almas

_____

(1) Carta xxxvii á la Madre de Saumaise, t. ii, página 117.

tibias y flojas, y que si soy dulce para soportar tus flaquezas, no seré ménos severo. y exacto en corregir y castigar tus infidelidades.» Esto lo he experimentado toda mi vida; porque puedo decir, que no me dejaba pasar la menor falta, donde hubiese siquiera un poco de voluntad ó negligencia, sin que me reprendiese y castigase, aunque siempre con su bondad y misericordia infinita. Confieso, no obstante, que nada me era tan doloroso como verle, por poco que fuese, disgustado conmigo. Todas las otras penas eran nada, comparadas con ésta (1).

Una aparicion de nuestro Señor, cargado con su cruz y todo cubierto de llagas, contribuyó á imprimir más vivamente en el corazon de la Beata el horror al pecado.

«Empecé, dice, á comprender mejor la gravedad del pecado, el cual detestaba tan fuertemente mi corazon, que hubiese querido mil veces mejor precipitarme en el infierno, que cometer uno solo voluntariamente. ¡Oh maldito pecado, cuán detesta-

_____

(1) Vida por ella misma, t. ii, pág. 323.

ble eres por la injuria que haces á mi soberano Bien!....

A la verdad, este amado mio da un terror
tal á mi alma, que querria mejor verla entregada al furor de todas las furias infernales, que manchada con un solo pecado por
pequeño que fuese.

«Por grandes que sean mis faltas, este
único bien de mi alma no me priva jamás
de su divina presencia, segun me lo ha prometido. Pero me la muestra tan terrible
cuando le he desagradado en alguna cosa,
que no hay clase de tormento que no me
fuera más dulce y al cual no me sacrificase
mil veces, ántes que soportar esta divina
presencia y aparecer ante la santidad de
Dios, teniendo el alma manchada con algun
pecado. Hubiese querido ocultarme en este
tiempo y alejarme, pero todos mis esfuerzos
eran inútiles, encontrando en todas partes,
aquello mismo de que huia, con tan terribles tormentos, que me parecia estar en el
purgatorio; puesto que todo sufria en mí,
sin consuelo alguno ni deseo de buscarlo,
lo cual me hacía decir alguna vez en mi
dolorosa amargura: «¡Cuán terrible es caer

en las manos de un Dios vivo!» De esta manera purificaba todas mis faltas, cuando no era bastante pronta y fiel en castigarme yo misma.

«..... Pero ¡ay! ¿qué podré yo sufrir que iguale á la enormidad de mis crímenes, que me tienen continuamente en un abismo de confusion, desde que mi Dios me ha hecho ver la horrible figura de un alma en pecado mortal, y la gravedad del pecado que injuriando á una bondad infinitamente amable, le es en extremo afrentosa? Esto me hace sufrir más que las demás penas, y quisiera con todo mi corazon haber empezado á padecer, todas las debidas á los pecados cometidos, para que me sirviesen de preservativo, y me hubiesen impedido cometerlos áun cuando supiese que mi Dios por su misericordia infinita me los perdonaba, sin que padeciese esas penas (1).»

Acto de puro amor.

«Escuchad ¡oh amable Corazon de mi Se-

---

(1) Vida por ella misma, t. ii, pág. 366, 367 y 368.

ñor Jesucristo! la súplica que os hago y que
os presento, aunque indigna y miserable
pecadora, en la que os pido mi conversion
verdadera. Detesto el pecado con tanto horror, que preferiría mil veces ser abismada
en el infierno, que volver á pecar; y si quereis condenarme á ser abrasada entre llamas, que sean las de vuestro puro amor,
donde me abrase sin reserva. Abismadme
en esta ardiente hoguera en castigo de todas mis perfidias.

Si el exceso de vuestra bondad os incitara
á hacerme aún alguna gracia, no os pido
otra que ese suplicio de amor. Haced, os suplico, que me consuma para ser trasfor-
mada en Vos, y para vengaros de que no
os he amado por amarme desordenada-
mente á mí misma; atravesad mil y mil veces mi inquieto corazon con el dardo de
vuestro puro amor, para que no pueda ya
contener nada terreno ni humano, sino únicamente la plenitud de vuestro amor, que
no me deje ya más libertad que la de amaros, sufriendo y cumpliendo en todo vuestra
santa voluntad. Estas son las gracias que
os pido ¡oh amable Corazon! para mí y para

todos los corazones capaces de amaros, los que os ruego vivan y mueran en este mismo amor (1).» Así sea.

Meditacion.

El preludio y la oracion preparatoria como todos los dias.

Punto 1.° El deífico Corazon de Jesús es la verdadera víctima de amor, sacrificada de continuo para detener la ira de Dios, pronta á descargar sobre el mundo criminal. De continuo se presenta al Padre como el verdadero Cordero de Dios, encargado de borrar los pecados de todos. Pero no se lleva esto á cabo, sin que su sacrificio sea entero y doloroso; para ello empleando el amor que le consume todo su vigor, le impone tormentos tan infinitos, como el mismo amor que se los proporciona, haciéndole beber hasta los heces el cáliz amargo de nuestras tibiezas é ingratitudes. ¡Oh dolorido Corazon de Jesús, será posible que seamos nosotros vuestros verdugos, y que deseando curaros sólo os

(1) Antiguos manuscritos, t. II, pág. 409.

proporcionemos dolor...! Considera pues atentamente, que nada le hiere tanto, como la falta de correspondencia de las almas... Y esto se comprende fácilmente: un Corazon tan sensible y amante, como el de Jesús, verse despreciado...! verse olvidado...! Un corazon que sólo vive de amor, y no recibiendo en cambio más que tibiezas...! Un corazon tan puro y verse cubierto de nuestras infidelidades..! Detente y examina ¿qué eres para el Corazon de Jesús, consuelo ó tormento...?

Punto 2.° Siendo el Corazon deífico de Jesús el manantial de toda pureza, si queremos habitar en Él, nada nos debe mover tanto, como el deseo de ir purificando más y más el alma, de las faltas más ligeras. Es tan odioso á los ojos de este divino Corazon el pecado, por leve que sea, y áun las mismas imperfecciones voluntarias, que Él mismo dijo á la Beata Margarita Maria estas palabras, dignas de profunda meditacion: «Sabe, le dijo un dia, que habia cometido una falta; sabe, que soy santo, y sólo enseño santidad. Soy puro, y no puedo sufrir la menor mancha.. Yo te daré á conocer que no puedo sufrir las almas tíbias y flojas, y que si sufro en paciencia tus flaquezas, corregiré con no ménos justicia y severidad tus infideli-dades.» De esta manera habló el amante Corazon á un alma tan pura, como la Beata Margarita María. ¿Qué debemos esperar nos-otros...? ¿Podrán parecer despues de esto in-significantes y pequeñas tantas y tan rei-teradas faltas...? ¿Se dirá aún que éstas no son de importancia alguna... ¡?Oh justísima justicia y purísima pureza del Corazon de mi Jesús! enseñadme vuestros caminos, y haced que camine sin retroceder por la es-trecha senda de la verdadera mortificacion.

Jaculatoria. Antes morir, Jesús mio, que desagradaros.

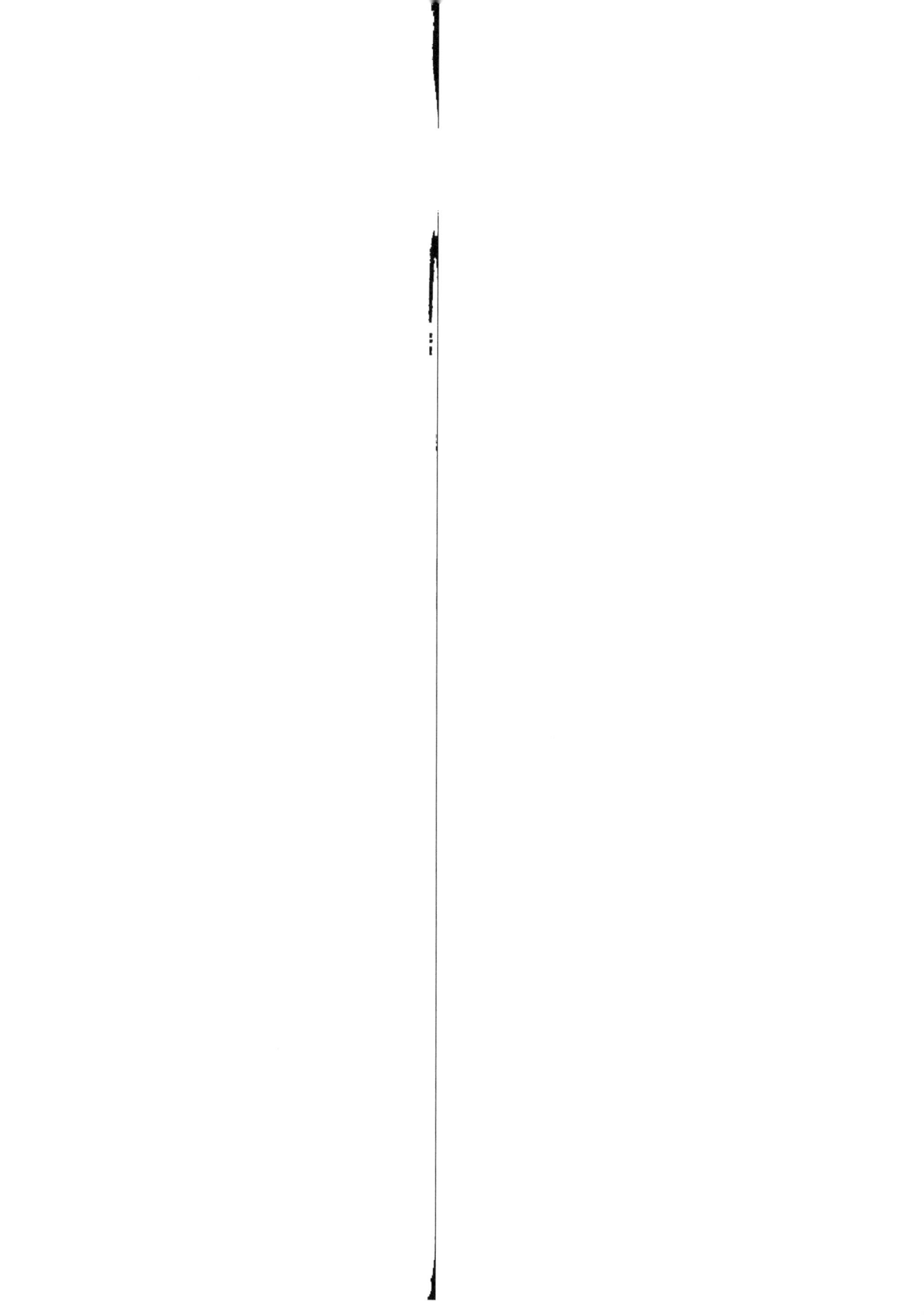

DIA 25.

El amor del Sagrado Corazon inspira el celo de la salvacion de las almas.

Un dia de comunion, en la accion de gracias, sintió la Beata un vivo deseo de hacer alguna cosa por su Dios. Este amado de su alma la dijo interiormente, si no se tendria por feliz en sufrir todas las penas que merecian los pecadores, para que Él fuese glorificado de todas esas almas. «Al mismo tiempo, dice ella, la ofrecí mi alma y todo mi sér en sacrificio, para hacer su santa voluntad, estando contenta con que mis penas durasen hasta el dia del juicio, con tal que Él fuese glorificado (1).

»Mi Soberano me dió á entender, que cuando quisiese abandonar alguna de las almas, por las cuales queria que yo padeciese, me haria soportar el estado de un alma repro-

---

(1) Vida por sus contemporáneas, t. ɪ, pág. 82.

bada, haciéndome sentir la desolacion en
que se encuentra á la hora de la muerte;
jamás he experimentado nada más terrible;
no encuentro términos con qué expresarlo.
Algunas veces con el rostro pegado á la
tierra, le decia: Herid, Dios mio, cortad,
quemad, consumid cuanto os desagrada,
no perdoneis ni mi cuerpo, ni mi carne, ni
mi sangre, con tal de que salveis eternamente esta alma.

»Mi Soberano dueño me ha hecho sentir
varias veces estas diposiciones dolorosas;
entre ellas, habiéndome mostrado una vez
los castigos, que queria ejecutar con algunas almas, me arrojé á sus pies, diciéndole:
«¡Oh Salvador mio! Descargad sobre mí
toda vuestra cólera borrándome del libro de
la vida, ántes que perder á esas almas, que
os han costado tan caras.» Él me respondió:
«Pero si no te aman, y no cesarán de afli-
girte.»—«No importa, Dios mio, con tal que
os amen á Vos; yo no quiero cesar de im-
plorar su perdon.»—«Déjame castigarlas;
no las puedo sufrir más tiempo.» Abrazán-
dole más estrechamente, le dije:—«Nó, Dios
mio; no os dejaré, hasta que las hayais per-

donado.» Él me dijo entónces:—«Yo las perdonaré, con tal que tú respondas por ellas.» —Sí, Dios mio, yo lo haré; pero no os pagaré más que con vuestros propios bienes, que son los tesoros de vuestro Sagrado Corazon.» Con esto quedó satisfecho (1).

«Otra vez me mostró cinco corazones que el suyo amoroso estaba próximo á rechazar, no mirándolos ya sino con horror.

Léjos de desear saber de quienes eran, le pedia no tener conocimiento de ello. No dejaba de derramar lágrimas, diciéndole: «¡Oh Dios mio! Vos podeis destruirme y anonadarme, pero yo no os dejaré, hasta que me hayais concedido la conversion de estos corazones.»

»En otra ocasion, me respondió este divino Salvador : — «Carga tú con ese peso, y participa de las amarguras de mi Corazon; derrama lágrimas de dolor por la ingratitud de estos corazones, que he escogido para consagrarlos á mi amor; de lo contrario, déjalos abismarse en su perdicion, y ven tú á gozar de mis delicias.» Dejando to-

_____

(1) Vida por ella misma, t. ii, págs. 358 y 359.

das las dulzuras, dí rienda suelta á mis lágrimas, sintiéndome cargada con estos corazones, que iban á ser privadosde su amor.
Libre en mi eleccion, y siendo continuamente invitada á gozar del santo amor, me
postré delante de la soberana bondad, pre-
sentándole estos corazones, para que los pe-
netrase con su divino amor. Mucho tuve
que padecer hasta conseguirlo; porque ni
el infierno es más terrible, que el estado de
un corazon, privado del amor de este amado
mio (1).

»Bajo la impresion del ardiente celo que
la abrasaba, exclamaba la Beata: «¡Mi Señor
y mi Dios! Es preciso que alojeis en vuestro
Corazon divino á todas las almas infieles,
para que se justifiquen, y os glorifiquen
eternamente.»

**Fervientes exhortaciones de la Beata para
ayudar á las almas en el gran negocio
de la salvacion.**

«.....Acordaos, escribia á un alma que re-

---

(1) Vida por sus contemporáneas, t. i, pág. 105.

sistia á la gracia, que teneis un Esposo celoso, que quiere en absoluto vuestro corazon, ó de lo contrario no le quiere. Si no arrojais de él á las criaturas, Él saldrá; si no las dejais, si no dejais su amor, Jesús os quitará el suyo. No hay término medio: Él quiere ó todo ó nada. Su corazon merece bien el vuestro. ¿No os llenais de confusion al disputarle un bien que le pertenece? En verdad, no sé cómo no se ha cansado de vuestras resistencias; es preciso que os tenga un grande amor. Os digo esto, como á mi querida amiga en el Sagrado Corazon de Jesucristo, á fin de que veleis sobre vosotras y seais más fiel en adelante á los movimientos de la gracia (1).»

A otra:

«.....Vuestro corazon tiene demasiada expansion con las criaturas, y se fija más en ellas que en el Criador.

»El amor de las criaturas es un veneno que mata en vuestro corazon el amor de Jesucristo; cuando buscais el afecto de las criaturas y quereis ganar su gracia, per-

_____

(1) Instrucciones, t. ii, pág. 411.

deis la del Sagrado Corazon, que á medida
que os enriqueceis de los bienes criados, os
empobrece de sus tesoros.... Los contentos
humanos agotarán para vosotros el manantial de las gracias del Corazon de Jesús, y
el vuestro se mantendrá como una tierra
árida, seca y estéril.

»No disputeis más con la gracia, os lo
suplico, por el amor del Sagrado Corazon de
nuestro Señor Jesucristo...; porque es preciso no hacerse ilusiones: esta gracia que
nos insta ahora tan vivamente, se debilitará
poco á poco, se apartará de nosotros, deján-
donos frios é insensibles para nuestro propio mal. En vano más tarde la buscaremos
y pediremos; el Sagrado Corazon de Jesús
se desentenderá de nosotros, como nosotros
nos desentendimos de su gracia. ¡Dios nos
libre de esta desgracia! Os digo esto, para
que vivais prevenida, y no os suceda jamás.
Recordad frecuentemente estas palabras:
«Si oís hoy la voz del Señor, no endurezcais
vuestro corazon.»

«.....No tenemos necesidad de médico si
no queremos curarnos, ó usar de los remedios que nos ordena, ni abstenernos de lo

que nos hace enfermar. Pero como el mal, una vez conocido, está medio curado, no es necesario más que decir de veras: «Yo lo quiero», y todo irá bien. En fin, se trata de la salvacion de vuestra alma, muy querida de nuestro Señor Jesucristo, y por la cual puedo aseguraros no hay nada que yo no quisiese hacer ó sufrir, fuera del pecado, por dársela toda á Aquel, que la ha criado para su gloria. Pero nadie puede trabajar en esto mejor que vosotros, sirviéndoos de las luces que os dá, para obrar el bien y evitar el mal.

»El amor divino es suficiente para impedirnos hacer cosa alguna, que pueda desagradar al amado de nuestras almas; pues yo no puedo comprender, cómo un corazon que es de Dios, y que le quiere amar verdaderamente, pueda ofenderle con deliberacion. Os aseguro que las faltas voluntarias me son insoportables, porque hieren al Corazon de Dios. Guardaos bien de cometerlas, yo os lo suplico, porque os privan de muchas gracias, cuya pérdida enfria vuestro corazon y debilita mucho vuestra alma en el camino de la perfeccion.

... ¡Ay, si pudiésemos comprender el gran

perjuicio que hacemos á nuestra pobre alma, privándola de tantas gracias, y exponiéndola á un peligro tan evidente con estas frecuentes caidas voluntarias, que la hacen perder la amistad de Dios, el cual no puede oirla, ni áun á los que piden por ella, porque ella rehusa escucharle, y convertirse toda á Él! La cierra la puerta de su Corazon Sagrado, porque ella le ha echado del suyo. Aprovechémonos del tiempo que nos concede, y no nos detengamos más.

«¡Oh qué penas se atrae el siervo, que conociendo la voluntad de su dueño, no la sigue! Espero que vuestro buen corazon no echará en olvido esto, á fin de no aventurar la corona que os está preparada, y de no privaros de tantas gracias, de las que no cesareis de dárselas á Dios en la hora de la muerte, la cual no está tan léjos como pensamos (1).»

Aspiracion sublime de la Beata.

«Yo no sé si me engaño, pero me parece

_____

(1) Instrucciones y cartas, t. ii, págs. 397 y 409.

que mi mayor placer sería amar á mi amable Salvador con un amor tan ardiente, como es el de los Serafines; sin que me importase, segun creo, que fuese en el mismo infierno, donde así le amase. El pensamiento de que hay un lugar en el mundo, donde durante toda una eternidad, un número infinito de almas, resucitadas con la sangre preciosa de Jesucristo, no amarán de modo alguno á este amable Redentor; este pensamiento, repito, me aflige algunas veces con exceso. Yo quisiera, divino Salvador mio, si fuese vuestra voluntad, padecer todos los tormentos del infierno, con tal de amaros tanto, como os hubiesen amado en el cielo todos los desgraciados, que sufrirán siempre, y que no os amarán jamás (1).»

Aspiraciones de amor hácia el Corazon de Jesús.

«¡Oh amorosísimo Corazon del único amor mio Jesús! No pudiendo amaros, honraros y glorificaros, segun la extension del deseo

(1) Carta cxxviii al P. Rolin, t. ii, pág. 280.

que me dais, yo convido al cielo y á la tierra
para que lo hagan por mí; y me uno á los
ardientes Serafines para amaros. ¡Oh Corazon abrasado de amor! ¿Por qué no infla-
mais el cielo y la tierra con vuestras puras
llamas, y consumiendo cuanto encierran,
haceis que todas las criaturas no respiren
más que vuestro amor? Haced que ó sufra ó
muera, ó á lo ménos hacedme toda corazon,
para que os ame y me consuma en vuestros
ricos ardores. ¡Oh fuego divino, oh llamas
purísimas del Corazon de mi único amor
Jesús! ¡Abrasadme sin piedad, consumidme
sin resistencia! ¡Ay! ¿Por qué no lo haceis,
puesto que no merezco más que el fuego,
ni sirvo más que para ser quemada? ¡Oh
amor del cielo y de la tierra, venid todo
sobre mi corazon, para reducirle á cenizas!
¡Oh fuego devorador de la divinidad, venid,
venid, caed sobre mí! Abrasadme, consumidme en medio de vuestras llamas vivas,
que dan la vida á los que mueren (1).»
Así sea.

_____

(1)   Antiguos manuscritos, t. II, pág. 497.

Meditacion.

El preludio y la oracion preparatoria como todos los dias.

Punto 1.º Nada hay más general en el mundo, que las miras interesadas de cada uno; el egoismo tiene asentado su trono, (¡quién lo creyera!) áun en las mismas almas que por deber y obligacion están llamadas á olvidarse de sí, para mirar y atender por los intereses de los prójimos, que son por lo tanto, los intereses de Dios. ¡Cuántos y cuántos no se ven, que ocupados únicamente en su propio aprovechamiento, parece como que olvidan, que Cristo Jesús dió su vida por todos sus hermanos; y que su Corazon, oprimido con agonías de muerte, derramó por todos ellos, hasta la última gota de su sangre, que encerraba su Corazon deífico! ¿Cuántas almas se abrasan hoy en este celo? ¡Oh, y cómo sufre el Sagrado Corazon de Jesús, por esta falta de celo! ¡y qué quejas tan amargas le arranca esa incredulidad de los hombres, hácia sus intereses más queridos, que son las almas..! Y á veces ¡qué sangre brota de su Corazon dolorido por la herida, que le abre la indiferencia por la salvacion de las mismas....! ¡Oh divino y amante Corazon! yo os consolaré, yo os aliviaré, rodeando vuestro deífico Corazon de la aureola que más le agrada, de almas amantes, aunque para ganároslas, tuviese yo que poner á riesgo mi vida.

Punto 2.° ¡Cuánto desea el divino Corazon encontrar almas generosas, que detengan el brazo de la justicia de Dios, para que perdone y tenga misericordia! Claramente nos lo descubre en una de esas comunicaciones íntimas y amorosas, que tenía con su esposa predilecta, Margarita María de Alacoque. «Un dia, dice, me enseñó nuestro Señor unos corazones, que estaba pronto á desechar por sus infidelidades y me dijo: Recibe esta carga y participa de las amarguras de mi Corazon, derrama dolorosas lágrimas sobre la ingratitud de estos corazones que escogí, para que estuviesen consagrados á mi amor: ó si no, déjalos que se pierdan en su desdicha, y ven á gozar de mis delicias.» Pero dejando, prosigue la Beata, todas las dulzuras, dejé correr mis lágrimas, sintiéndome como cargada de esos corazones, que iban á ser privados de amor, y aunque continuamente me sentia invitada, á ir á gozar del santo amor, postrándome ante su divina bondad, le presenté esos corazones para que los abrasase en caridad; pero mucho tuvo que padecer para conseguirlo, y el infierno no es más horrible, que un corazon privado del amor de mi Jesús..! Saca de esto la consecuencia, alma cristiana, de lo mucho que puedes hacer por glorificar al Sagrado Corazon, y piensa si no has dado lugar, por tu indiferencia, á algunas de las quejas que sin cesar se escapan de su Corazon..... ¿Qué quieres hacer en el porvenir....? ¡Oh mi Jesús! desde ahora encontrareis en mí, un celoso propagador de vuestras glorias, y un generoso y fiel amigo en quien depositeis vuestras penas. Desde ahora, trataré por todos los medios posibles de ganaros almas, para colocarlas como trofeo de vuestra victoria, en el altar de vuestro propio Corazon.

Jaculatoria. ¡Oh Corazon abrasado de amor; ojalá encendiéseis la tierra en vuestras purísimas llamas, para que se abrasasen en ellas las criaturas todas!

DIA 26.

Las almas del purgatorio desean con ardor el aumento de la devocion al Sagrado Corazon, como un soberano remedio á sus sufrimientos.

¡«Si supiéseis, escribe la Beata, el ardor con que las pobres almas del purgatorio piden este nuevo remedio, tan consolador para sus sufrimientos! así es que ellas reclaman de los vivos la devocion al divino Corazon, y sobre todo, el sacrificio de la misa en honor suyo.

Hablando de sí misma la Beata, añade: «El Sagrado Corazon de Jesús cede algunas veces el mérito satisfactorio de la misa á las almas del purgatorio, para que las ayude á satisfacer á la divina justicia; durante este tiempo, padezco una pena, parecida á la suya, no hallando descanso ni de dia ni de noche.

»Una noche de Jueves Santo que tuve

licencia para pasarla delante del Santísimo Sacramento, estuve una parte de ella rodeada de estas pobres almas, con las cuales he contraido una estrecha amistad; y nuestro Señor me dijo, que me diése á ellas por todo el año, para que las hiciese, cuanto bien pudiese. Desde entónces están frecuentemente conmigo, y no las doy otro nombre, que el de mis amigas en pena.

»!Si supiéseis, escribe tambien, el dolor de esta alma en particular....! no se puede expresar. ¡Ay! dadme algunas gotas de agua, para refrigerarla; porque me abraso con ella, y no sé cómo aliviarla (1).»

Ejemplos propios para servir de instruccion á las gentes del mundo y á las almas consagradas á Dios.

Leemos en las memorias de las contemporáneas (2):

» Pidiendo por dos personas que habian

_____

(1) Cartas LXXXVII, XX, XXI, á la Madre de Saumaise, págs. 178, 40 y 42.

(2) Tomo I, págs. 274 y 277.

sido de alta consideracion en el mundo, le fué mostrada la una, sentenciada por largos años á las penas del purgatorio; todas las oraciones y sufragios que se hacian por ella, eran aplicados por la divina justicia, á las almas de algunos miembros de su familia, que se habian arruinado por su falta de caridad y de justicia para con ellos: y como no les habia quedado nada, para que las hiciesen sufragios despues de su muerte, nuestro Señor, lo suplia del modo que acabo de decir.

La otra estaba en el purgatorio por tantos años, como dias habia vivido sobre la tierra. Nuestro Señor dió á conocer á nuestra querida hermana, que entre todas las buenas obras, que esta persona habia hecho, la de mayor agrado suyo era un particular cuidado, con que habia sabido y logrado rendir su juicio, y mostrarse dulce y amable en algunas humillaciones, que habia tenido que padecer en el mundo; las que habia sufrido con un espíritu cristiano, no solamente sin quejarse, pero áun sin hablar de ello.»

Una religiosa que hacía largo tiempo habia fallecido, vino á reclamar el socorro de las oraciones de la Beata, segun lo cuenta ella misma: «Pedid á Dios por mí, la decia, ofrecedle vuestros sufrimientos, unidos á los de Jesucristo, para aliviar los mios!.... Miradme acostada en un lecho de llamas, donde padezco dolores intolerables.» Y me mostraba este horrible lecho, que me estremece sólo recordarle, pues tenía la parte de encima, cuajada de agudas puntas, que ardiendo todas, se la introducian en la carne; me dijo que padecia este tormento, por su pereza y negligencia en la observancia de sus reglas y sus infidelidades con Dios. «Me desgarran el corazon, me dijo, con peines de acero ardiendo, lo que me causa el más cruel dolor, por haberme detenido en pensamientos de murmuracion y desaprobacion contra mis superiores. Mi lengua es comida de los gusanos, en castigo de mis palabras contra la caridad; y ved mi boca toda ulcerada, por mis faltas de silencio. ¡Ay! ¡cómo quisiera que todas las almas consagradas á Dios, pudiesen verme en este horrible tormento! Si yo pudiese hacerlas comprender la intensidad de mis penas, y las que hay preparadas para aquellas que viven con negligencia en su vocacion, seguramente caminarian con más ardor por la senda de la santa observancia, y se guardarian de caer en las faltas, que me hacen á mí padecer tanto.» Todo esto me hacía anegar en lágrimas.

«Nadie, añadia, se acuerda de aliviar mis penas. ¡Ay! un dia de exactitud en el silencio de toda la Comunidad, curaria mi boca ulcerada. Otro, pasado en la práctica de la caridad, sin hacer falta alguna contra esta virtud, curaria mi lengua. Otro, sin hacer falta alguna de murmuracion, ni desaprobacion, curaría mi desgarrado corazon.»

Otras veces la Beata gozó de la aparicion de almas, libradas por el socorro de sus oraciones y penitencias: Ved aquí lo que escribia á la Madre de Saumaise:

«Mi alma se halla penetrada de una tan grande alegría, que apénas puedo contenerla en mí misma: Permitidme, mi buena Madre, la comunique con vuestro corazon, que no forma más que uno con el mio, en el de nuestro Señor Jesucristo. Esta mañana, domingo del Buen Pastor, dos de mis buenas amigas, han venido al despertar, á decirme adios, porque hoy el Soberano Pastor las recibia en su rebaño eterno, con más de un millon de otras, en compañía de las cuales, se iban entre cantos de alegría inexplicable. Una de ellas me decia y repetia sin cesar estas palabras: «¡El amor triunfa, el amor goza, el amor en Dios se regocija!» La otra decia: «¡Bienaventurados los muertos que mueren en el Señor, y las religiosas que viven y mueren en la exacta observancia de sus reglas!» Quieren que os diga de su parte, que la muerte puede separar á los amigos, pero no desunirlos.

«¡Si supiéseis los trasportes de alegría que ha sentido mi alma!»

Al hablarlas las veia anegarse y abismarse en la gloria, como una persona que se anega en un vasto océano. Os piden un *Tedeum*... un *Laudate*... y un *Gloria patri*... á la Santísima Trinidad, en accion de gracias. Al suplicarlas yo, que se acordasen de nosotras, me han dicho por despedida estas palabras: «que la ingratitud no ha entrado nunca en el Cielo (1).»

_____

(1) Carta XXI, á la Madre de Saumaise. t. II, pág. 41.

La Beata enseña el medio de aliviar á sus buenas amigas, que penan en el purgatorio.

En varios párrafos de las cartas de la Beata se vé su celo, expresado por estas palabras :

«...Os estoy más obligada verdaderamente por el bien que habeis procurado á mis buenas amigas, que padecen en el purgatorio, que si me le hubiéseis hecho á mí misma.

»...Espero que no me negareis el favor, de procurar á ese difunto quince misas en honor del Sagrado Corazon de nuestro Señor; si así lo haceis, creo tendreis en él un poderoso abogado para vosotros, y para toda vuestra familia.»

Realizado este deseo de la Beata, escribe en seguida:

«Os doy gracias en nombre de esta pobre alma por las quince misas que habeis hecho decir, creyéndola ya muy rica de gloria en el cielo, desde allí pagará vuestra caridad.»

La Beata enseñaba tambien á dirigirse á

Jesús Sacramentado en favor de estas pobres almas: «pues como su amor le tiene cautivo en el Sacramento de su amor, por el mérito de esta cautividad, decia, le pedireis la libertad de estas pobres prisioneras del purgatorio (1). »

Otras veces insinuaba que se hiciesen por ellas diversos actos de virtud, como por ejemplo:

«Actos de pureza de intencion. Los ofrecereis á Dios para satisfacer á su justicia, supliendo con la pureza del Sagrado Corazon, la falta de pureza de intencion que tuvieron estas pobres almas, y que las hace padecer ahora.

»Actos de silencio interior, los que unireis al de Jesús en el Santísimo Sacramento, ofreciéndole todos los santos sacrificios que se celebran en la Santa Iglesia, suplicando á vuestros buenos ángeles los oigan y ofrezcan á Dios, para apaciguar su justicia.

»Actos de humildad, para reparar las principales humillaciones que el Corazon de

---

(1) Diversos escritos, t. ii, pág. 469.

Jesús tuvo en su Pasion. Otros de caridad, que unireis á la ardiente caridad del Sagrado Corazon, para satisfacer por las faltas de estas pobres almas que padecen en ese lugar.

»Actos de amor de Dios, de atencion á la presencia de Dios, de mortificacion, de dulzura y condescendencia por las mismas intenciones.

»Siendo el orgullo el que ocasiona mayores deudas, hareis todos los actos de humildad que podais. Los unireis á los del Divino Corazon, para pagar por esas pobres almas afligidas, á quienes alivian mucho en sus penas las comuniones espirituales, que reparan el mal uso que hicieron ellas de las sacramentales.

»Por la noche, acompañadas del Sagrado Corazon, dareis una vueltecita por el purgatorio y aplicareis y consagrareis á este Corazon cuanto hayais hecho en el dia, suplicándole aplique sus méritos á esas santas y afligidas almas. Al mismo tiempo, las pedireis, que empleen su poder, para obtenernos la gracia de vivir y morir en el amor y fidelidad al Sagrado Corazon de nuestro

Señor Jesucristo, correspondiendo sin resistencia á sus designios (1). »

Si pudiéseis librar á alguna de esas pobres prisioneras, seríais muy felices, porque tendríais una abogada en el cielo, que se interesase por vuestra salvacion.

Oracion al Corazon de Jesús por toda clase de necesidades.

Hacedme sentir vuestro poder, ¡oh amable Corazon de Jesús! y á todos los corazones capaces de amaros; á mis parientes, amigos y á cuantos se han encomendado á mis oraciones ó piden por mí, y á cuantos tengo obligacion de pedir. Asistidlos, os suplico, segun sus necesidades. ¡Oh Corazon lleno de caridad, ablandad los corazones endurecidos, y aliviad á las almas del purgatorio! Sed el asilo seguro de los que están en la agonía; y el consuelo de todos los afligidos y necesitados. En fin, ¡oh Corazon de amor! sed mi todo en todas las cosas; pero

_____

(1) Instrucciones y escritos diversos, t. ii, páginas 440, 449 y 441.

sobre todo, en la hora de la muerte, sed el seguro refugio de mi alma angustiada.»

En aquel momento, recibidla en el seno de vuestra misericordia. Así sea (1).

Meditacion.

El preludio y la oracion preparatoria como todos los dias.

Punto 1.º Es la fidelidad en las cosas menudas, y pequeñas, uno de los principales caractéres del amor. En efecto, ser cuidadoso en el cumplimiento de los deberes principales, todos aquellos que deseen verdaderamente salvarse, no es raro, sino ordinario: pero andar con igual esmero y atencion en las cosas pequeñas, é insignificantes en la apariencia, eso encierra grande amor, bajo tan pequeño exterior. Y ¿quién mejor, que el divino Corazon de Jesús nos dará admirables y elocuentes lecciones en esta ciencia, tan sencilla y desconocida al mismo tiempo? ¡Ah! que si Él rige el mundo todo, con el brazo de su omnipotencia, si go-

---

(1) **Antiguos manuscritos,** t. ii, pág. 499.

bierna á las naciones, y tiene en sus manos el corazon de los reyes; si dirige el curso y las revoluciones de los astros; y si mantiene este admirable concierto en el universo, con solo el soplo de su poder; Él que obra maravillas tan grandes en las almas, no por eso deja de ocuparse con igual atencion y cuidado áun de las cosas más pequeñas, y del último de los seres de este mundo. Y si su Corazon con solo un latido de su amor, da vida á todos los corazones amantes, sabe atender al suspiro, áun contenido en el pulso de la más pobre de las criaturas. ¡Él acecha con vigilante fidelidad las necesidades, los ruegos y los deseos de sus pobrecitos hermanos; Él recoge con cuidadoso amor la lágrima que brota del corazon arrepentido, y depositándola en el suyo, dale sus propios méritos, que le merecen el perdon, para poder decir al Padre, que le entrega los que le encomendó, sin que por su culpa se haya perdido ninguno! ¡Oh fidelidad, del Corazon deífico de Jesús, cuánta es la correspondencia, que pides del corazon de aquellos, por quienes tanto haces! ¡Oh Jesús! ¿cuál ha sido hasta ahora mi fidelidad en mostraros mi

amor en las cosas grandes y tambien pequeñas? Desde ahora, Corazon amante, seré
más vigilante y cuidadoso, para corresponderos agradecido.

Punto 2.º Si el Corazon deífico es fiel en
atender á las almas, hasta en sus menores
necesidades, no exige con ménos rigor, la
correspondencia, que se le debe por tantos
títulos. ¡Ah! que si pensásemos atentamente
en las consecuencias, que han de tener nuestras faltas de fidelidad en las cosas pequeñas ¿con qué atencion y cuidado no las evi-
taríamos? Sepámonos aprovechar de las
lecciones, que quiere dar para nuestro provecho el divino Corazon de Jesús en este
mes consagrado á su culto; y estas lecciones nos las da, por medio de la Beata Margarita María: «Un dia, dice, vino á reclamar
mis oraciones una religiosa, difunta hacía
tiempo, diciéndome: Rogad á Dios por mí, y
ofrecedle vuestros sufrimientos en union con
los de Jesucristo, para aliviar los mios....
Miradme, echada en este lecho de llamas,
donde sufro tormentos intolerables. Y ense-
ñándome, prosigue la Beata, el horrible instrumento de su suplicio, me dijo que era

castigo, de su pereza y negligencia, en la observancia de las reglas y por sus infidelidades á Dios. Me desgarran el corazon, añadió, con peines de hierro, por mis pensamientos de murmuracion contra la superiora. Mi lengua roida está por gusanos, por mis palabras contra la caridad, y tengo la boca ulcerada por mis faltas de silencio. ¡Ay! ¡si pudiese yo mostrar mis penas á todas las almas religiosas, y manifestar los suplicios que aguardan á los que viven con negligencia en su vocacion, cierto que caminarian con mayor ardor en la santa observancia!... Hasta aquí la relacion de la Beata Margarita María. ¿Seguiremos despues de estas palabras, teniendo por pequeñas cosas, que merecen castigos tan terribles?.... ¿Seguiremos contristando al divino Corazon de Jesús con nuestras resistencias é infidelidades?.... ¡Hasta cuándo, Jesús, hasta cuándo estareis llamando á nuestros corazones! Basta ya, Corazon amante, de resistencia; quiero seros fiel y constante hasta la muerte.

Jaculatoria. ¡Oh Corazon dulcísimo de Jesús, no useis conmigo de justicia, sino de misericordia!

DIA 27.

Amar padeciendo, es toda la ciencia del alma que quiere conformarse con Jesucristo.

¡Si supiéseis las instancias que me hace mi Soberano para que le ame con un amor conforme á su vida de sufrimiento!

Nada nos une tanto con el Sagrado Corazon de Jesús, como la cruz, que es la prenda más preciosa de su amor.

El mayor bien que debemos anhelar, es el de ser conformes á Jesucristo en padecer, y debemos tan sólo desear la vida, por tener la dicha de sufrir por amor, pero nunca debemos elegir la clase de sufrimientos.

Procuremos no tener más reflexiones, que aquellas que nos enseñen á llevar bien nuestras cruces con un silencio amoroso; porque la cruz es un precioso tesoro que debemos tener oculto, para que no nos sea arrebatado. No encuentro nada que más dulcifique la amargura de la vida, como amar siempre padeciendo. Suframos pues, amorosamente sin quejarnos, y tengamos por perdidos los momentos pasados sin padecer.

¡Dios mio! si supiésemos cuanto perdemos con no aprovecharnos de las ocasiones de sufrimiento, estaríamos más atentas, para no perder un solo momento de sufrir. Es preciso no hacerse ilusiones; si no nos aprovechamos mejor de las penas, humillaciones y contradicciones, perderemos las gracias del Sagrado Corazon de nuestro Señor Jesucristo, que quiere consideremos como nuestros mejores amigos y bienhechores, á todos aquellos que nos hacen sufrir, ó nos proporcionan alguna ocasion de padecer.

¡Oh, cuán buena es la cruz en todo tiempo, en todo lugar!... Abracémosla con amor, sin preocuparnos de qué clase de madera está hecha, ni con qué instrumento fué fabricada.

Debe bastarnos que es cruz, y que nos es presentada de parte del Sagrado Corazon de nuestro Señor.

No estudiemos en la escuela del Sagrado

Corazon otra ciencia, que la del amar y sufrir por el amor de aquel, que tanto amó la Cruz por nuestro amor, que quiso morir entre sus brazos; y cuando hayamos adquirido esta ciencia con toda perfeccion, sabremos y haremos todo cuanto Dios desea de nosotros.

Esto no quiere decir que pidamos los sufrimientos, porque lo más perfecto es, nada pedir, nada rehusar ; sino abandonarse al puro amor, para dejarnos crucificar y consumir, segun su deseo.

Me preguntais qué misterio de los de la Pasion amo más; os digo sencillamente, que la crucifixion; manteniéndome con la Vírgen Santísima al pié de la Cruz, y bajo de sus piés, para unirme á cuanto hizo y padeció por nosotros nuestro Señor.

Escribiendo á su hermano, cura del Bosque de Santa María, la Beata le dice: «Ayudadme con vuestros sacrificios, para que aprenda á sufrir bien, puesto que creo que esto es cuanto Dios quiere de mí; que le ame padeciendo, y que no me ha puesto en el mundo más que para esto; así es, que no estoy ni un momento sin sufrir, sin que por esto me canse, pues su misericordia hace, que cada vez esté más ansiosa de su cruz (1).

La Cruz es un magnífico obsequio de las tres divinas Personas.

«Mi divino Esposo, prodigándome siempre sus gracias, añadió esta más : Se me representaron las tres adorables personas de la Santísima Trinidad y llenaron mi alma de grandes consuelos. Yo no puedo expresar lo que sucedió, pero sé, que el Eterno Padre me ofreció una Cruz erizada de espinas, y acompañada de todos los instrumentos de la Pasion, y me dijo : Ten, hija mia, te hago el mismo obsequio que á mi muy amado Hijo.—Y yo, me dijo Jesucristo, te crucificaré en ella como yo lo estuve y te haré fiel compañía.» La persona adorable del Espíritu Santo me dijo, que siendo todo amor, me consumiria purificándome. «Se me aparecieron bajo la figura de tres hombres vestidos de blanco, todos resplan-

---

(1) Cartas x, xcii, lxxxvi, xcii, t. ii, páginas 18, 185. 174, 185 y 205.

decientes de luz y con la misma grandeza
y belleza. Mi alma fué inundada de una
paz y alegría inconcebibles. La impresion
que causaron en mí estas tres divinas personas, no se borrará de mi mente jamás (1).»

La Beata alienta á las almas, que se hallan bajo el peso de la Cruz.

Encomendándoos al Señor, escribia á un
alma probada, me ha venido este pensamiento: «Que sea fiel en su camino, sufrién-
dolo todo sin quejarse; puesto que no puede
ser del número de las perfectas amigas de
mi Corazon, sin ser ántes probada y puri-
ficada en el crisol del sufrimiento. Sufrid,
pues, y contentaos con el agrado divino, al
cual debeis estar siempre inmolada y sacrificada con una firme esperanza y confianza,
de que el Sagrado Corazon no os abandonará; porque está más cerca de vosotros
cuando sufrís, que cuando gozais.»

A otras escribia: Se nos ha dado la vida
para sufrir, y se nos dará la eternidad para
gozar.

----

(1) Vida por sus contemporáneas, t. ii, pág. 80.

«La cruz es la herencia de los elegidos en esta vida.

»Aunque Dios quiera salvarnos, es preciso que contribuyamos de nuestra parte; de otro modo no hará nada sin nosotros. Ved por,qué es preciso rosolverse á sufrir. Este es el tiempo de sembrar con fruto, para recoger una cosecha abundante en la eter_nidad. No os desanimeis; vuestras penas, padecidas con paciencia, valen mil veces más, que toda otra austeridad (1).

»Os afligís de vuestras penas interiores, y yo os aseguro que de aquí debeis sacar vuestro mayor consuelo, con tal que las sufrais con paz, sumision y abandono al Sagrado Corazon de nuestro Señor, que no nos las dá más que por el exceso del amor que nos tiene, el cual quiere que conozcais, para que podais agradecerlo. Primeramente pretende de vosotros purificaros por medio de estas penas, de los afectos que habeis tenido por las criaturas contrarios á la pureza de su divino amor. Además, quiere haceros merecer la corona, que os ha destinado, al

_____

(1) Instrucciones, cartas, t. ii, págs. 377, 195 y 245.

daros esa pequeña parte de las amarguras, que sufrió durante toda su vida mortal; y sois bien dichosa, sean cuales fuesen vuestras penas, en tener esta conformidad con Él.

» Hay que añadir que las dulzuras interiores, no producen en nosotros más que vanos entretenimientos y complacencias, y nunca un amor puro y sólido. Mirad, pues, si le estais obligados por usar esta conducta con vosotros.

»Las penas interiores, recibidas con amor, se asemejan á un fuego que purifica y va consumiendo insensiblemente en el alma, todo lo que desagrada al divino Esposo ; así que estoy segura, que los que las han experimentado, confesarán que se adelanta mucho con ellas, sin advertirlo. De tal suerte esto es así, que si se nos diese á elegir, un alma fiel no reflexionaria siquiera, sino que abrazaria presurosamente esta querida cruz, aunque no hallásemos en ella más ventajas que la de hacernos conformes á nuestro Señor crucificado ; pudiendo asegurar que se sufre más por poco amor que se tenga, al verse en medio de las dulzuras, y por consiguiente léjos de Aquel, que por nuestro amor se ha cargado de afrentas y de sufrimientos por nosotros, que viéndose conformes á Él; si no nos sucede esto, digamos más bien que no le amamos, y que nos amamos más á nosotros mismos, porque el amor no puede sufrir la desemejanza en los amantes, y no halla descanso hasta que hace al amante conforme al objeto amado; de otra suerte, no llegarian nunca á esa union, que requiere la conformidad (1).

»El amable Corazon de Jesús, mortifica y vivifica cuando y conforme le agrada, sin que nos sea lícito preguntar el por qué. Debe bastarnos que Él lo hace, porque así le agrada, y someternos amorosamente; besando la mano que nos hiere, separándonos de las personas, que nos son más queridas, con el fin de que seamos más completas y únicamente suyas (2).

» Dios nos despoja de todos estos consuelos y apoyos humanos, porque quiere ser

---

(1) Vida por su contemporáneas, t. ı, pág. 112.

(2) Carta cxııı á la Hermana Dubuysson, t. ıı, página 239.

Él mismo el único y verdadero amigo de vuestro corazon, que quiere poseer Él solo, sin mezcla ni obstáculo.

Para seros todo en todas las cosas, no quiere que tengais más apoyo que Él; ¡Su santo Nombre sea bendito! ¡Hágase su santa voluntad! ¡Basta de miramientos sobre nosotros mismos! sufrir ó gozar, todo debe sernos indiferente, con tal que se cumpla, lo que agrada al divino Corazon.

»Amar y sufrir en silencio, es el secreto de los amantes de Jesucristo (1).

Oracion á nuestro Señor como médico Todopoderoso.

»¡Oh Jesús amor mio! en memoria del sacrificio que hicísteis de Vos mismo sobre la cruz, y que haceis ahora en el Santísimo Sacramento, os suplico acepteis el que os hago de todo mi ser, inmolado y sacrificado á vuestros adorables designios y á vuestra voluntad. Recibidme en espíritu de penitencia y de sacrificio. ¡Oh médico celestial

---

(1) Instrucciones, cartas, t. ii, págs. 377 y 165.

de mi alma, y soberano remedio de mis males! yo me presento á Vos como un enfermo
deshauciado por todos, ménos por vuestro
adorable Corazon, que es el único que co-
noce mis males y que puede curarlos. Esto
es lo que deseo de Vos y lo espero de vuestra bondad, puesto que os habeis hecho un
remediador universal en este Sacramento.
Mi frialdad en vuestro amor ha sido la causa
de todas mis enfermedades; pero podeis, si
quereis, curarme, porque estoy pronta á sufrir todo por conseguirlo. Cortad, quemad,
destruid; con tal de amaros y salvarme,
me someto á todo. Por mi parte estoy dispuesta, á emplear el hierro y el fuego, por
una entera mortificacion y crucifixion de
mí misma, para curar las heridas, que el
orgullo y el amor propio han causado á mi
alma.

»¡Oh mi caritativo médico! tened piedad
de mis debilidades, y libradme de ellas por
la gloria de vuestro nombre. Así sea (1).»

_____

(1) Antiguos manuscritos, t. ii, pág. 494.

Meditacion.

El preludio y la oracion preparatoria como todos los dias.

Punto 1.º Hay una ciencia admirable, desconocida para el mundo, hasta que vino á él el Hijo de Dios eterno, y tomando un Corazon á semejanza del nuestro, encierra en Él por su union con el Verbo los misterios más ocultos y más altos á la vez. Esta enseñanza tan nueva y desconocida, hasta que Cristo Jesús nos la dió en su Corazon Sagrado, es la de padecer en el silencio más profundo. El dolor entró en el mundo con el pecado, por lo tanto poco estuvo este sin ser la mansion de los trabajos; pero los hombres han huido siempre, de todo lo que pudiera tener sombra de padecer, y han tratado por cuantos medios han podido, de mitigar y aliviar sus congojas, si ya no de otro modo, al ménos buscando compasion. Sólo el Corazon deífico de Jesús ama, y gusta de padecer en el silencio y en la soledad; quiere darnos ejemplo, para que á su semejanza, no vayamos á mendigar consuelos, y sepamos ocultar nuestras penas en la soledad de su Corazon. Es tanto lo que le agrada ese padecer en silencio y olvido de todo consuelo, que si bien exteriormente ha querido manifestar algunos de sus trabajos, ha guardado los más dolorosos y delicados para su interior; de suerte que la mayoría de las almas, ignorarán toda la intensidad de ellos; y áun las mismas escogidas para penetrar en sus dolores, algo verán, sí, algo les manifestará; ¿quién lo duda? pero excederá infinitamente lo que ignoran, á lo que ven y comprenden. Hasta este extremo llega el amor del Corazon de Jesús por padecer en silencio y sin alivio. Detente y considera atentamente lo que encierra esta leccion que nos dá hoy ese divino Corazon.... Busca corazones que se le asemejen, de ellos quiere formar en torno de su Corazon una diadema de gloria; ¿puede contar con el tuyo..? ¡Oh Jesús! yo os lo entrego: ahí le teneis, contad con él, seguro de que en adelante os imitará en ese silencio de amoroso padecer.

Punto 2.º Cuanto aprecia Dios la cruz, nos lo manifiesta hoy la Beata Margarita

María: «Un dia, dice, se me presentaron las tres divinas personas de la Santísima Trinidad, dando grandísimos consuelos á mi alma. Difícilmente explicaré lo que por mí pasó; solo diré que presentándome el Padre una cruz grande, toda erizada de espinas, rodeada de todos los instrumentos de la pasion, díjome : «Toma, hija mia, te hago el mismo presente que hice á mi Hijo muy amado. Y yo, dijo Jesucristo, te enclavaré en ella como yo lo estuve, haciéndote allí fiel compañía. La adorable persona del Espíritu Santo me dijo, que siendo todo amor me consumiría en él purificándome. Jamás se borrará de mi espíritu la impresion que en él han dejado las tres adorables personas.» Despues de considerado esto ¿huiremos todavía de la cruz, que es precioso obsequio que nos ofrece nuestro Padre celestial..? ¿No querremos dejarnos enclavar en ella, puesto que allí nos acompañará sin duda el mismo Jesucristo..? ¿No nos anima el pensamiento de que cuanto más sepamos de padecer, más sabremos y conoceremos de la vida interior del deífico Corazon?

¡Oh Corazon amante! no más cobardía,

quiero acompañaros fielmente, y tener el consuelo de saber vivir con Vos en cruz, para morir como Vos enclavado en ella.

Jaculatoria. Amar, sufrir y callarse, es el secreto de los verdaderos amantes del Corazon de Jesús.

DIA 28.

Cómo el Sagrado Corazon puede inspirarnos amor á la Cruz.

«Todas las cosas hallan reposo en su centro; por esto mi corazon todo abismado en el suyo que es el humildísimo Corazon de Jesús, tiene una ardiente sed de humillaciones, desprecios y olvido de todas las criaturas; no hallándome nunca satisfecha más que cuando estoy conforme con mi Esposo crucificado.

»No comprendo cómo una esposa de Jesús crucificado, puede no amar la cruz y huirla, puesto que al mismo tiempo desprecia á Aquel que la ha llevado por nuestro amor, haciendo de ella el objeto de sus delicias (1).

»Despues de Él mismo, nada estimo tanto como el don de su preciosa cruz. Si se co-

_____

(1) Vida por sus contemporáneas, t. i, pág. 60 y 43.

nociese el precio de ella, no sería tan huida
y rechazada de todos; muy al contrario:
sería de tal manera amada y estimada, que
no se hallaria placer más que en la cruz, y
nuestro solo deseo sería morir entre sus
brazos, despreciadas y abandonadas del
mundo entero. Pero para esto es preciso
que el puro amor sacrifique y consuma
nuestro corazon, como lo ha hecho con el
de nuestro divino Maestro.

»Un corazon que ama de veras ¿podrá
quejarse en la cruz, ó mejor dicho, en el
Corazon de Jesucristo, donde todo se cambia en amor?

»La cruz es el trono de los verdaderos
amantes de Jesucristo. Verdad es que yo
no soy de este número, pues padezco por
mis pecados; pero no importa, con tal que
padezcamos con Jesucristo y por su amor,
segun sus designios, esto basta.

»Quiero aprender en el Sagrado Corazon
de Jesús á sufrirlo todo, sin quejarme de
cuanto me hagan, puesto que nada le es debido al polvo más que ser pisado.

»Soy pobre en todo sentido ¡gracias á
Dios! y no deseo más riqueza que la del

puro amor á los sufrimientos, desprecios y humillaciones. En una palabra: Jesús, su amor y su cruz, hacen la felicidad de la vida (1).

»La cruz, los desprecios, los dolores y las aflicciones, son los verdaderos tesoros de los amantes de Jesucristo.

»Sometámonos con alegría á las órdenes de nuestro Soberano y confesemos que, por más que sus pruebas nos parezcan duras, Él es bueno y justo en todo lo que hace, y merece en todo tiempo alabanza, amor y gloria.

»Quien dice puro amor, dice puro sufrimiento. Debemos amar nuestras penas y unirnos á los designios, que Dios tiene sobre nosotros.

»En verdad no sé qué decir á los que amo, si no les hablo de la cruz de Jesucristo; y cuando me preguntan, qué gracias me hace nuestro Señor á mí, indigna pecadora, no sé responder más, que hablando de la dicha que hay en sufrir con Jesucristo; porque no veo nada más precioso en esta vida para

(1) Cartas xxv, xcix, xlviii, t. ii, págs. 49, 203, 94.

los que le aman, que padecer por su amor.

»La cruz es un tesoro inapreciable.

»La cruz es mi gloria, el amor me conduce á ella, el amor me posee, el amor me basta (1).»

La Beata recuerda haber querido separar en su infancia la santidad del sacrificio.

«Mi divino Maestro me hacia ver desde entónces la belleza de las virtudes, sobre todo la de los tres votos de pobreza, castidad y obediencia, y me decia que practicándolos, se alcanza la santidad; me decia ésto, porque yo en mis oraciones le pedia siempre ser santa. No leia más libros que la vida de los Santos, y al abrirlos, me decia á mí misma: es preciso que escoja una, á la cual pueda imitar fácilmente, y obrando como ella, seré santa tambien... (2).

»...Pero ¡Dios mio! no conocia yo entónces lo que me habeis dado á entender despues, y es que vuestro Sagrado Corazon ha-

(1) Vida por sus contemporáneas, t. i, pág. 195.
(2) Vida por ella misma, t. ii, pág. 301.

biéndome dado la vida sobre el Calvario á costa de tantos dolores, esta vida que me dísteis, no podia sostenerse más que con el alimento de la Cruz, la cual debia formar mi manjar el más delicioso (1).

La Beata, aunque embriagada en el amor de la cruz, no dejó de sentir sus espinas.

La Beata nos refiere de esta manera una vision, con la que nuestro Señor la favoreció poco tiempo despues de su profesion, cuando acababa de exclamar: «¿Qué es esto, Dios mio, me dejareis vivir siempre sin sufrir?»

«Entónces me fué mostrada, dice ella, una gran cruz, de la cual no podia ver el fin; estaba toda cubierta de flores. Al mismo tiempo mi Soberano me dirigió estas palabras: «Hé aquí el lecho de mis castas esposas, donde te haré agotar las delicias de mi amor; poco á poco caerán estas flores y no te quedará más que las espinas, que hoy te oculto á causa de tu flaqueza; ellas te harán

---

(1) Vida por sus contemporáneas, t. i, pág. 8.

sentir de una manera tan viva sus heridas, que te será preciso toda la fuerza de mi amor, para soportar los dolores.» Estas palabras me causaron gran regocijo, pensando que no habia jamás bastantes sufrimientos, humillaciones ni desprecios, para apagar la sed ardiente que yo sentia, y que no hallaria nunca mayor sufrimiento, que el que experimentaba mi alma, no pudiendo sufrir todo lo que queria; porque su amor no me daba descanso ni de dia ni de noche. Mas estas dulzuras me afligian. Yo ansiaba la cruz desnuda de todo.

»Sin la cruz, añade, no podia vivir ni hallar placer alguno, ni celestial ni áun divino; porque todas mis delicias consistian en verme conforme con mi Jesús padeciendo.»

No tardó la Beata en experimentar los efectos de la promesa de nuestro Señor. Hé aquí cómo se expresa:

«Me encontraba algunas veces tan oprimida de dolores, que al empezar un ejercicio, creia no poder continuar en él hasta el fin; terminado uno, empezaba el que seguia con las mismas angustias, diciendo:

«¡Oh Dios mio! concededme la gracia de

poder permanecer hasta que se termine.» Y
daba gracias á mi Soberano, porque medía
de esta manera mis momentos por el reloj
de sus sufrimientos, para marcar todas las
horas de mi vida con alguna pesada cruz.

»Segun este espíritu, por el cual me creo
conducida, querria verme siempre abismada
en toda suerte de humillaciones, sufrimientos y contrariedades (1).

»....La naturaleza no se satisface con
esto; pero el Espíritu que me dirije, no puede
sufrir, que tenga otro placer, que el de no
tener ninguno (2).

»Nuestro Señor se complace en tenerme
en un estado tal de sufrimientos contínuos,
que me desconozco á mí misma, sintiendo
mis fuerzas tan agotadas, que me cuesta un
extremo esfuerzo poder arrastrar este miserable cuerpo de pecado.

»Paréceme que me hallo encerrada en un
oscuro calabozo, rodeada de cruces, que
abrazo continuamente.

»¡Si supiéseis el mal uso que hago de este

---

(1) Vida por ella misma, t. ii, págs. 321, 364 y 367.
(2) Carta xxiv á la Madre Greyfié, t. ii, pág. 48.

bien tan grande, sobre todo de esas preciosas y queridas humillaciones y abyecciones, acompañadas de opresiones de corazon,
abandonos y angustias, casi de todas clases! Algunas veces me parece, que mi alma
está reducida á la agonía, y ya en el último
extremo; no obstante el placer que encuentro, al verme anegada en este océano de
amargura, la estimo mucho, por creerla la
más tierna caricia de mi divino Esposo.

»Me siento ansiosa continuamente de sufrir, mas con repugnancias espantosas de
la parte inferior; lo que hace, que mis cruces sean tan pesadas y dolorosas, que su-
cumbiría mil veces bajo su peso, si el adorable Corazon de mi Jesús no me fortificase y
asistiese en todas mis necesidades. Mi corazon, no obstante estos sufrimientos contínuos, siempre tiene nuevas ánsias de sufrir (1).

Union á Jesús inmolado.

»Oh dulce Jesús, único amor de mi cora-

---

1) Antiguos manuscritos, t. II, pág. 497.

zon, dulce suplicio de mi alma y agradable martirio de mi carne y de mi cuerpo; la sola gracia que os pido, para honrar vuestro estado de sacrificio en el Santísimo Sacramento es, que yo viva y muera víctima de vuestro Sagrado Corazon, por medio de un amargo disgusto de todo lo que no sea Vos; víctima de vuestra alma santísima, por medio de todas las angustias de que la mia es capaz; víctima de vuestro cuerpo, por el alejamiento de cuanto pueda satisfacer el mio, y por el odio de una carne criminal y maldita.

Meditacion.

El preludio y la oracion preparatoria como todos los dias.

Punto 1.º ¡Qué elocuentemente enseña el amor á la cruz el divino Corazon de Jesús! Díganlo esas almas grandes y generosas, que penetrando hasta lo más íntimo de sus enseñanzas divinas, salieron de allí, como trasformadas, y respirando y deseando solamente trabajos y dolores. Dígalo, una Teresa de Jesús, cuando en el exceso de su amor, exclamaba: «O padecer ó morir;» dígalo un San Juan de la Cruz, que con sólo el recuerdo de sus trabajos pasados, quedaba su espíritu suspenso y arrebatado, por el gozo que le proporcionaba su memoria; dígalo, por último, la Beata Margarita María, que encontraba su centro y su vida en las humillaciones, desprecios y penas. ¡Ah! y ¿cómo nos hemos de extrañar de esto, siendo cierto, como lo es, que el Esposo celestial, apacienta sus rebaños al medio dia de sus dolores y trabajos, y que el Corazon deífico de Jesús, que es el sol divino de justicia, al reflejar sus rayos sobre los corazones, susceptibles de recibirlos, deja en ellos impresa su divina semejanza? En qué consiste, por lo tanto, que produciendo esos rayos, tales frutos en tantas y tantas almas, los rechacen nuestros corazones, tal vez con mayor fuerza que vinieron...? Qué es esto, Corazon amante, ser Vos tan poderoso, para triunfar de algunos corazones, y serlo otros tanto, para salir tristemente victoriosos de Vos...! ¡Oh! Corazon dulcísimo de Jesús, heridme profundamente con uno de esos dardos, que lanzais con tanto amor, y entónces llegaré yo tambien á exclamar con vuestro gran santo, Juan de la Cruz: ¡Señor, padecer y no morir!

Punto 2.º La cruz es mi gloria, dice la Beata Margarita Maria: Alma cristiana, alma religiosa, gloríate tú tambien en ella, hasta poder añadir : es el lugar de mi descanso, donde quiero vivir y morir. El amor me lleva á ella, prosigue la amante del Corazon divino de Jesús, ojalá te sea tambien dado á tí, alma religiosa, la misma gracia, para concluir diciendo: el amor me posee, y él sólo me basta. Qué dicha la tuya, si siendo la posesion del amor, puedes decir con la misma Margarita Maria: «Gracias á Dios, soy pobre de todos modos y maneras, y en nada deseo riqueza, fuera del puro amor, de los sufrimientos, desprecios y humillaciones del Corazon divino. En una palabra, Jesús, su amor, y su cruz, son la única felicidad de mi vida.» ¿Lo has oido, alma religiosa? Jesús ¿y qué más puedes apetecer, puesto que en Él, están encerrados todos los bienes...? Su amor, Él es poderoso, para triunfar de todos los obstáculos; entrégate á Él, y basta... Su cruz, única herencia

digna de desearse, puesto que ella te alcanzará la posesion de tu pátria...! Pesa en la
balanza del Corazon Sagrado, el valor de
estas tres palabras: Jesús.... su amor.... su
cruz.... ¡Oh Corazon dolorido y enamorado
de la cruz, donde quereis estar, enclavado con durísimos clavos, yo tampoco
quiero encontrar ningun descanso, sino en
verme clavada, y fuertemente atada con
Vos en ella, hasta morir.

Jaculatoria. Corazon deífico de Jesús,
enamórame de lo que constituye vuestra
bienaventuranza sobre la tierra.

DIA 29.

Puro goce de las almas abrasadas en el amor del Sagrado Corazon de nuestro Señor Jesucristo.

»No puedo hallar consuelo, placer ni reposo más, que entre las cruces, humillaciones y sufrimientos, con que mi divino Salvador no ha cesado jamás de honrar á su indigna esclava.

»No deseo vivir más que para tener la dicha de sufrir. Lo único que puede regocijar mi corazon y mi espíritu, es hablar de esto con las personas que amo; no tengo otra cosa que decir, porque todo lo que no trata de esto, me sirve de suplicio, y ninguna otra gracia hallo comparable á la de llevar la cruz, por amor, con Jesucristo. Mas no creais, que porque hablo así del sufrimiento, sufro mucho. ¡Ay! no, no he sufrido aún nada, y por consecuencia nada he hecho por mi Dios.

»Pretender amar á Dios sin padecer, no es más que una ilusion; pero tampoco puedo comprender, cómo dicen que se sufre, cuando se ama verdaderamente al Sagrado Corazon de Jesús; puesto que Él cambia las mayores amarguras en dulzuras, y hace gustar grandes delicias en medio de las mayores penas y humillaciones. Mas si el sólo deseo de amar ardientemente á este divino Corazon produce este efecto, ¿qué efectos producirá en los corazones que le aman verdaderamente y que su mayor sufrimiento es que no sufren bastante, ó mejor dicho, que no le aman bastante...? En verdad, yo creo, que todo se cambia en amor para un alma, en la cual se ha encendido ya este divino fuego, y que no tiene otro ejercicio ni otro empleo, que el de amar padeciendo. Amemos, pues, á nuestro divino Maestro; pero amémosle sobre la cruz, puesto que cifra sus delicias en encontrar un corazon lleno de amor, sufrimiento y silencio (1).

»No, nada es capáz de agradarme en el mundo, más que la cruz de mi divino Maes-

_____

(1) Carta cxi, á la Hermana Joly, t. ii, pág. 228.

tro; pero una cruz en todo semejante á la suya, es decir, pesada, ignominiosa, sin dulzura, sin consuelo, sin alivio. Que los demás se tengan por dichosos, en subir con mi divino Salvador sobre el Thabor; en cuanto á mí, me contento con no saber otro camino, que el del Calvario. Por eso no encuentro atractivos más que en la cruz. La parte que he elegido, será estar sobre el Calvario hasta mi último suspiro, en medio de los golpes, los clavos, las espinas y la cruz, sin más placer, sin más consuelo, que el de no tener ninguno. ¡Qué dicha la de poder sufrir siempre en silencio, y morir por fin entre toda suerte de miserias del cuerpo y del espíritu, en el olvido y en el desprecio! porque no me satisfaría lo uno sin lo otro...

»¡Ay, qué sería de mí sin eso en este valle de lágrimas, donde llevo una vida tan criminal, que no me considero sino como un compuesto de miserias! Esto es lo que me hace temer, hacerme indigna de la dicha infinita de llevar la cruz, para ser semejante á mi Jesús padeciendo. Yo os ruego, que si teneis un poco de caridad conmigo, pidais á este amable Salvador que no se canse del mal uso que he hecho hasta ahora del precioso tesoro de la cruz, privándome de la dicha de sufrir; porque esta es la única dulzura que encuentro en mi penoso destierro.....

»Mas veo que me satisfago demasiado, hablando de mis sufrimientos, y no obstante, no sé hablar de otra cosa; porque la ardiente sed que tengo de padecer, me sirve de un tormento, que no acierto á expresar. A pesar de esto, conozco, que no sé ni sufrir ni amar; lo que me hace ver que cuanto digo, es un efecto del amor propio y de un secreto orgullo, que vive en mí. ¡Ay! ¡cuánto temo, que todos estos deseos de sufrir sean artificios del enemigo, que quiera entretenerme con sentimientos vanos y estériles! (1).

»Confieso que me deleito tanto hablando de la dicha de sufrir, que me parece escribiría sobre esto volúmenes enteros, sin poder conseguir llenar mis deseos.

»Si comprendiesen el deseo que tengo de padecer y ser despreciada, no dudo que la

---

(1) Carta cxxix al P. Rolin, t. ii, pág. 281.

caridad no hiciese á todo el mundo, que me saciase en este punto.

» Verdaderamente creo, que no se comete injusticia alguna al hacerme sufrir, porque nadie puede llegar á procurarme tantos sufrimientos, como merezco.

» Cuanto más sufro, más se me aumenta la ardiente sed que tengo de sufrir. Hasta he llegado á temer, que encuentro demasiada satisfaccion en mis sufrimientos. En fin, he resuelto abandonarme sobre esto, y someterme completamente á la bondad infinita de mi soberano Maestro, moderando este deseo ardiente que tengo de padecer, abandonándole el cuidado de todo.

» Cuando veo aumentarse mis padecimientos, me parece sentir en mí la misma alegría, que sienten los avaros y ambiciosos, al ver aumentar sus tesoros.

» Quisiera ver todos los instrumentos de suplicio, empleados en martirizarme y darme que sufrir por Jesucristo.

» Me parece que querria tener mil cuerpos, para padecer por Él, y millones de corazones, para adorarle y amarle.

» ¡Qué sería de mí si la cruz me faltase,

puesto que sólo ella me hace esperar la misericordia de mi Salvador!!! Ella es mi tesoro en el adorable Corazon de Jesús; ella causa todo mi placer, es objeto de mi alegría y de mi deseo. Si estuviese un momento sin padecer, me creería abandonada de Dios (1).

» Habeis de saber, que sin la cruz y el Santísimo Sacramento, yo no podria vivir ni soportar lo largo de mi destierro en este valle de lágrimas; en el que no deseo disminuyan mis sufrimientos. Cuanto más abatido está mi cuerpo, mayor y más verdadera es la alegría que experimenta mi espíritu, y la libertad que adquiere, para dedicarse y unirse á mi Jesús en la cruz, no deseando nada tanto, como llegar á ser una perfecta copia de este Salvador crucificado.»

Valor heróico de la Beata en medio del sufrimiento.

Para grabar más profundamente su divina semejanza en su fiel esposa, el divino

---

(1) Cartas cxxx, xxxviii, viii, t. ii, págs. 288, 76 y 18.

Maestro se dignó hacerla participante de su corona de espinas.

Una vez yendo á comulgar, dice ella, la santa hostia me parecía como un sol brillante, cuyo resplandor no podia soportar. Nuestro Señor se hallaba en medio, teniendo una corona de espinas. Poco tiempo despues de haberle recibido, me la puso en la cabeza, diciéndome: «Recibe, hija mia, esta corona, como señal de la que te será dada bien pronto, para conformarte conmigo.» Yo no comprendí entónces el significado de estas palabras; pero lo supe bien pronto por los efectos que se siguieron; fueron estos: recibí en la cabeza dos golpes tan violentos, que me pareció desde entónces tenerla rodeada de punzantes y dolorosas espinas, cuya sensacion me durará miéntras viva; por lo que doy muchas gracias á Dios que hace favores tan señalados á su indigna víctima.... Confieso que me siento más deudora con nuestro Señor por esta preciosa corona, que si me hubiese obsequiado con todas las diademas de los más grandes monarcas de la tierra; mucho más porque nadie me la puede quitar, y que me pone muchas veces en la dichosa necesidad de pasar las noches en vela, entretenida amorosamente con este único objeto de mi amor. No puedo apoyar la cabeza en la almohada, á imitacion de mi buen Maestro, que no podia apoyar la suya en el lecho de la cruz; esto me hace experimentar una dicha inconcebible y grandísimos consuelos, al verme en algo conforme con Él (1).»

La Beata suplica la ayuden á dar gracias á Dios por el beneficio del sufrimiento.

Bendecid y dad gracias por mí á nuestro soberano Maestro, porque me honra tan liberal y amorosamente con su preciosa cruz, no dejándome ni un instante sin padecer.

»Tengo el consuelo de no tener más caricias ni consuelos de parte de las criaturas, que los de las cruces y humillaciones. Nunca me he visto más rica que ahora. Os digo estas palabritas con el fin de que me ayudeis á dar gracias al Sagrado Corazon, y le

_____

(1) Vida por ella misma, t. II, pág. 365.

pidais, que me conceda la de aprovecharme de tan precioso tesoro. Aun cuando estuviese en mis manos, que las cosas sucediesen de otro modo, quitaria únicamente lo que puede ocasionar la ofensa de Dios, y por lo demás querria siempre, todo lo que permite para humillarme, lo cual forma mi dicha toda en el adorable Corazon de mi Jesús.

» Dios sea bendito, que me concede tantas gracias, gratificándome con su cruz, que es mi gloria.

» ¿Qué devolveré yo al Señor por los grandes bienes que me ha hecho? ¡Ay Dios mio! cuán grandes son vuestras bondades para conmigo, permitiéndome comer en la mesa de los santos, de los mismos manjares con que los habeis alimentado á ellos; nutriéndome abundantemente con el alimento delicioso de vuestros favorecidos y más fieles amigos, á mí, que no soy más que una indigna y miserable pecadora (1).»

_____

(1) Vida por ella misma, t, II, pág. 350.

Oracion al herido Corazon de Jesucristo.

«¡Oh amoroso Corazon de nuestro Señor Jesucristo! ¡Oh Corazon, que ablandais los corazones más duros que la piedra; que abrasais los espíritus más frios que el hielo, y enterneceis las entrañas más impenetrables que el diamante! Herid, pues, amable Salvador mio, herid mi corazon con vuestras sagradas llagas, y embriagad mi alma con vuestra sangre, de tal suerte, que de cualquier lado que me vuelva, no pueda ver más que á mi divino Crucificado, y que cuanto mire, lo vea todo teñido con vuestra preciosa sangre. ¡Oh mi buen Jesús! no halle reposo, hasta haberos encontrado á Vos, que sois mi centro, mi amor, mi felicidad.

» ¡Oh Corazon divino! que nos habeis probado vuestro amor sobre la cruz hasta el exceso, y vuestra misericordia, dejando abriesen vuestro Corazon para dar entrada á los nuestros, recibidlos ahora, abrazadlos con los lazos de vuestra ardiente caridad, para que se consuman por la vehemencia de vuestro amor (1).»

(1) **Pequeño libro de oraciones, t. ii, pág. 488.**

Meditacion.

El preludio y la oracion preparatoria como todos los dias.

Punto 1.º Los goces y la suavidad divina, procedentes del Corazon deífico de Jesús, son tan levantados sobre todo lo terrestre, tan purificados y ennoblecidos por su divinidad, que sólo pueden compararse, aunque como reflejo ó imágen, con aquella eterna ventura, que dará al alma la vista de Dios. En efecto ¿de qué consuelo y paz no goza el alma en ese paraiso de delicias? Sin embargo conviene reparar, en la diferencia que existe, entre este gozo purísimo, y casi puede decirse infinito, y aquél de la bienaventuranza eterna, cuyo reflejo y semejanza es. Esta diferencia, se funda en que el carácter y como el ser del primero, consiste en el padecer, y si cesara este, dejaria por ahí mismo, de existir aquél; puesto que es como su prueba; y el segundo, en el gozo sin trabajo, ni pena alguna por toda una eternidad. Que extraño es, despues de esto, que las almas, que como la Beata Margarita María, han penetrado tan adentro en este Corazon divino, exclamen en los trasportes de su amorosa locura de la cruz : « Nada es capaz de consolarme en este mundo, sino la cruz de mi divino Maestro, pero esta cruz ha de ser semejante á la suya, es decir, pesada, ignominiosa, sin dulzura, consuelo, ni alivio alguno.» Estas son las delicias de las almas enamoradas del divino Corazon de Jesús. ¡Ojalá, que sean tambien las tuyas! ¡Ojalá, que sólo te consideres dichoso, cuando el amoroso Jesús te enclave fuertemente en su Cruz..!

Punto 2.º La señal más evidente del amor, que nos tiene el deífico Corazon de Jesús, es asemejarnos á su dolorido y contristado Corazon. Fiel testigo de esta verdad es la Beata Margarita María. Escuchemos de su misma boca el presente que le hizo su divino Esposo, como prenda de su acendrado amor : « Yendo un dia á comulgar, dice, se me representó, la sagrada forma, resplandeciente como un sol, cuyos rayos me ofuscaban. Nuestro Señor estaba en medio de ella, teniendo en sus manos sagradas una corona de espinas, y colocándomela sobre la cabeza, me dijo : « Recibe, hija mia, esta corona, como señal de la que pronto te ofreceré, para hacerte más semejante á mí.» No comprendí al pronto la significacion de todo aquello, pero dos terribles golpes, que recibí poco despues en la cabeza, me lo dieron á entender; desde entónces tengo la cabeza, como rodeada de punzantes espinas, llenándome de consuelo, el que sólo con la vida, cesará el dolor que me causan. Confieso, que tengo mayor reconocimiento á mi divino Salvador por esta gracia, que si me hubiera dado las diademas de los mayores monarcas de la tierra.» Y ¿cómo nó puesto que el Rey de los cielos no escogió otra, sino la de los dolores y afrentas el dia de su gran victoria? Alma cristiana, ¿participas tú tambien de esas delicias purísimas, que ofrece á los suyos el Corazon Sagrado....? ¿O eres acaso de aquellas, que á semejanza del pueblo infiel, exclamen: «Dura es esta doctrina, y no hay quien pueda seguirla...?»

¡Oh, Corazon divino de Jesús! corona de rosas, rodeada de espinas si, pero cuyas picaduras dulcificas con el bálsamo precioso de tu sangre: en contraposicion á las coronas y rosas emponzoñadas, que al parecer sin espinas ofrece el mundo. ¡Oh, Jesús! corona por corona, escojo la tuya de espinas, pues no ignoro, que ellas se trasformarán en rosas, que nunca se han de marchitar.

Jaculatoria. Corazon amante de Jesús, haced que sólo descanse el mio, cuando os posea á Vos, que sois su centro, su amor, y su felicidad.

DIA 30.

Triunfo del Sagrado Corazon de nuestro Señor Jesucristo por medio del anonadamiento de la Beata.

Nuestro Señor dijo un dia á su humilde sierva, con una voz llena de autoridad: «Te haré tan pobre, vil y abyecta á tus propios ojos, y te destruiré de tal suerte en las aspiraciones de tu corazon, que podré edificar sobre tu nada.»

Bajo la impresion de estas palabras, la Beata dejaba salir de su corazon sublimes acentos, y decia:

«¡Todo sea para aumentar la grande gloria del Corazon de Jesucristo!

»¡Oh soberano Bien mio, no escriba yo nada, que no sirva para gloria vuestra y mayor confusion mia!

»Es preciso extinguirme y anonadarme para vivir pobre, desconocida, oculta, en el Sagrado Corazon de mi divino Maestro, olvi-

26

dada y despreciada de las criaturas.... Porque este Sagrado Corazon quiere establecer su reino en la destruccion y anonadamiento, de mí misma.

»Sería para mí el más dulce placer, anonadarme enteramente, para hacerle reinar en mí, y en los corazones todos.

»El adorable Corazon de Jesús se sirve de un instrumento, que es más á propósito para destruir un designio tan grande, que para llevarle á cabo; mas esto es, para que toda la gloria sea dada al soberano Maestro, y no al material de que se sirve, el cual es como aquel barro de que se sirvió este mismo Salvador, para poner sobre los ojos del ciego de nacimiento.

» Me deleito tanto en el pensamiento dulcísimo de que este amable Salvador, no habiendo podido hallar una persona más pobre, más vil y más miserable que yo para esta obra, que le debe dar tanta gloria, me ha escogido con el designio de procurarme todos los socorros necesarios.

»La verdad es, que sólo soy un obstáculo para todo bien, y un compuesto de toda clase de miserias en el cuerpo y en el espíritu. Lo

único que sostiene mi flaqueza, es que el Señor se complace en glorificar su infinita misericordia sobre los seres más miserables.

» Mis pecados me hacen indigna de tributar servicio alguno á este divino Corazon,
autor de toda santidad.

«¡Ay! ¡cuántos motivos tengo para temer,
que por mis grandes infidelidades é ingratitudes haya llegado á ser un obstáculo, para
el establecimiento de su reino! Esto me hace
desear mil veces, que me extermine y me
borre de la faz de la tierra, sin miramiento
alguno á mis intereses, ántes de permitir
que sirva de impedimento al cumplimiento
de sus deseos (1).»

Juicio que la Beata formaba de sí misma.

« Mi adorable Maestro me tiene, por el exceso de su misericordiosa bondad, tan anonadada en mi espíritu, por la vista de un
fondo completamente arruinado y pobre de
todo bien espiritual, que no puedo dejar de

_____

(1) Cartas LXVI, LXXVIII, CIV, CVI, t. II, pag. 152, 214 y 222.

admirar, no solamente que se dignen dar algun crédito, á lo que pueda decir una criatura tan mala, pero ni áun cómo pueden acordarse de ella.

«No soy más que una hipócrita, que tiene engañadas á las criaturas con una falsa apariencia de devocion.

»Jamás he sido más ingrata, infiel y miserable que ahora, no siendo sino un compuesto de orgullo y malicia, que se oponen continuamente á su bondad por mis resistencias á su divina voluntad, y mi frialdad en su amor, que me hacen ser tan floja en su servicio, que me aborrezco á mí misma, cuando considero la vida que llevo, toda sensual y llena de pecados.

»Veo en mí una gran necesidad de humillarme, pero no sé cómo hacerlo, por no hallar nada, que sea inferior á mí, que no soy sino una criminal. Pedid mi perfecta conversion al Sagrado Corazon de nuestro amado Salvador. Que su bondad no se canse de esperarme á penitencia; y sobre todo, que no me prive de amarle por una eternidad, en castigo de no haberle amado en el tiempo. Ved aquí el castigo riguroso que temo; todo lo demás no causa en mí impresion alguna.

»Puedo aseguraros, que me considero tan iéjos de la pureza de intencion, que Dios pide de mí, que me parece que todas mis acciones me condenan.

»Si supiéseis cuán grande es mi malicia, y lo injuriosa que es mi vida á su infinita bondad, le pediríais perdon por mí. Yo os ruego que lo hagais.

»Me considero tan mala é infiel delante de Dios, que creo no habrá nadie, que tenga más motivos de temer por su salvacion, que yo.

»No veo en mí nada, que no merezca un castigo eterno.

»Alabad al Señor, porque á pesar de la multitud de mis pecados, no estoy todavía en lo más profundo del infierno.

»Mi vida, hasta el presente, ha sido tan injuriosa á Dios, que pongo en el número de sus mayores misericordias, la que ejerce sobre mi alma, haciéndome sufrir en la tierra... por este medio espero disminuir una parte de la gran deuda, que he contraido con mis pecados.

»Confieso que nuestro buen Dios me trataria con justicia, si me abandonase á los rigores de ella; pero quiere dejarme aún algun tiempo, para que ejercite la caridad con nuestras hermanas, y darme un medio de llorar mis pecados, para empezar de nuevo á sufrir, si es que puede llamarse sufrimiento, la dicha de participar de la cruz del Salvador.

»¡Oh, cuán penoso es vivir sin amar al soberano bien, y sin sufrir por su amor! El amor quiere obras, y yo sólo tengo palabras para el bien, y obras para el mal.

»Si supiéseis cuán alejada estoy, de lo que debe ser una verdadera hija de la Visitacion, que debe poner todo su empeño en llegar á ser una perfecta copia de su Esposo crucificado....!

»Me parece que mis infidelidades atraen todas las calamidades que suceden, y esto es para mí una especie de continuo martirio.

»Me considero tan destituida de todo, que no comprendo cómo me pueden soportar.

»Quisiera que todas las criaturas se sintiesen animadas de un santo celo, y me tratasen como una criminal de la divina justicia.

» El dolor que tengo de tantos crímenes horribles, que he cometido contra Dios, me hace ofrecerme incesantemente á su divina bondad, para sufrir las penas, que he merecido. Acepto tambien, las que son debidas á los pecados, en que hubiese caido, sin el socorro de la gracia.

» Pero lo que más me hace sufrir, es no poder vengar sobre mí las injurias que hacen á mi Salvador en el Santísimo Sacramento (1).»

Desprecio de la Beata
en la estimacion de las criaturas y sus deseos de un eterno olvido.

» Tenía un temor tal, de que los dones de Dios me hiciesen ser estimada de las criaturas, que alaban por lo comun, lo que es digno de reprobarse, que hubiese preferido ser privada de ellos; y temia ménos todos

---

(1) Cartas xx, xxiv, lxxx, lxxxvi, t. ii, págs. 39, 48, 172, 159 y 158.

los furores del infierno que las alabanzas, las cuales dejando caer en el alma un secreto veneno, la quitarian la vida insensiblemente, si Dios por su bondad no la aplicase el divino remedio de la humillacion.

» La estimacion, alabanzas y aplausos me hacen sufrir más, que todas las humillaciones, desprecios y abyecciones pudieran dar que sentir á las personas, más ansiosas de honores, lo que me hace decir en ciertas ocasiones : « ¡Oh Dios mio! armad todos los furores del infierno contra mí, ántes de permitir, que las lenguas de las criaturas se empleen en vanas alabanzas, adulaciones y aplausos; que caigan sobre mí ántes todas las humillaciones, dolores, contradicciones y confusiones (1).

» Desearia, que mi miseria é ingratitud hácia Dios fuese conocida de todo el mundo, á fin de que no se acordasen de esta miserable más, que para darla lo que la es debido ; desprecios, humillaciones, en las que deseo vivir y morir sepultada, pidiendo á

_____

(1) Vida por ella misma, t. ii, pág. 353.

Dios de todo corazon, que no se forme jamás de mí un buen pensamiento.

»Os confieso francamente, que el deseo que me insta, de verme olvidada y despreciada de las criaturas, me hace padecer un continuo martirio en los empleos de la Religion, como tambien el escribir é ir al locutorio, que me parece un infierno.

»Creo que no estaré tranquila jamás, hasta verme en los abismos de las humillaciones y sufrimientos, desconocida de todos, y envuelta en un eterno olvido; ó si se acuerdan de mí, que sea para despreciarme más y más, y para proporcionarme nuevos medios de sufrir algo por mi Dios.

»¡Ay! Cuán obligada os estaré, mi buena Madre, escribia en particular á la Madre de Saumaise, si me diéseis el gusto de quemar todos los escritos, que teneis mios, á fin de que nunca sean vistos, ni se sepa el lugar de donde salieron; porque tengo tanta pasion de mantenerme envuelta en el olvido y desprecio despues de mi muerte, como tengo de estarlo durante la vida....»

Mas tarde decia:

«Moriré contenta ya, puesto que el Sa-

grado Corazon de mi Salvador, empieza á
ser conocido y yo olvidada ; porque por su
grande misericordia vedme ya casi enteramente extinguida y anonadada en estimacion y reputacion, en el aprecio de las
criaturas, lo cual me consuela más, de lo
que pudiera yo decir. Recuerdo lo que sobre
esto me teneis prometido, que es impedir
cuanto os sea posible, que se haga mencion
alguna de mí despues de mi muerte, como
no sea para pedir oraciones por la peor y
más necesitada Religiosa, que ha existido
jamás en el Instituto y en la santa Comunidad, donde tengo el honor de estar, y
donde se ejerce conmigo una continua indulgencia y caridad de todas maneras. Jamás me olvidaré de esto delante del Sagrado Corazon de mi adorable Jesús (1).»

Aspiraciones
hácia el Corazon de Jesús.

«¡Oh buen Jesús, que habeis querido padecer una infinidad de oprobios y de humi-

---

(1) Carta XLIV á la Madre Greyfié, t. II, pág. 85.

llaciones por mi amor! imprimid poderosamente el amor y la estimacion de ellos en mi corazon, y hacedme desear su práctica.

»¡Oh Corazon favorable, que hallais tanto placer en hacernos bien! concededme la gracia de llenar la deuda, que he contraido con la divina justicia. Yo soy impotente, pagad por mí. Reparad los males que he hecho, con los bienes que vos habeis hecho. Y á fin de que todo lo deba á Vos, recibidme ¡oh caritativo Corazon! á la hora de mi muerte, que será tan terrible para mí.

»¿Qué gloria os dará, Jesús mio, la pérdida de un miserable átomo? Pero será muy grande para Vos, el salvar á una tan grande pecadora. Salvadme, pues, puro amor mio, porque ansío amaros eternamente, cuésteme lo que me costase. Sí, yo os quiero amar, á pesar de todo, yo os quiero amar con todo mi corazon. Así sea (1).»

_____

(1) Pequeño libro de oraciones, t. II, págs. 481, 484 y 487.

Meditacion.

El preludio y la oracion preparatoria como todos los dias.

Punto 1.º El gran triunfo del Corazon deífico de Jesús es, conseguir que llegue á desaparecer la criatura, para vivir Él en ella y por ella. Triunfo tan costoso, como meritorio para esta misma criatura, y tan glorioso, como poderoso por parte del divino Vencedor. Hasta ahí llegan las aspiraciones del Sagrado Corazon de Jesús, y miéntras esto no tenga lugar, no están satisfechos sus deseos. ¡Por eso lanza ese divino Salvador tan profundas quejas, por eso le abrasa tan devoradora sed, y cierto que más de una vez dirige de nuevo la misma queja, que en la cruz manifestó, y más de una vez hablando confiadamente á las almas, en sus amorosas y divinas comunicaciones les dice, que se abrasa, que tiene sed, y les pide con amor una gota de agua! ¡Oh! sí, el Corazon Sagrado tiene sed de corazones, y ¿quién sabe el tiempo que te está pidiendo ese refrigerio, y el que estás negándoselo tú...? ¿Cuántas veces tal vez no queriendo oir la verdadera significacion de sus deseos, le has dado muchas cosas, sí, pero reservando siempre para tí, aquello precisamente que te pedia con empeño? Ese afecto un tanto desmedido á la criatura.... esos intereses excesivos por la honra, por el aprecio, por tu estimacion... esos respetos humanos, siempre triunfadores.... ése amor propio que se insinúa áun en lo más santo... ¿no son esas otras tantas gotas de agua, con que quiere el divino Corazon de Jesús aliviar su sed mediante la posesion completa de tu corazon? ¡Oh Corazon divino! ya es hora de que triunfeis, ya ha llegado el momento de vuestra victoria, muera yo, para que vivais Vos.

Punto 2.º Tanto penetró en el corazon de la Beata Margarita María esta celestial doctrina del Sagrado Corazon de Jesús; tan completamente estableció en su alma su reinado, que plenamente convencida de la necesidad de anonadarse, para que llegase Él á reinar, exclama y repite muchas veces: «Tengo que anonadarme y perderme, para vivir pobre, desconocida y oculta en el Sa-

grado Corazon de mi divino Maestro, olvidada y despreciada de todas las criaturas,
pues este deífico Corazon pretende reinar
por medio de mi propia destruccion, y del
anonadamiento de mi ser.» De este modo
tuvieron su cumplimiento las palabras que
un dia la dirigió el mismo amoroso Corazon,
cuando la dijo: «Te empobreceré de tal
modo, te presentaré tan miserable y abyecta
á tus propios ojos, y destruiré de tal modo
las aspiraciones de tu corazon, que sobre
esa nada pueda yo edificar.» Ved pues
aquí el obrar de este divino Corazon. Durante este mes sin duda que habrá trabajado
mucho en tu corazon, ojalá que haya conseguido lo que desea, es decir, tu destruccion
para empezar Él á levantar su obra. Mira
y considera que sin esta, perdidos quedan
los deseos de este amoroso Corazon, desatendidos sus suspiros y aumentadas sus
angustias. ¿Amas al Corazon deífico..? pues
sacrifícale lo que te pide, que es tu corazon,
pero sin reservarte ni una sola cosa para él,
sino que todo sea posesion del Corazon divino. ¿Quereis mi corazon, amante Jesús
mio? ¿Suspirais por poseerle, dulce y tierno

Corazon de mi Dios? ¿Poneis en mis manos, saciar los deseos del deseado de las gentes, y rehusaré hacerlo..? ¡Oh! nó, jamás, amantísimo Corazon de Jesús! ahí os le entrego, vuestro es ya, y vuestro será para siempre. Tomad juntamente con él mi entendimiento, á fin de que Vos entendais por mí; tomad mi memoria, para que Vos seais quien os acordeis de tantos beneficios, hechos por Vos y recibidos por mí, y tomad por último mi voluntad, para que Vos os ameis en mí y por mí, y así no teniendo yo como propio ni entendimiento, ni memoria, ni voluntad lo tendré todo en Vos, pues os tendré á Vos.

Jaculatoria. ¡Oh Corazon deífico de mi Señor Jesucristo! todo para mayor honra y gloria vuestra, por los siglos de los siglos.

La humilde apóstol
del Corazon de Jesús, va á abismarse en Él
por toda la eternidad.

Dios, que es el dueño de los corazones, habia cambiado de tal manera el de las personas más opuestas al establecimiento de la devocion al Sagrado Corazon, que la Beata en la época de su muerte, año de 1690, tuvo el consuelo de verla aprobada, predicada y establecida casi por todas partes.

Durante los cuatro últimos meses de su vida, se la oyó anunciar con frecuencia su próximo fin: «Seguramente moriré este año, decia, porque ya no sufro nada, y para no impedir los grandes frutos, que mi divino Salvador pretende sacar de un libro de la devocion al Sagrado Corazon de Jesús (1).»

A fin de prepararse á este último paso, emprendió un retiro de cuarenta dias, durante el cual expresa así sus sentimientos:

---

(1) Hablaba de la obra del P. Croiset, publicada en 1691 y que termina con un compendio de la vida de la Beata,

27

«Desde el dia de Sta. Magdalena, me sentí extremadamente movida á reformar mi vida, para estar preparada á parecer ante la santidad de Dios, cuya justicia es tan temible, y los juicios tan impenetrables; es necesario, pues, tener pronta mi cuenta, para no verme sorprendida, porque es terrible á la hora de la muerte caer entre las manos de un Dios vivo, habiéndose retirado durante la vida de los brazos de un Dios, que muere por nosotros.

»Me he propuesto para poner en efecto este saludable impulso, hacer un retiro interior en el Sagrado Corazon de Jesús.

»El primer dia de mi retiro, mi ocupacion fué pensar de donde podia venirme este grande deseo de morir, pues no suele suceder á los criminales como yo lo soy delante de Dios, alegrarse de comparecer delante de su juez, y un juez, cuya santidad de justicia penetra hasta la médula de los huesos, al cual nada puede estar oculto, y que nada dejará sin castigo. ¿Cómo pues, alma mia, puedes tú sentir un gozo tan grande al ver acercarse la muerte? Tú no piensas más que en concluir tu destino, y te causa suma ale-

gría, el figurarte que muy pronto saldrás
de esta prision. Más ¡ay! ten cuidado no
sea que este contento natural, que no proviene tal vez de otra cosa, que de ceguedad
é ignorancia, te haga caer en una tristeza
eterna, y que de una prision mortal y pere-
cedera, te veas arrojada á los calabozos eternos, donde no habrá ya lugar á la esperanza
de salir jamás.

»Dejemos pues, alma mia, esta alegría y
este deseo de morir á las almas santas y fervorosas, para las cuales están preparadas
tan grandes recompensas. Mas en cuanto á
nosotros, las obras de una vida criminal,
sólo nos permitirian esperar castigos eternos, si Dios no fuera más bueno que justo.
Pensando pues, cual será tu suerte, ¿podrás
soportar durante una eternidad la ausencia
de Aquél, cuya posesion te causa tan ardientes deseos, y la privacion del cual te hace
sentir penas tan crueles?

»¡Dios mio, cuán difícil me es hacer esta
cuenta, pues he perdido el tiempo, y no sé
cómo repararlo! En la pena que me causaba,
poner mis cuentas en estado de estar pronta
á rendirlas, no he sabido á quién dirigirme

sino á mi adorable Maestro, que por una grande bondad, ha querido encargarse de este trabajo; para lo cual le he entregado todos los artículos, sobre que he de ser juzgada y sentenciada, que son nuestras reglas, constituciones y directorio, que servirán para mi justificacion ó condenacion. Despues de haberle hecho esta entrega de todo lo que me interesa, sentí una paz admirable á sus piés, donde me mantuvo largo tiempo como anonadada en el abismo de mi nada, esperando el juicio que haría de esta miserable criatura.

»El segundo dia me fué presentado en la oracion, como un cuadro de todo lo que yo habia sido y lo que era entónces; pero ¡oh Dios mio, qué mónstruo más defectuoso y más horrible á la vista! Yo no veia ningun bien, sino tanto mal, que me era un tormento pensar en ello.... ¡Oh Salvador mio! quién soy yo, para que me hayais esperado tanto tiempo á penitencia, yo que mil veces me he expuesto á ser abismada en el infierno por el exceso de mi malicia, y otras tantas lo habeis impedido por vuestra infinita bondad. Continuad pues, amable Salvador mio, ejer-

ciéndola sobre una criatura tan miserable...
No me priveis ¡oh Dios mio! de amaros
eternamente por no haberos amado bastante en el tiempo. En lo demás, haced de mí
todo lo que os agrade; yo os doy cuanto tengo y cuanto soy. Y todo el bien que pueda
hacer, no podrá reparar la menor de mis
faltas sin Vos mismo. Yo soy insolvente, ya
lo veis, mi divino Maestro; aprisionadme,
consiento en ello, con tal que sea en la prision de vuestro Sagrado Corazon. Y cuando
esté allí, cautivadme y ligadme con las ca-
denas de vuestro amor, hasta que os haya
pagado todo lo que os debo; pero como jamás podré hacerlo, jamás saldré de esta
prision, que es lo que deseo (1).»

En una carta escrita en la misma época,
decia:

«Me encuentro en una muerte de todo deseo, que me asombra. Temo que esta preten-
dida paz sea un efecto de aquella tranquilidad, en que deja Dios algunas veces á las
almas infieles, y que mi grande infidelidad

---

(1) Vida por sus contemporáneas, t. i, páginas 294
y 296.

á sus gracias me haya atraido este estado, que es tal vez una señal de reprobacion; porque os confieso, que no puedo querer, ni desear nada en este mundo, aunque veo que en materia de virtud todo me falta... Siento solamente un perfecto asentimiento al beneplácito de Dios, y un placer inefable en los sufrimientos (1).

La Beata habia llegado á este estado de perfeccion, cuando plugo á nuestro Señor llamarla á Sí.

Durante su última enfermedad, habiéndose apercibido una Hermana de que sufría extraordinariamente, se ofreció á procurarle algun alivio; pero ella la dió gracias, diciendo que todos los momentos que le quedaban de vida eran demasiado preciosos, para no aprovecharlos; que á la verdad sufría mucho, mas nó lo bastante, para satisfacer su deseo (tanto gusto encontraba en los sufrimientos); que recibia tanto contento en vivir y morir sobre la cruz, que por muy ardiente que fuera su deseo de gozar de su Dios, lo tenía aún mayor de perma-

_____

(1) Carta cxxxiii al P. Rolin, t. ii, pág. 287

necer en aquel mismo estado hasta el dia del juicio, si tal era la voluntad de Dios, por las delicias que en él encontraba.

Dios, sin embargo, quiso acabar de purificar y embellecer un alma ya tan santa, inspirándole tan gran temor de su justicia, que se vió sumida en las mayores angustias á la vista de los terribles juicios de Dios. «Se la veía temblar, humillarse y abismarse ante su crucifijo, repitiendo con hondos gemidos: «¡Misericordia, Dios mio, misericordia!» Pero poco tiempo despues se disiparon sus temores, su espíritu volvió á gozar de gran tranquilidad, y recuperó gran confianza y seguridad de su salvacion. Se retrató de nuevo la tranquilidad en su rostro, y exclamaba de vez en cuando: *Misericordias Domini in æternum cantabo,* añadiendo otras veces: «¡Qué quiero yo en el cielo, y qué deseo yo sobre la tierra, sino á Vos sólo, Dios mio!»

Luego decía otras veces:

«¡Ay! me abraso, me abraso! Si fuese de amor divino, ¡qué consuelo! Pero si jamás supe amar á mi Dios con perfeccion.» Y dirigiéndose á las que la sostenian, añadia:

« Pedidle que me perdone, y amadle con todo vuestro corazon, para reparar todos los momentos, que no lo he hecho. ¡Qué felicidad es amar á Dios! ¡Ah, qué felicidad! Amemos, pues, este amor, pero que sea con perfeccion. »

« Todo esto lo decia con tales trasportes y fervor, que se echaba bien de ver lo penetrado, que de ese divino amor, tenía el corazon. Despues habló del exceso del amor de todo un Dios para con sus criaturas, y del poco retorno que en ellas encuentra. »

Tambien decía: « ¡Ah, Señor, cuándo me retirareis de este destierro! » Repitiendo varias veces: *Lœtatus sum in his quœ dicta sunt mihi, etc.* « Sí, espero que por la misericordia del Sagrado Corazon, iremos á la casa del Señor. »

« Pidió que rezasen junto á ella las letanías de este adorable Corazon y las de la Santísima Vírgen, para que le fuera propicia en sus últimos momentos.

» Una hora ántes de espirar, dió de nuevo las gracias á su superiora por todos los pequeños alivios que le proporcionaba, añadiendo, que ya no los necesitaba; que no tenía más que hacer en este mundo, *sino abismarse en el Sagrado Corazon de Cristo Jesús*, y en Él exhalar su último suspiro.

»Despues de esto, permaneció algun tiempo en una grande paz, y habiendo pronunciado el santo nombre de Jesús, entregó dulcemente su espíritu en un exceso de su ardiente amor á Jesucristo, el que desde su cuna habia echado tan hondas raíces en su alma (1).»

Letanías del Sagrado Corazon de Jesús.

Señor, tened misericordia de nosotros.

Jesucristo, tened misericordia de nosotros.

Señor, tened misericordia de nosotros.

Jesucristo, escuchadnos.

Jesucristo, oidnos.

Dios, padre celestial, tened misericordia de nosotros.

Dios Hijo, Redentor del mundo, tened misericordia de nosotros.

Dios Espíritu Santo, tened misericordia de nosotros.

---

(1) **Vida por sus contemporáneas**, t. i, pág. 902.

Santa Trinidad, que sois un solo Dios, tened misericordia de nosotros.

Corazon de Jesús, sustancialmente unido al Verbo, tened misericordia de nosotros.

Corazon de Jesús, santuario de la divinidad, tened misericordia de nosotros.

Corazon de Jesús, templo de la Santísima Trinidad, tened misericordia de nosotros.

Corazon de Jesús, abismo de la sabiduría, tened misericordia de nosotros.

Corazon de Jesús, océano de bondad, tened misericordia de nosotros.

Corazon de Jesús, trono de misericordia, tened misericordia de nosotros.

Corazon de Jesús, tesoro inagotable, tened misericordia de nosotros.

Corazon de Jesús, cuya plenitud se derrama sobre nosotros, tened misericordia de nosotros.

Corazon de Jesús, paz y reconciliacion nuestra, tened misericordia de nosotros.

Corazon de Jesús, modelo de todas las virtudes, tened misericordia de nosotros.

Corazon de Jesús, infinitamente amante y digno de ser infinitamente amado, tened misericordia de nosotros.

Corazon de Jesús, fuente de agua viva que salta hasta la vida eterna, tened misericordia de nosotros.

Corazon de Jesús, objeto de las complacencias del Padre celestial, tened misericordia de nosotros.

Corazon de Jesús, propiciatorio por nuestros pecados, tened misericordia de nosotros.

Corazon de Jesús, lleno de amargura por nuestra causa, tened misericordia de nosotros.

Corazon de Jesús, triste hasta la muerte, en el huerto de Getsemaní, tened misericordia de nosotros.

Corazon de Jesús, harto de oprobios, tened misericordia de nosotros.

Corazon de Jesús, herido de amor, tened misericordia de nosotros.

Corazon de Jesús, atravesado de una lanzada, tened misericordia de nosotros.

Corazon de Jesús, desangrado en la cruz, tened misericordia de nosotros.

Corazon de Jesús, rasgado de dolor por nuestros pecados, tened misericordia de nosotros.

Corazon de Jesús, ultrajado todos los dias por los hombres ingratos, en el Santísimo Sacramento de vuestro amor, tened misericordia de nosotros.

Corazon de Jesús, refugio de los pecadores, tened misericordia de nosotros.

Corazon de Jesús, consuelo de los afligidos, tened misericordia de nosotros.

Corazon de Jesús, perseverancia de los justos, tened misericordia de nosotros.

Corazon de Jesús, salud de los que esperan en Vos, tened misericordia de nosotros.

Corazon de Jesús, esperanza de los moribundos, tened misericordia de nosotros.

Corazon de Jesús, apoyo de vuestros devotos, tened misericordia de nosotros.

Corazon de Jesús, delicias de todos los santos, tened misericordia de nosotros.

Corazon de Jesús, nuestra ayuda en las tribulaciones que han venido sobre nosotros, tened misericordia de nosotros.

Cordero de Dios, que borrais los pecados del mundo, oidnos, Señor.

Cordero de Dios, que borrais los pecados del mundo, atendednos, Señor.

Cordero de Dios, que borrais los pecados

del mundo , tened misericordia de nosotros, Señor.

Jesucristo, oidnos.

Jesucristo, escuchadnos.

V. Jesús, manso y humilde de Corazon.

R. Haced nuestro corazon semejante al vuestro.

Oracion.

Señor poderoso y eterno, dignaos echar una mirada sobre el Corazon de vuestro amadísimo Hijo, aceptad las satisfacciones, que os ofrece en nombre de todos los pecadores, recibid las alabanzas que os tributa por ellos; y aplacado por sus divinos homenajes, por Jesucristo, amadísimo Hijo vuestro, perdonadnos nuestros pecados y hacednos misericordia. ¡Oh! Vos que vivís y reinais por los siglos de los siglos. Amen.

FESTIVIDAD DEL SAGRADO CORAZON DE JESÚS.

Designios del Sagrado Corazon de Jesús en la institucion de una fiesta en honor de su Corazon deífico.

La festividad del Sagrado Corazon de Jesús, es la festividad propia del amor; porque el corazon es su símbolo, y el mismo Salvador, al querer manifestarnos cuán grande sea éste, lo hizo abriendo su sagrado pecho y descubriendo su Corazon, enamorado de los hombres, cercado de llamas, rodeado de una corona de espinas, coronado con una cruz, llagado y teniendo escrita la palabra *Charitas* en caractéres de fuego en esa divina llaga; la cual en tan pocas lerast, declara todo el ser de Dios. *Deus charitas est.* (1.ª *Joan.* 4, 16.)

Con sólo considerar un poco el significado de estas insignias, con que se nos representa, comprenderemos cuáles sean sus designios y sus intenciones, al pedir á la humilde Vírgen de Paray, la Beata Margarita María, el establecimiento de una festividad, especialmente dedicada á venerar su Corazon, y al elegirla á ella para dar principio á su reinado en el mundo.

Tres son los principales fines que se ha propuesto este divino Corazon al descubrirse á los hombres, dirigiéndoles en la persona de la misma dichosa Margarita, estas tiernas á la par que consoladoras palabras: «Hé aquí, la dijo, mi Corazon, que tanto ha amado á los hombres, y que sólo recibe de ellos ingratitud y desprecio.» Estos fines son: 1.º recabar amor de los hombres, en cambio del suyo infinito; 2.º encontrar desagravio y alivio en las penas con que le afligen los pecadores; 3.º comunicar á las almas su vida, haciéndolas penetrar en lo interior de su Corazon, para que aprendan como en escuela divina, los secretos de su caridad en su comunicacion con las mismas.

Para lo primero, no perdona medio, se hace ingenioso hasta lo infinito para demostrar más y más los excesos de su amor. Dejemos hablar á la apóstol del Sagrado

Corazon, quien mejor que nadie posee el don de explicarnos esos admirables secretos. Dice así: «Honrándome un dia mi divino Salvador con sus inefables caricias, me hizo descansar largo tiempo sobre su sagrado pecho, y descubriéndome entónces las maravillas del amor que encierra: Mi Corazon, me dijo, está tan apasionado por los hombres, y en particular por tí, que no pudiendo tener ocultas las llamas de su abrasada caridad, desea por tu medio encender en ellas los corazones de todos los hombres.» ¡Qué cierto es que anhela con ánsias y suspiros ver correspondido su fino amor! pero estas ánsias y estos suspiros no quedarán satisfechos hasta que le demos nuestro corazon por entero con cuanto él encierra; sólo así llenaremos el objeto que se ha propuesto al manifestarse á los hombres.

El segundo fin que tiene en el establecimiento de la devocion á su Sagrado Corazon, es ser desagraviado. Ciertamente, que viéndose tan olvidado y despreciado de la mayoría de las almas, no hallando en unas más que desvío, en otras ingratitud, y casi en la generalidad indiferencia; su Corazon tan sensible y amante, experimenta la necesidad de encontrar algunos corazones compasivos, que, comprendiendo sus dolores, se esmeren en aliviarlos. Él mismo nos lo dice, dirigiéndose á su privilegiada Margarita con las siguientes palabras : « El deseo de verme honrado y venerado de los hombres en el Santísimo Sacramento, enciende en mi Corazon una sed devoradora que le abrasa; mas apenas encuentro quien la mitigue, correspondiendo agradecido á mi amor. » Preciso será confesar que tenemos corazones de piedra si estas tiernas reconvenciones del Corazon más amante, son impotentes para mover los nuestros.

Hagamos de suerte que no tenga que volver á exhalar igual queja, formándole en este dia un trono de corazones donde descanse, y de los cuales brote el agua de una saludable penitencia que apague por completo, si cabe, su dolorosa sed.

El tercer designio que se propuso el deífico Corazon de Jesús, en la institucion de esta festividad, es tal vez el más tierno, el más inexplicable y el que más hace enmudecer á la razon humana. Porque, que el Señor de los señores, exija adoracion y reverencia, justo es sin duda. Que el Criador del universo, reclame sumision y dependencia de sus criaturas, nada más equitativo; pero que este Señor, que este Criador, que este Dios se rebaje, por decirlo así, hasta inclinarse hácia la miserable hechura de sus manos para pedir hasta con ruegos que quiera recibir sus dádivas amorosas; que el infinito y el omnipotente no quede satisfecho hasta que la misma impotencia y la nada le conceda lo que ella puede darle, que es nada en amor, nada en correspondencia á sus gracias; nada en todo, que es lo que únicamente posee, ¿no es esto maravilloso, y no es capaz de confundir y anonadar hasta el mayor abismo de la nada, la misma nada de la criatura? Y sin embargo, eso hace y eso desea con ardor el divino Corazon, convidando á todas las almas para que vayan á aprender en Él el medio más pronto y más eficaz de conseguir los designios del mismo deífico Corazon en la santificacion de las almas. No le basta al divino Jesús una devocion meramente exterior, no se contenta con ciertos homenajes, tributados muchas

veces por costumbre y casi sin atencion;
pide que las almas consientan en penetrar
en el santuario divino de su vida interior,
aprendiendo allí las virtudes, que levantan
á la criatura sobre sí misma y llegan á tras-
formarla en el mismo Dios. Quiere comunicarse á las almas en el secreto retiro de la
oracion é ilustrarlas con el conocimiento de
su ser: anhela por derramar con profusion
las gracias que no puede contener ocultas
en su Corazon, y manifestar tantos misterios como en Él se encierran. Pero desgra-
ciadamente, las más de las veces se vé tristemente engañado en sus esperanzas, aguar-
dando, pero en vano, quien quiera recibir
sus favores. Si Él mismo no lo dijera, ¿podríamos nunca llegar á creerlo?

Llenemos pues por completo los designios
del Corazon deífico al instituir esta festividad; y de hoy en adelante, aumentemos el
corto número de almas, generosas y fieles
que le amen, le desagravien y le conozcan.

Ofrecimiento al Sagrado Corazon de Jesús.

¡Qué dicha, Corazon encendido y abrasado en caridad, qué dicha la nuestra de haber atraido vuestras misericordiosas miradas, reclamando de nuestros pobres corazones, aquello que únicamente puede satisfacer el vuestro! ¿Qué encontrais en el hombre? ¡oh Corazon divino! ¿Cuál es ese iman misterioso que sin cesar os atrae á cifrar vuestra bienaventuranza, en recibir el mezquino amor de la criatura? ¿Quién creyera, si Vos mismo no lo dijérais, que suspirais sin cesar por veros amado, y pareciendo que no os basta, ni satisface la inmensidad infinita del amor, que como á Bien infinito os amais á Vos mismo, quereis que lo más pobre y miserable llene ese como vacío de vuestro Corazon divino? ¡Oh Jesús, cuán incomprensibles son vuestros caminos! pero, ¿qué importa? ¿No sería atrevimiento grande á la criatnra querer sondearlos..? Basta pues, Corazon amante, basta con que manifesteis vuestros deseos, para que afanosos y amantes nos postremos fervorosos ante vuestro Corazon , y correspondiendo á vuestros deseos, os tributemos amor y desagravio. ¡Oh Corazon deífico! queremos amaros tanto, que no tengais ya que volver á quejaros de desamor; nos ofrecemos tan de veras á consolaros, que miéntras tengan un latido nuestros corazones, no os faltará alivio en vuestras penas: queremos asímismo participar tan íntimamente de vuestra vida, que la nuestra sea como reproduccion de aquella que os anima. Obrad con libertad en nuestras almas; sean ellas como espejos donde se reflejan las divinas perfecciones de vuestra vida interior , y sean tan íntimas vuestras comunicaciones con nosotros , que podamos exclamar con el Apostol: « No vivo yo, sino Cristo vive en mí.» Así sea, Corazon divino, así sea ¡oh único amador de los hombres, y único asímismo digno de conquistarle su amor! y cumpliéndose esto así, no quedarán desatendidos los más vivos deseos de nuestro deífico Corazon, al pedir y desear, verse especialmente venerado de los fieles. Amen.

Meditacion.

El preludio y la oracion preparatoria como todos los dias.

Punto 1.° En los momentos más solemnes de la pasion de Jesucristo, cuando manifestaba al mundo ingrato, cuanto le habia amado, ese mismo amor, le arrancó una queja dolorosa, que atravesando siglos, resuena hoy dia aún, en los corazones de los hombres. *Sed tengo*, dijo Jesucristo, desde el infame madero de la cruz, trasformado entónces, en árbol de vida y altar de holocausto; y hoy todavía pronuncia igual queja, desde el silencio del tabernáculo, donde reside oculto, olvidado y más despreciado, si cabe, que en el calvario. Pero si con frecuencia nos dirige tan lastimosa queja, hoy sobre todo lo hace, amante y contristado, para que llevemos algun alivio, á sus ansias, y démos algun descanso á sus fatigas. ¡Oh alma cristiana! atiende á su voz, y vé cuál sea la causa, que en Él enciende *sed* tan abrasadora. ¡Ah! es que el mundo, yace como muerto, olvidado de Dios, despre-

ciando su santa ley, indiferente á sus bondades, y osado y atrevido, ya no teme sus
castigos vengadores. ¿Cómo pues no se ha
de abrasar de sed el Corazon deífico de Jesús,
viendo tan perdidos sus más afanosos deseos
de la gloria del Padre..? Y si esto hace el
mundo ingrato, ¿qué hacen aquellos, que se
llaman sus amigos, sus hermanos, y que
áun se atreven á llamarse reparadores de
sus ultrajes..? ¡Qué frialdad en corresponder
á su amor..! ¡qué desprecio y abuso de sus
gracias..! ¡Qué desvío ante los sacrificios..!
¡Qué desatendidas sus llamadas é inspiraciones! ¿Nó tiene pues razon el divino Corazon de exclamar hoy de nuevo: *tengo sed..?*

Punto 2.º Si hemos meditado atentamente
el punto que antecede, sin duda ninguna
que arderá nuestro corazon, en deseos de
dar al Corazon deífico el refrigerio, que nos
pide. Posible es que nos espante tan difícil
empresa porque ¿quién se considerará capaz
de saciar los deseos de un Dios? Pero no nos
turbemos: el mismo Corazon divino nos
dice, por qué medio lo conseguiremos, repi-
tiéndonos aquellas palabras del profeta:
«Hijo mio, dame tu corazon; él solo puede

satisfacerme, y no ya aliviar, sino apagar
por completo, esa sed que me devora. Pero
le quiero sin particion, sin division, sin re-
servas, dámelo todo, no me niegues esa
dádiva, cuando yo dispuesto estoy, á entre-
garte en cambio el mio, con cuantas gracias encierra...» ¡Oh alma cristiana! ¿aún
titubeas? En este dia consuela al Corazon
divino de Jesús, entregándole sin reserva
el tuyo, pues que en esa entrega, lo reci-
birás todo, lo encontrarás todo, lo poseerás
todo, porque poseerás como propio, al Corazon que es el que da ser á todos los corazones.

Corazon amantísimo de Jesús, vuestro es
el mio, yo os lo entrego hoy, para nunca
más disputaros su posesion; ojalá que pueda
oir en este dia, estas dulcísimas palabras:
«Tu amor ha sido para mí, como un bálsamo
suavísimo, derramado en mis amarguras;
tu corazon, me ha servido de refrigerio; en
él descanso; en él encuentro alivio; en él
tomaré mi reposo, y cuando sediento me
halle, á tí pediré esa agua saludable de
amor, que mitigue y apague los ardores de
mi Corazon.

¡Oh dulce y amante Jesús! ¡oh Corazon todo

amor! amor es lo que quereis, amor lo que buscais; ¿amor lo que os alivia? amor pues os daré, á él me abandonaré sin resistencia, y dejándole plena libertad, triunfareis Vos, porque triunfará él.

Coloquio.

Qué mucho es, Corazon amante, que reclameis en pago de vuestras finezas innumerables é infinitas, mis finezas...! mis contadas y escasas finezas...! mis pobres, mis imperfectas finezas...! Si os diera en mi supremo sacrificio de generosidad mi corazon entero, sería poco. ¿Qué sería, si os le diera dividido? ¡Ah! al abismarse él, todo entero en ese hermoso y dulce mar de la vida, yo mismo exclamára: si ese mar de dulce vida no fuera infinito en ella; si su hermosura pudiese mancillarse, y su infinidad recibir límites, Soberano Corazon, no me lo mandeis, porque al abismarme, disminuyera vuestra dulce vida, la amargura de la mia: manchara vuestra hermosura, humillara vuestra riqueza, la fealdad y miseria de este corazon, tantas veces afeado por mis culpas, tantas empobrecido con sus quiebras. ¡No me lo mandeis, Señor, porque no osaré jamás limitar al infinito...! Esto diría dando todo el corazon... ¿Qué podria decir dándole á medias, ó al ménos dividido...?

Pero ¡oh divino Corazon! ¿quereis convertir en ese abismo de vida dulce, quereis abismar en ese hermosísimo é infinito océano, que forman vuestras finezas sin cuento, este mi pobre corazon, para que si más vida, más dulzura, más hermosura pudiera tener vuestro Corazon infinito, la recibiera comunicándose al mio? Pues vuestro es, tomadle todo, que en ello, Señor, vuestra grandeza, será la mia; el ensanche de vuestra vida y hermosura será la mia. Dichosa dádiva, que tanto me sublima... Dichoso abismarse, que participa infinita dulzura, infinita vida, infinita hermosura... ¡Qué magnánimo sois en finezas, bondadoso Corazon! Pedís favores y el mismo pedir, son ya infinitas bondades. ¿Que será el comunicarlas? Corazon generoso, quereis ser todo para mí, sea mi corazon todo vuestro, entrad desde hoy en su posesion, para que no sea mio jamás. Reinad en él en el tiempo y en la eternidad.

D. S. B.

APÉNDICE

SOBRE EL DESARROLLO DE LA DEVOCION

AL SAGRADO CORAZON

(De 1686 á 1690.)

APÉNDICE

I.

Recuerdos históricos relativos á la capilla del jardin del Monasterio de Paray-le-Monial.

«...Es preciso que os comunique una nue-va que me llena de alegría, escribia la humilde Apóstol del Sagrado Corazon en el año de 1686, y es que nuestra Comunidad ha concebido el deseo de colocarse bajo la particular proteccion del Corazon adorable de Jesús, para cuyo objeto se está construyendo una capilla enteramente dedicada á su honor (1).»

---

(1) La construccion de esta capilla se resolvió unánimemente por la Comunidad de Paray, el 21 de Junio de 1686, dia en que, por la iniciativa de la hermana Escures, tuvo lugar la espontánea consagracion de los corazones de todas las hermanas al del divino Dueño.

Este precioso monumento ha atravesado, intacto, los dias nefandos del siglo pasado; la veneracion que le merecian sus tiernos recuerdos fué, contra lo que sucedia en aquella triste época, su mejor garantía.

La bendicion de este *primer edificio*, consagrado en el universo á gloria del Corazon de Jesús, tuvo lugar el dia 7 de Setiembre del año de 1688, «con una pompa extraordinaria», dicen las religiosas de la Visitacion de Paray en su *Memoria de las contemporáneas.*

»Los señores que componen el Ayuntamiento de esta ciudad y los señores Curas párrocos de las parroquias vecinas, se reunieron en nuestra iglesia parroquial, y vinieron luégo en procesion hasta nuestro jardin, seguidos de infinidad de gente, á quien no se pudo prohibir la entrada. Era la una de la tarde, y las ceremonias y oraciones duraron hasta las dos.

»Durante todo este tiempo y mucho despues, permaneció en la capilla nuestra bienaventurada hermana, tan completamente absorta y abismada en Dios, que, de las muchas personas que deseaban hablarla, no hubo ni una siquiera que se atreviese á darse tan piadosa satisfaccion. Durante esas tres horas, hicieron un estudio por ver si cambiaba de póstura, pero repararon que permaneció inmóvil como una estátua.

»¿Qué pasó entónces en el interior de esta amiga de Jesús? Es un secreto que no ha manifestado; pero sin duda que al contemplar el triunfo del Sagrado Corazon, debió exclamar su alma, como antiguamente el anciano Simeon : «¡Ya moriré contenta, puesto que el Corazon de mi Salvador empieza á ser conocido...!»

Pues si despues del 21 de Junio de 1686 escribia esas palabras á la madre Greffier, ¡con cuánta mayor razon debió repetirlas el 7 de Setiembre de 1688, al asistir á la consagracion del primer santuario dedicado al culto del Sagrado Corazon!

»Fácilmente se comprenden los encantos que tenía ese santuario para la Beata, y más de una vez tuvo en él las comunicaciones más íntimas con su divino Maestro.

»La llenaba de consuelo ver á la Comunidad todos los primeros viérnes del mes, visitar procesionalmente el bendito santuario, cantando las letanías del Sagrado Corazon y renovando el acto de desagravio y de consagracion al mismo.»

Multitud de peregrinos acudieron desde entónces á visitar ese lugar privilegiado del

Corazon de Jesús, siendo, por decirlo así, las grandes manifestaciones que desde hace algunos años venimos felizmente presenciando, como el desarrollo progresivo de esas *primitivas peregrinaciones*, de las que á veces habla la Bienaventurada vírgen de Paray en sus cartas.

En el mes de Marzo del año de 1689, escribia á una religiosa de la Visitacion de Moulins, lo siguiente:

«...Con el objeto de satisfacer vuestro piadoso deseo, relativo á que os diga alguna práctica en honor del Sagrado Corazon, he visitado su capilla; pero mis pecados me hacen indigna de oir su voz, y sólo he tenido el pensamiento de que ama con ternura vuestra querida alma, y que tendrá sumo gusto de que durante este santo tiempo de cuaresma le hagais todos los dias tres visitas, bien sea delante de su imágen ó del Santísimo Sacramento. La primera, para pedir que su divino Corazon sea como una canal por la cual derrame de continuo el Padre Eterno sus misericordias sobre los corazones endurecidos de los pecadores, á fin de atraerlos á su amor y á su conocimiento;

la segunda, para rogarle tenga á bien establecer el reino de su caridad y amor en nuestro Instituto, y la tercera, para ofreceros á Él, cual víctima de holocausto, para que los ardores de su puro amor os consuman sobre la cruz; todo esto lo podreis hacer en espíritu. Y para que su bondad cumpla el fin que con esto se propone y os conceda las gracias que pretende, me he sentido inspirada al volver de la *peregrinacion* que he hecho en vuestro favor, á entregaros y poner á vuestra disposicion una de las misas que ha inspirado, ofrezcan por mi intencion todos los viérnes unos santos religiosos.»

En 1690, escribia tambien:

«...Es menester que os diga que tengo el inefable consuelo que van teniendo por aquí mucha devocion al Sagrado Corazon, y que varias personas le hacen novenas con velas encendidas, recibiendo el objeto de sus peticiones, y áun hay quien se arrodilla por fuera de las paredes de nuestra capilla.

II

El Corazon Sagrado de nuestro Señor Jesucristo empieza á ser conocido y amado, á impulso de las dulces insinuaciones de la Bienaventurada.

El Señor en sus designios habia escogido el monasterio de Paray-le-Monial para que como de un centro extendiese los rayos de la devocion al Sagrado Corazon, primero sobre la órden de la Visitacion, y luégo sobre el mundo entero.

En los años de 1686, 1687 y 1688, contribuyeron eficazmente á esto, las cartas de la bienaventurada, conforme nos lo indican los siguientes extractos :

Carta á la Madre de Saumaise, en Dijon (1).

(2 de Marzo, 1686).

«Carísima y amadísima Madre mia :
»... Como habeis sido la primera, á quien

_____

(1) La Madre de Saumaise habia gobernado la Comunidad de Paray-le-Monial desde el año de 1672 al año de 1678, en los cuales fué favorecida la Beata con las principales visiones relativas á la devocion al Sagrado Corazon.

ha querido el Sagrado Corazon de nuestro divino Maestro que diga, el ardiente deseo que tenía de ser conocido, amado y glorificado de las criaturas, me siento interiormente impulsada á deciros de su parte que desea, mandeis hacer una lámina con la imágen de ese Sagrado Corazon, á fin de que cuantos quieran tributarle homenajes particulares, puedan tener estampas suyas en sus casas, y otras pequeñas para llevar consigo. Me parece que será para vos una gran felicidad, el procurarle esta honra, y de la que recibireis una recompensa mayor que de ninguna otra cosa que hayais hecho, pues como en ello no habrá más que el interes puro de su gloria, á medida que ésta se acreciente, se aumentará tambien el grado de gloria que os ha preparado, estando además grabado vuestro nombre en ese Sagrado Corazon con caractéres indelebles. Pero, como quiere, que si le podeis procurar esta satisfaccion, sea sin interes alguno, y puramente por su amor; no me permite que os manifieste lo demás que os reserva si le dais ese gusto. »

«... Hacedle amar por todos los medios

posibles. Os envío una pequeña consagracion á ese divino Corazon para hacerla en
particular; tambien hay otra para hacerla
en general. Si la deseais os la enviaré y
asímismo otras pequeñas oraciones, pues no
tengo mayor consuelo y alegría que verle
reinar en todos los corazones.»

Carta á la Madre de Soudeilles, en Moulins.

(4 de Julio de 1686).

«... Yo no sé, mi querida Madre, si com-
prendeis bien lo que es la devocion al Sagrado Corazon de nuestro Señor Jesucristo,
de que os hablo, la cual hace gran fruto y
obra profundos cambios en los que se consagran y entregan á ella con fervor. Muy
vivamente deseo que vuestra Comunidad
sea de ese número. No sé si os desagra-
dará mi deseo y mi excesiva libertad, pero
el afecto de mi pobre corazon, con otro de
quien cree ser amado es causa de ello; y
áun hubiera querido poderos enviar una pequeña imágen de ese Sagrado Corazon para
llevarla sobre el vuestro. Hemos encontrado

esa devocion en los ejercicios del R. P. de la Colombiere, á quien se venera como Santo. Ignoro si teneis de ella noticia, así como del libro de que os hablo, y en caso negativo, tendría especial gusto en enviároslo (1). »

Otra carta á la Madre de Soudeilles, en Moulins.

(15 de Setiembre de 1686).

«Tengo el mayor gusto, mi muy amada Madre, de despojarme en favor vuestro, y

_____

(1) Por estas palabras se ven las piadosas industrias de la santa para ocultar su obra á los ojos de las criaturas, y extender la devocion del Sagrado Corazon, dejando toda la gloria de esta gran mision al R. P. de la Colombière.

Las líneas siguientes, sacadas de la Memoria de la Madre Grefier, escrita despues del fallecimiento de la Beata, nos sirven de nueva prueba:

"Ya sabeis que el Corazon adorable de nuestro Señor Jesucristo ha sido el objeto de la mayor y más íntima devocion de nuestra querida hermana Margarita María, desde que nuestro Señor le hizo la gracia de descubrirle su Corazon en el Santísimo Sacramento, conforme lo trae el R. P. de la Colombière en el libro de sus ejercicios. Aunque no la nombra, no ignoramos que de ella ha sabido lo que señala en su libro, y este conocimiento no ha dejado de costar á nuestra buena hermana, unos buenos bocados al gusto de su humildad.»

con licencia de nuestra venerable Madre,
del libro de los Ejercicios del R. P. de la
Colombiere, y de esas dos estampas del Sagrado Corazon de nuestro Señor Jesucristo
que nos han regalado. La mayor para que la
coloqueis al pié de vuestro crucifijo ú otro
cualquier lugar para venerarla, y la pequeña para que la lleveis encima, con la ad-
junta consagracion que tomo la libertad de
enviaros, confesándoos, mi amada Madre,
que es menester amaros como lo hago, y
estar tan convencida de vuestra benevolen-
cia conmigo, para atreverme á ello. No puedo, sin embargo, dejar de hacerlo así, cre-
yendo que este divino Corazon desea hacerse
el dueño absoluto del vuestro, á fin de que le
hagais amar, venerar y glorificar en vuestra Comunidad, sobre la cual, espero que
pretende derramar por ese medio con mayor abundancia sus gracias y sus bendiciones de amor y union en vuestros corazones, y de santificacion en vuestras almas;
pues es el manantial inagotable de todos los
bienes, y nada desea tanto como comunicarse, sobre todo á las almas fieles; como
las que forman vuestra Comunidad...

»¡Ay! Amada Madre mia, cuánto gusto me proporcionais en querer tributar particulares homenajes á ese Corazon adorable, el cual *amó tanto á los hombres, que se consumió todo* en el árbol de la cruz para manifestarles su amor, y aún continúa haciéndolo en el Santísimo Sacramento. Pero vuestra caridad sabe todo esto mejor que yo, confesando ingénuamente que soy muy soberbia en hablaros así, siendo una pecadora tan mala y miserable y un compuesto de toda clase de miserias, capaz de atraer la cólera de Dios y de contrarestar el curso de sus misericordias... Si quereis que se mantenga firme nuestra union y amistad, no penseis en mandarme el importe del libro ni de las estampas; pues sería el medio de romperlo todo conmigo, que me hallo bien recompensada con saber que quereis amar y ser toda del Sagrado Corazon de Jesucristo.

»...No os podeis figurar la gran devocion que á ese Sagrado Corazon ha inspirado á nuestras hermanas de Semur-en-l'Oxois la lectura de ese libro (del Padre de la Colombiere). Han mandado pintar un cuadro y le han erigido un altar, y su muy venerable Madre (1) me decia que su Comunidad ha sentido de ello admirables efectos.»

Carta á la Madre de Saumaise, en Dijon.

(17 de Febrero de 1687.)

«Es menester confesaros, mi querida Madre, que nuestro Señor me quiere mortificar bien con el retraso de las estampas de su Sagrado Corazon, aunque me parece que hago cuanto está en mi poder, si bien no soy sino impotencia y miseria... Es preciso tener paciencia; pero desde que esto está entre manos, no sé á qué atribuir tanta tardanza sino á mis pecados, que me hacen un objeto de contradicciones y obstáculos en

(1) La Madre Petronila Rosalía Greffié, profesa de Annessy, habia gobernado la comunidad de Paray en los años de 1678 á 1684. Iniciada por la Beata en la devocion del Sagrado Corazon, la estableció prontamente en su nueva Comunidad, lo que dió lugar á que la Beata le escribiese las siguientes palabras: »No os puedo decir el consuelo que me habeis dado con querer ayudarnos á venerar ese amable Corazon con toda vuestra Comunidad.» Me proporciona eso mayores trasportes de alegría que si me pusiéseis en posesion de todos los tesoros de la tierra.

toda buena empresa. Me parece además que el demonio teme mucho que se cumpla esa buena obra, á causa de la gloria que ha de procurar al Sagrado Corazon de nuestro Señor Jesucristo por la salvacion de tantas almas como obrará la devocion á este amable Corazon, en favor de los que del todo se consagren á Él para amarle, venerarle y glorificarle. ¡Ah, mi amada Madre! ¡cuán á tiempo llueven sus misericordias sobre tantos pobres corazones ingratos é infieles que sin Él perecerían! No obstante, espero que su ardiente caridad los salvará y derramará por todas partes la suavidad de su puro amor.»

Carta á la hermana Juana Magdalena Joly, en Dijon (1).

(1687.)

«No puedo manifestaros los dulces trasportes de mi alegría al recibir vuestra estampa, que es tal cual yo la deseaba. No

---

(1) La hermana J. M. Joly, religiosa de la Visitacion de Dijon, recibió con un ardor indecible las primeras nociones sobre la devocion al Sagrado Corazon, y habia desde entónces merecido que la Beata le llamase "ver-

tengo tampoco expresiones para decir el consuelo que me proporciona vuestro fervor en favor del Sagrado Corazon. Continuad, mi querida hermana; espero que este divino Corazon reinará, á pesar de todas las oposiciones; yo no puedo hacer más que callarme y sufrir. »

Cartas á la Madre de Saumaise, en Dijon.

(Marzo, 1687.)

«...Creo que todas mis oraciones y cuanto puedo hacer, sólo tienen el objeto de establecer el reino del Sagrado Corazon y ahora conseguir un favorable despacho de la súplica que habeis hecho á Roma con ese objeto (1). No dejo de impetrar la proteccion

---

dadera amiga del Sagrado Corazon de nuestro amable Jesús.» En la época en que se le dirigia esta carta, acababa de enviar á la Beata el bosquejo de la lámina de las estampas del Sagrado Corazon, que habia dibujado por órden de su superiora, sin tener ni los primeros elementos del dibujo. Dios bendijo tan visiblemente ese acto de obediencia ciega, que el artista encargado en París de grabarla no tuvo nada que enmendar en ella.

(1) Pidiendo la aprobacion de la fiesta, de la misa y del oficio del Sagrado Corazon, la hermana Juana Mag-

de la Santísima Vírgen y de nuestro bien-
aventurado Padre de la Colombiére, el que
espero nos servirá de mucho... Confío que
llegaremos por fin á conseguir lo que deseamos para gloria de este amable Corazon,
á ménos que mis grandes infidelidades no
pongan obstáculo á ello. Si no conseguimos
buen éxito, no lo atribuyais sino á mis pecados, á pesar de los cuales no dejo de ofreceros á menudo al Sagrado Corazon.»

(1687.)

«...Haced cuanto podais para que se celebre esa misa en honor del Sagrado Corazon.
Tambien dará mucho impulso á nuestra empresa (á la cual os suplico os intereseis), si
se pueden conseguir indulgencias para el
dia de la fiesta. Trabajemos cuanto podamos; pero en cuanto á mí, os digo con harto
dolor que sólo sirvo de estorbo á causa de la
vida criminal que he llevado siempre. Esta
consideracion me hace á veces desear salir
de este mundo, á fin de que de ese modo sea

dalena Joly compuso en francés la misa, las letanías y
el oficio, y lo trasladó al latin el Sr. Charollais, cape-
llan del monasterio de Dijon.

el divino Corazon más conocido, amado y
glorificado.»

(Abril, 1687.)

«Pues bien, mi querida Madre, ¿y qué di-
remos del Sagrado Corazon de nuestro ama-
bilísimo Jesús?.. Jamás descubrí en Él tantas misericordias, ni me sentí tan incapaz
de manifestarlas, como asímismo la alegría
que me ha proporcionado ese librito, el cual
espero que ha de contribuir no poco á la extension de su reino (1). Os felicito por el
buen éxito de cuanto emprendeis por su
gloria. De este modo os dá á conocer el
gusto que en ello tiene y cuánto desea con-
tinueis su obra hasta su perfeccion. No os
canseis, pues me parece que por ese medio
tiene el designio de retirar á muchas almas
de la eterna perdicion.

(6 de Junio 1688.)

«... Si lo juzgais oportuno, podeis poner
ese pequeño oficio despues de las letanías
que vais á mandar imprimir. No obstante, si

---

(1) Pequeño opúsculo compuesto por la hermana Juana Magdalena Joly, aprobado por el señor Obispo de
Langres, y que en breve se propagó en todos los monas-
terios de la Orden.

no puede ser, no os inquieteis por ello, pues de todos modos quedaré contenta; si bien recibiría mucho consuelo con saber algo de Roma; entre tanto me repito toda vuestra en ese divino Corazon.

(Agosto 1688.)

«... Creo que os agradará el que os ofrezca un ejemplar en verso del oficio del Sagrado Corazon; dicen que es hermosísimo. Todo sea para la mayor gloria de ese divino Corazon.»

Junto á la viva solicitud con la cual la Beata trataba de aficionar las almas á la devocion al Sagrado Corazon, se encuentran palabras admirables que manifiestan la profunda humildad y el completo abandono á la voluntad de Dios, con que la sierva del Señor cumplia la mision que le habia sido encomendada.

«Tal vez, escribia en una ocasion, os he manifestado mis pensamientos, con demasiada libertad y sencillez, y puede que hubiera sido mejor encubrirlos bajo un humilde silencio: si así es, no teneis más que manifestármelo, asegurándoos que en ello seguiré por completo la inclinacion que tengo á no hablar jamás de esas cosas, sino á tenerlas sepultadas en lo más íntimo del Sagrado Corazon de mi divino Maestro, el cual me es testigo de la violencia que tengo que hacerme para hablar de ello: y no me resolveria á hacerlo, si no me hiciese conocer que está interesada su gloria en que así lo haga, y por ella sacrificaria gustosa millones de vidas si las tuviese por la gran satisfaccion que me causa hacerle conocer, amar y procurarle gloria.»

En otra parte leemos:

«... Si su beneplácito no quiere que pasemos adelante en esta obra, permanecerémos contentas y sumisas con la voluntad de Dios, puesto que sólo deseamos su cumplimiento. Y entónces habrá que dejarlo todo.

Os confieso, mi querida Madre, que á pesar de que no tengo en el mundo nada más querido, ni hallo nada que me fuese tan doloroso, como no ver en esto pleno resultado, me abandono no obstante á cuanto nuestro Señor disponga, diciéndole: «Señor, es negocio vuestro. Sé que si quereis, todo saldrá indudablemente bien, á pesar de los obstáculos que pongan para estorbarlo: y si no lo quereis, en vano trabajaremos, pues desbarataréis todos nuestros designios. Mas, si esta devocion ha de glorificaros, disponedlo todo á fin de que se convierta en honor vuestro, y para ello haceos dueño de los corazones.»

Nuestro Señor quiso poner á prueba la confianza de la Beata, como lo prueban las líneas siguientes, dirigidas á la madre de Saumaise en el mes de Agosto del año de 1688; dice así:

«¡Cuán afligido está vuestro corazon, mi buena madre, por la repulsa que nos han dado en Roma (1), respecto al de nuestro adorable Salvador! Me parece, si no me engaño, que quiere que os venga á consolar de su parte, diciéndoos lo que me ha conso-

---

(1) La córte de Roma, no autorizó por de pronto el culto del Sagrado Corazon más que en la Diócesis de Langres, á la que pertenecia Dijon. Pero en el año de 1698, tres años despues del fallecimiento de la Beata, el Papa Inocencio XII por un nuevo breve, dirigido al monasterio de Dijon, enriqueció con indulgencias plenarias la fiesta del Sagrado Corazon, extendiendo este privilegio á todas las casas de la Visitacion. Por último, el año de 1854, habiendo el episcopado francés, dirigido una súplica á Roma, Su Santidad Pio IX extendió el culto del Sagrado Corazon á la Iglesia universal.

lado á mí. Despues que supe la noticia, que fué para mi corazon una espada que lo traspasó con el más vivo dolor, fuí á postrarme ante su imágen, para darle mis quejas. Pero recibi esta respuesta: «¿Por qué te afliges de lo que ha de ser para mi mayor gloria? Pues ahora se inclinan á venerarme y á amarme sin más apoyo que el amor, y esto me complace mucho, pero como este ardor puede enfriarse, lo que sería muy sensible á mi Corazon, queriendo la hoguera encendida del puro amor, no podría sufrirlo, entónces será cuando yo volveré á encender ese fuego en todos los corazones, mediante todos esos privilegios y otros todavía mayores; y no dejaré sin recompensa los trabajos sufridos con ese objeto. Permanece pues en paz.» Eso he hecho desde entónces, sin turbarme á pesar de todo cuanto oigo, y de estar en la incertidumbre de si tendré el consuelo de verlo. Pero poco importa; porque con tal de que Él esté contento, yo tambien lo estaré por el suyo aunque privada de todos los demás.

En los momentos en que parecia que todo el infierno se habia conjurado contra el establecimiento de la devocion al Sagrado Corazon, escribia las siguientes líneas:

«... Dícese que todos los curas han recibido órden de no introducir devocion alguna nueva en sus parroquias, y que hasta la que tiene por objeto este divino Corazon ha sido prohibida, particularmente en algunas. Tambien se dice, que van á prohibir á todos los libreros que impriman nada sobre esta materia; y otras cosas en contra de esta devocion. Pero nada de eso me asombra, porque tengo una confianza tan grande, de que nuestro Señor acabará lo que ha empezado, que me parece que aún en el caso en que se ofreciesen mayores oposiciones, tampoco dudaría....»

En otro lugar se lee lo siguiente:

«Cuando Satanás suscitaba contra esta obra unas contradicciones y obstáculos, mayores de lo que sabré decir, particularmente en sus principios, su bondad me alentaba, y me animaba con estas amorosas palabras, que me inspiraban una confianza y una seguridad inquebrantables:

«¿Qué temes? me decia. Reinaré á pesar de Satanás, y de todos los que me persiguen.»

III

Progresos consoladores, de la devocion al Sagrado Corazon.

Las cartas que escribió la Beata en los años de 1689 y de 1690, nos proporcionan el consuelo de seguir paso á paso los felices resultados y el desarrollo de la devocion que con tanto ardor insinuó.

Escribia en el mes de Agosto del año de 1689, con motivo de la propagacion del primer libro sobre la devocion al Sagrado Corazon (escrito por la hermana J. M. Joly) lo siguiente :

«... Siguiendo nuestra indicacion se han vendido esos libritos por siete sueldos, y no solamente se ha agotado la primera edicion, sino que creo no bastará la segunda...»

Carta á la hermana de la Barge, en Moulins.

(21 de Agosto 1689).

«... Decidme, mi querida amiga, ¿no sois toda de ese divino Corazon, y no sentís sumo consuelo en que se extienda su reino? ¡Oh! segura estoy de que así es, por lo cual os voy á dar parte de un hecho muy á gloria suya, que os dará motivo de bendecirle. Habiendo dado á una persona que reside en Leon uno de los libros de Dijon, se lo enseñó á un padre jóven, el cual á su vez se lo mostró á sus discípulos en dicha ciudad; éstos se aficionaron á él de tal manera, que sacaron gran número de copias, así de las letanías como de las oraciones, que rezaban con gran fervor. Estos jóvenes, habiéndolas enseñado á otros á su vez, se sintieron tan llenos de devocion hácia ese amable Corazon, que no dando abasto á sacar copias se dirigieron á la persona que tenía el libro rogándola los iniciase en la devocion al Sagrado Corazon de nuestro Señor Jesucristo, porque querian mandar imprimir ese libro, ofreciéndose á porfía á pagar la impresion; y entre todos fué tal el ardor que desplegó un jóven artesano, que hubo que cederle la palma; y habiéndose dirigido á uno de los más famosos libreros de Leon, se sintió éste á su vez tan sumamente movido de amor hácia ese divino Corazon, que quiso hacerlo

á sus expensas, lo que dió ocasion á una
piadosa contienda entre el jóven y él; pero
por último, habiendo él salido con la victoria llevó el libro del Sagrado Corazon á uno
de sus amigos para que añadiese algo más;
lo que le pidió con tantas instancias que no
pudo rehusar hacerlo: y es un santo religioso el que esto ha hecho (1). Se ha hecho
una nueva impresion muy hermosa y muy
buena encuadernacion: el despacho ha sido
tal, que habiendo hecho dos ediciones desde
el 19 de Junio se han agotado y van á hacer la tercera.

Carta á la hermana J. M. Joly, en Dijon.
(28 de Agosto 1689).

«... Es preciso que os confiese, mi querida hermana, que mi corazon no es sus-
ceptible ni de más alegría, ni de más satisfaccion que la que recibo con ver cómo se
extiende la gloria de ese amable Corazon,
la cual le llena á veces con tal exceso que
me veo impotente á expresarlo.»

(1) El Reverendo Padre Croiset, de la Compañia de
Jesús.

«No os podeis imaginar lo que se propaga esta devocion, y las muchas gracias de que es fuente. Ha habido algunos curas que en cuanto han tenido conocimiento de ella, la han establecido en sus parroquias; y hasta personas de gran piedad y doctrina, despues de haberse opuesto mucho, la encomian públicamente, y demuestran que no hay nada, ni más provechoso, ni más santo.

Carta á la Madre Dubuysson, en Moulins.

(22 de Octubre 1689).

«... ¡Qué consuelo, amada Madre mia, qué consuelo tan grande es el oir el relato de los felices progresos de esta amable devocion! Nos escriben de Leon que parece milagroso el afan y fervor con que la abrazan. Asímismo nos nombran tres ó cuatro ciudades, y entre ellas se halla Marsella, donde van á imprimir esos libros, habiendo solamente dicha ciudad pedido mil; y de las veintisiete casas religiosas que hay allí, ni una sola ha habido que no haya abrazado esa devocion con gran afan; en unas levantan altares al Sagrado Corazon, en otras le construyen capillas...

»... He querido comunicaros todo esto á fin de que bendigais á nuestro soberano Maestro, por tan felices progresos, suplicándole al mismo tiempo que ántes de llegar á tener la desgracia de servirle de obstáculo me retire de este mundo, y sin embargo, eso soy para sus mayores designios, pues mi vida no es más que un tejido de infidelidades, de ingratitudes y de resistencias.

Carta á la Madre de Saumaise, en Dijon.

(3 de Noviembre 1689).

«No puedo expresaros el consuelo que me proporciona el celo que teneis por la gloria de este amable Corazon. Continuad, pues no quedarán vuestros trabajos sin premio. Jamás se hallaron los corazones tan abrasados como con esta devocion. ¡Bendito sea Dios eternamente por ello!

Carta á la Madre Greffier, en Semur.

(1689 á 1690).

«... Os tengo que dar una noticia, mi buena Madre, tocante la devocion del Sagrado Corazon de Jesús; me han dicho, que se extiende por todas partes mediante el libro de Ejercicios del reverendo Padre de la Colombiere, y que se ha erigido una congregacion bajo el título del Sagrado Corazon de nuestro Señor Jesucristo. Tambien en otro punto, (no sé si en París) se ha formado otra, con el objeto de venerarle.

»No me sirve de pequeño consuelo el ver cómo se propaga esta devocion, la que se sostiene y progresa visiblemente por sí misma. En cuanto á mí no sé callarme, y en mi ruindad, no acierto á escribir una carta en la que no hable de ese Sagrado Corazon.»

Carta á la Madre Dubuysson, en Moulins.

(27 de Enero 1690).

«... Os confieso, mi única Madre, que es

grande el consuelo de cuantos aman al Sagrado Corazon por ver lo mucho que se va
extendiendo su devocion. La muy respeta-
ble Madre de nuestro primer monasterio de
Leon ha hecho penetrar esta devocion hasta
Polonia, por medio del librito de la misma
ciudad, y nos han dicho que lo van á tra-
ducir al italiano. Ruego á Dios, saque de
todo esto su gloria, y abrase nuestros corazones con los ardores del suyo adorable,
para que ya no podamos vivir sino en Él y
por Él.»

Carta á la Hermana J. M. Joly, en Dijon.

(10 de Abril 1690).

«... A pesar de la repugnancia que tengo
á escribir, sin embargo, cuando se trata de
hablar del Sagrado Corazon de mi divino
Maestro, no puedo dejar de hacerlo, y confieso que fuera de Él, todo me sirve de suplicio...

» Pedid á este amable Corazon que me es-
conda, tan en lo íntimo de sí mismo, que
permanezca allí sepultada en un eterno olvido y desprecio de todos, puesto que no

sólo los más rigurosos tormentos sino hasta la misma muerte, me servirian de consuelo con tal que reine. No tengo en esta vida más consuelo, que el que me proporcionais dándome noticias de los progresos y felices sucesos, de los intereses de ese divino Corazon. Pero no me los deis, más que cuando Él os lo inspire...

»... Los reverendos padres jesuitas, han tomado esta devocion con mucho celo, y la han establecido en todos sus colegios. En fin, mi íntima hermana, creo que sólo yo le sirva de obstáculo. Os suplico que le rogueis que ántes de que esto sea me retire de esta vida, en la cual no tengo otra satisfaccion sino la de ver amar, venerar y glorificar á este amable Corazon, en el cual, hemos de renovar con frecuencia la santa union que ha formado de los nuestros.»

IV.

Detalles históricos relativos á los primeros homenajes tributados al Sagrado Corazon los primeros viérnes del mes.

Esta devocion del primer viérnes del mes

se esparció á un mismo tiempo que la del culto al Sagrado Corazon.

En el año 1686 escribía ya la Beata lo siguiente:

«Los que se aficionan á venerar á este Sagrado Corazon, escogen para este efecto todos los *primeros viérnes del mes* para tributarle algunos honores especiales, siguiendo en ello cada uno su devocion.

»..... Tengo un vivísimo consuelo por ver aumentarse con tanto fruto la devocion á ese divino Corazon, van á Él con el mayor fervor y suavidad, como á manantial de salvacion; y algunas personas seculares le han hecho construir capillas y fundado misas en honor suyo todos los *primeros viérnes del mes.*

»..... En Marsella, en cuanto oyeron hablar de ella, pidieron con instancia á los predicadores que les explicasen bien en sus exhortaciones esta devocion, y se propagó tanto en ménos de quince dias, que es increible el número de personas devotas que comulgan todos los *primeros viérnes del mes.* Tambien nos han dicho que la van á establecer en todas las casas de los Reverendos Padres Jesuitas, que hacen comulgar todos los *primeros viérnes* de cada mes á los Padres jóvenes que aún no dicen misa.

Por último, vemos que luego que la Santa Sede hubo concedido su autorizacion para celebrar la primera fiesta pública en honor de este Corazon adorable, se celebró en Dijon el *primer viérnes del mes* de Febrero de 1689. Por una admirable coincidencia concurrió aquel dia con la octava de la festividad de San Francisco de Sales, como si este gran Santo hubiera querido unirse á sus Hijas, para tributar sus homenajes al divino Corazon de Jesús.

V.

Sentimientos de la Beata al ver desarrollarse la devocion al Sagrado Corazon.

Llenas están las cartas de la Beata en estos años de 1689 y 1690, de las expresiones más profundas de alegría al ver tan felices sucesos, «no encontrando, dice, términos para expresarlos.»

A cada instante brotan de su pluma exclamaciones como la siguiente:

«¡Ah, y qué grande alegría me causa el ver amado, conocido y glorificado al Corazon adorable de mi divino Maestro! Sí, no puedo tener en esta vida mayor consuelo, pues nada es capaz de satisfacerme sino el verle reinar.

» Me parece que sólo aspiro por el aumento de la devocion al Sagrado Corazon de mi Salvador.

» Quisiera deshacerme en acciones de gracias por los grandes progresos que se han seguido á tan felices principios. Esta es toda mi alegría y consuelo, todos mis intereses y pretensiones.»

Tambien su familia le procuraba el vivo consuelo de abrazar con generosos afanes la devocion al Sagrado Corazon.

En el mes de Agosto de 1689 escribió lo siguiente á la Madre de Saumaise:

«..... Sí, mi querida Madre, mi hermano el seglar es el que está construyendo la capilla de que os he hablado en Bois-Sainte-Marie, y ha mandado pintar un cuadro como el que aquí tenemos, para colocarle en

ella. Y mi hermano el sacerdote ha fundado
una misa á perpetuidad para todos los viérnes del año, la que se cantará solemne-
mente todos los primeros viérnes de cada
mes. Os digo esto en contestacion á la pregunta que me habeis hecho, y á fin de que
bendigais al Sagrado Corazon que se lo ha
inspirado; pues á pesar de mis deseos, no
les he querido indicar nada, para que salie-
se de ellos mismos. No os podeis figurar las
trasformaciones que en ellos ha obrado el
Sagrado Corazon: y me han asegurado estar
todos prontos á dar hasta la última gota de
su sangre, para sostener y propagar esa
santa devocion.»

Escribía tambien á su hermano el señor
cura de Bois-Sainte-Marie:

«No podíais, mi amadísimo hermano,
procurarme más sensible alegría, que ma-
nifestándome el celo con que os anima el
divino Corazon de Jesús para amarle y hacerle conocer, amar y venerar; tratando
por todos los medios posibles de establecer
en las almas el reino de su puro amor. ¡Ay!
en verdad que me habeis ganado, por lo que
es más capaz de mover mi mísero corazon,

el cual ni desea ni respira sino por ver reinar el de nuestro buen Maestro en todos los corazones capaces de amarle. Ahora, ya no puedo dudar del santo lazo con que su puro amor ha unido nuestros corazones, puesto que os ha inspirado un deseo que jamás me hubiera atrevido á proponeros, no permitiéndomelo el Sagrado Corazon hasta tanto que hubiéseis dado el primer paso por vuestro propio impulso, por el cual desea que le devuelva, como por otro yo misma, lo que quiere recibir de una y de otro. Ahora, pues, es cuando conozco la sinceridad de vuestra amistad, puesto que me dá las pruebas que deseaba. ¡Cuánto consuelo me proporciona veros tan liberal con este amable Corazon de Jesús! Me parece que es una señal cierta que quiere desprender el vuestro de todas las cosas de la tierra, pues desea que seais santo.»

Sin embargo, sólo á costa de sufrimientos concedió el Sagrado Corazon de nuestro Señor á la Beata el consuelo de ver propagarse su reino de amor.

Hallaremos esto comprobado con las líneas siguientes, extractadas de su correspondencia; dice así:

«La vida es para mí una cruz tan penosa, que sólo tengo en ella el consuelo de ver reinar el Corazon de mi adorable Salvador, el cual me gratifica con algun padecimiento extraordinario cuando esta devocion recibe algun nuevo impulso. Pero como no hay nada que no quisiera hacer y sufrir por eso, todas mis amargas amarguras se truecan en dulzuras en ese adorable Corazon, donde todo se trasforma en amor.»

Escribia tambien á la Madre Greffié, que tuvo la felicidad de ver á su Comunidad de Semour abrazar la devocion del Sagrado Corazon con un fervor extraordinario:

«...Si el Sagrado Corazon de Jesús no ha permitido que hayais encontrado, al introducir en vuestra Comunidad esa devocion, la cruz que en su amor me hizo la gracia de destinarme, es porque quiere que la lleve yo por las dos, pues para eso me ha puesto en este mundo y no le puedo servir sino así...»

La Beata dá tambien noticia en sus cartas, de algunas gracias concedidas por nuestro Señor á las personas que habian contribuido más á la gloria de su Sagrado Corazon.

31

Carta á la Madre Greffié.

«...El Sagrado Corazon quiere que os diga que nuestra Comunidad, con haberle tributado de las primeras sus homenajes, se ha granjeado de tal modo su amistad, que es el objeto de sus complacencias, y no quiere que al rogar por ella la llame más que la *Comunidad muy amada de su Corazon*. La complacencia que recibe por la veneracion que en ella le tributan, le hace olvidar las amarguras que de otros lados recibe. Me ha mostrado un tesoro de gracia y salvacion que para ella tiene reservado, en recompensa de la gran satisfaccion que siente nuestro Señor Jesucristo por los honores que tributa á su Sagrado Corazon; pero para hablaros con franqueza, no creo que esas bendiciones y gracias que os promete consisten en la abundancia de las cosas temporales, pues dice que éstas nos empobrecen de su gracia y de su amor, que es de lo que quiere enriquecer nuestras almas y nuestros corazones.»

Carta á la Madre de Saumaise.

«...Qué felicidad tan grande para vos de haber dado ese dinero para que se hiciesen las láminas del Sagrado Corazon; pues creo poderos asegurar, como me siento movida á hacerlo, que jamás recibireis mayor recompensa que por eso. Creo que habeis dado más gusto al Sagrado Corazon con esa liberalidad que le mira directamente á Él, que con ninguna otra cosa en toda vuestra vida.

Carta á la misma.

«... No os puedo expresar los dulces trasportes de alegría que ha sentido mi corazon al ver esas santas estampas, las que movieron á mi alma á daros mil bendiciones; me parece que la vuestra es sobre manera feliz, por tan próspero suceso, el que os estaba reservado juntamente con todas las gracias que ha de atraer sobre vuestra alma. En cuanto á esa buena hermana, (1)

_____

(1) La hermana Juana Magdalena Joly.

me parece, si no me engaño, que le ha dado más gusto con lo que ha hecho en honra suya, que lo que se lo habia dado hasta ahora en toda su vida; y que creo que el Sagrado Corazon quiere hacer de ella un monumento eterno de sus misericordias, pues me parece que la ama con ternura, y desea que en cambio ella tambien le ame única y constantemente. ¡Ay, mi amada Madre, cuán bueno es procurar satisfacciones á ese divino Corazon, y cómo las recompensará con bienes eternos é incomprensibles!

Carta á la hermana Juana Magdalena Joly.

«¡... Qué felicidad tan grande la vuestra, mi amada hermana, la de haber sido escogida para tan santa obra! No temais ya olvidaros para trabajar en ella, porque es la verdadera disposicion que pide para ello, olvido completo de sí y de todo propio interés. No hay cuidado que Él os olvide, ahora que su amor os mira con tanto gusto, ocupándose en purificaros y santificaros para uniros totalmente á Él, en tanto que vos os ocupais en glorificarle. Se complace en vuestro trabajo porque os ama, y si pudiéseis comprender cuánto y de qué modo, no escasearíais medio de pagárselo de cuantas maneras pudiérais.»

En cuanto á la Madre Melin, por cuya solicitud se construyó la primera capilla en honor del Sagrado Corazon, le dijo la Beata, que nuestro Señor habia recibido tanto consuelo y le habia sido tan acepto el cuidado que tuvo en construir un lugar donde su Sagrado Corazon fuese adorado, que en recompensa le prometia el privilegio de morir en un acto de su puro amor.

VI

Misericordiosos designios del Corazon de Jesús sobre la Francia.

Los pasajes de las cartas de la Beata que citamos aquí, nos dan á conocer que el Sagrado Corazon de Jesús, quiso constituirse protector de la Francia, y en sus misericordiosos designios sobre ella, deseó que le fuese consagrada, que levantase un edificio en su honor, y que su Sagrado Corazon figurase en sus estandartes.

Dice así:

«¡Ah! cuán felices son los que contribuyen al establecimiento del reino del Sagrado Corazon; por ese medio atraen sobre sí la amistad y las eternas bendiciones de este amable Corazon de Jesús, y además un protector poderoso para nuestra patria. No se necesitaba uno ménos poderoso para desviar la amarga severidad de la justa cólera de Dios por tantos crímenes como se cometen. Pero espero que este divino Corazon, será un manantial abundante é inagotable de misericordia y de gracia.

»Me parece que este divino Corazon desea entrar con pompa y magnificencia en los palacios de los príncipes y de los reyes, para recibir allí homenajes de veneracion en cambio de los ultrajes, desprecios y humillaciones que recibió en ellos durante su pasion, y que reciba tanto consuelo con ver á los grandes de la tierra humillados y postrados ante Él, cuanta fué la amargura que sentia al verse anonadado á sus piés. Ved aquí las palabras que oí respecto á esto:

«Haz saber al hijo primogénito de mi Sagrado Corazon, hablando de nuestro rey (1), que así como su nacimiento temporal se debió á la devocion, de los méritos de mi sagrada infancia, asímismo conseguirá su nacimiento á la gracia y gloria eterna, mediante la consagracion que de sí mismo haga á mi Corazon adorable, el cual quiere triunfar del suyo, y por su medio del de los grandes de la tierra. Quiere reinar en su palacio, *estar pintado en sus estandartes y grabado en sus armas*, para que triunfen de todos sus enemigos, humillando á sus piés esas cabezas orgullosas y soberbias, y por su medio hacerle triunfar de todos los enemigos de la Iglesia.» «Deseando el Padre eterno, reparar las amarguras y angustias que el adorable Corazon de su divino Hijo ha recibido en la casa de los príncipes de la tierra entre las humillaciones y los ultrajes de su Pasion, quiere establecer su imperio en el corazon de nuestro gran monarca, para que ejecute el gran designio que tiene de que se construya *un edificio* en el cual se

(1) Luis XIV.

coloque un cuadro representando su divino Corazon, y recibir ante él la consagracion y los homenajes del rey y de toda la corte.

»...Mucho me consuela la esperanza que tengo de que con el tiempo en cambio de las amarguras que el divino Corazon de Jesús recibió durante las ignominias de su pasion en los palacios de los príncipes, se introduzca en ellos esa devocion con gran magnificencia.»

Y cuando le presentaba mis humildes súplicas tocante todas esas cosas que tan difíciles de conseguir me parecian, me pareció que oía las siguientes palabras: «¿Crees que lo puedo hacer? Si lo crees, verás el poder de mi Corazon en la magnificencia de mi amor.» Y á medida que veo los felices progresos que hace la devocion á su Sagrado Corazon, me dice: «¿No te he dicho, que si crees verás tus deseos cumplidos?»

VII

Mision confiada á la órden de la Visitacion para continuar la obra de la Beata, propagando la devocion al Sagrado Corazon de Jesús.

El dia 2 de Julio de 1688 fué favorecida la Beata con una vision admirable, de la que da cuenta en los términos siguientes á la Madre de Saumaise, á quien nuestro Señor la permitia manifestar los secretos de su adorable Corazon.

«...Os diré que el dia de la Visitacion tuve el consuelo de pasarlo todo entero, delante del Santísimo Sacramento, en el cual concedió mi Soberano Señor algunas gracias particulares á su miserable esclava, relativas á su amoroso Corazon, y retirándome enteramente dentro de sí mismo, me hizo sentir lo que no puedo expresar. Me parece que ví un lugar muy eminente, espacioso y admirable en belleza, en cuyo centro se hallaba un trono de llamas, en el que estaba el amable Corazon de Jesús con su llaga, de la cual

salian unos rayos inflamados y brillantes
que iluminaban y abrasaban todo aquel lugar. Á un lado se hallaba la Santísima Vírgen, y del otro nuestro Padre San Francisco
de Sales, con el Santo Padre de la Colombiére;
tambien estaban allí, las hijas de la Visitacion, con su ángel de guarda á su lado, teniendo cada una un corazon en la mano. La
Santísima Vírgen nos invitaba con estas
maternales palabras: «Venid, amadísimas
hijas mias, acercáos, porque quiero hacer de
vosotras las depositarias de este tesoro precioso, que el divino Sol de justicia formó en
la tierra vírgen de mi corazon, donde estuvo
oculto nueve meses, despues de los cuales
se manifestó á los hombres.»

«Y continuando esta bondadosa reina, dirigiéndose de nuevo á las hijas de la Visitacion, las dijo mostrándolas ese divino Corazon: Ved ahí ese divino Tesoro, que os ha
sido particularmente manifestado, por el
tierno amor que mi Hijo profesa á vuestro
Instituto, que considera y ama como á su Benjamin, por lo cual quiere aventajarle con esta
posesion sobre todos los demás. Y no tan sólo
es menester que las que lo componen se en-

riquezcan con tan inagotable tesoro, sino
que han de distribuir cuanto puedan esa preciosa moneda con abundancia, tratando de
enriquecer con ella á todo el mundo, sin temor de que se agote; pues cuanto más sa-
quen de Él, más habrá que sacar.»

Y volviéndose luego hácia el buen Padre
de la Colombiére, le dijo bondadosamente:

«Y tú, siervo fiel de mi divino Hijo, tambien tienes gran parte en este precioso tesoro; pues si ha sido dado á las hijas de la
Visitacion el hacerle conocer, amar y distri-
buirle á los demás, á los Padres de la Compañía les está reservado manifestar y publi-
car su utilidad y su valor, á fin de que todos
se aprovechen, y lo reciban con el respeto y
la gratitud debidos á tamaño beneficio. Y á
medida que le proporcionen ese consuelo, el
divino Corazon, manantial fecundo de bendiciones y gracias, las derramará con tal
abundancia sobre las funciones de sus mi-
nisterios, que los frutos que produzcan so-
brepujarán á sus trabajos y á sus esperanzas
y asímismo les sucederá á cada uno para su
salvacion y perfeccion particular.»

«Hablando despues nuestro santo Fundador á sus hijas, las dijo: ¡Oh, hijas de buen olor! venid á coger las aguas de salvacion en la fuente de bendicion , de la que ya habeis recibido en vuestras almas un suavísimo riego mediante el arroyo de vuestras constituciones que de ella salió. En ese divino Corazon hallaréis un medio fácil de cumplir con perfeccion lo que os está mandado en el primer artículo de vuestro directorio, que en sustancia encierra la perfeccion toda de vuestro Instituto: —*Que toda su vida y ejercicios sean para unirse con Dios.* — Para ello es preciso que ese divino Corazon sea la vida que os anime, y su amor vuestro continuo ejercicio, el cual únicamente nos puede unir con Dios, *para ayudar con oraciones y buenos ejemplos á la santa Iglesia y á la salvacion del prójimo.* Para conseguirlo oraremos en el Corazon y por el Corazon de Jesús, que quiere de nuevo hacerse medianero entre Dios y los hombres. *Nuestros buenos ejemplos* serán, vivir segun las máximas santas y las virtudes de ese divino Corazon, y *ayudaremos á la salvacion del prójimo* distribuyéndoles esta santa devocion. Trataremos de *derramar*

*el buen olor del Sagrado Corazon de Je-
sucristo en el de los fieles* para que seamos
la alegría y la corona de este amable Corazon.

«Despues se acercaron los ángeles de
guarda para presentar á ese divino Corazon
los que tenian en la mano, y algunos al tocar esa llaga sagrada se trasformaron en
hermosos, amables y brillantes como estrellas; otros se volvieron negros y horrendos;
pero hubo vários cuyos nombres permane-
cieron escritos con letras de oro en el Sagrado Corazon, en el cual algunos de los
que os hablo, se perdieron y se abismaron
con avidez y alegría de una y otra parte, diciendo: *en este abismo de amor es donde
hemos hallado nuestra morada y descanso eterno.* Estos eran los corazones de
los que han trabajado más, en dar á conocer
y amar al de nuestro divino Maestro.

D. S. B.

V. † J.

___

UN DIÁLOGO EN EL CIELO.

~~~~~~

HONOR, CULTO Y GLORIA

AL

SACRATÍSIMO CORAZON

DE JESÚS.

Si veritatem dico vobis,
quare non credistis mihi?
(Joan., 8, 46.)
Si os digo la verdad
¿por qué no me creeis?

Con licencia de la autoridad eclesiástica.

MADRID
TIP. DEL ASILO DE HUÉRFANOS DEL S. C. DE JESÚS.
68. Atocha, 68.
1882

UN DIÁLOGO EN EL CIELO

EL SAGRADO CORAZON DE JESÚS

Á LA

B. MARGARITA MARÍA DE ALACOQUE [1]

Corazon de Jesús. Dí, Margarita, ¿qué te parece de tu obra?

Marg. Señor, como más que obra mia, lo fué y es vuestra, supongo que sabrán agradecer los hombres las bondades de vues-

---

[1] Nació la Beata Margarita en Lauthencour (Francia) el dia 22 de Julio del año 1647. Desde niña fué muy piadosa, devota de la Santísima Vírgen, y conservó siempre la inocencia bautismal. A los veintitres años de edad se hizo religiosa de la Visitacion en Paray-le-Monial. Ilustrada y santificada más y más con las diversas apariciones del Sacratisimo Corazon de Jesús, y elegida por Él para establecer y propagar por la Igle-

tro tiernísimo Corazon, tributándoos culto, como á porfía, y amándoos con ardor.

Cor. Esto debiera ser, hija mia, pero si aquí en la gloria, donde estás, pudiera tener lugar la pena, muy grande la tendrias, al ver la ingratitud de los hombres.

Marg. Pero ¿y no teneis establecido allá en el mundo el reinado de vuestro corazon adorable? ¿No reinais?

Cor. ¡Oh, sí, pero reino en tan pocas almas...! ¡Anda envuelto el mundo en tan densas tinieblas...! ¡Hay en él tantos corazones frios...!

Marg. ¿Y quién puede oscurecer en su trono de resplandores eternos esa inmensa luz, que despide por do quiera vuestro amante corazon? ¿Frios los hombres en presencia de esos incendios de amor?

Cor. Sí, hija mia, no me conocen, no me quieren los hombres, no admiten si-

---

sia universal el culto público de su deifico Corazon, á fuerza de contradicciones y sufrimientos indecibles, logró, bajo la direccion del V. P. Claudio la Colombiere, cumplir su mision venturosa. Murió el 17 de Octubre de 1690 á los cuarenta y tres años de edad, y Pio IX, de feliz y santa memoria, la beatificó el dia 24 de Junio de 1864.

quiera mis finezas : y no creas que son solos los infieles, los herejes y pecadores los que oscurecen la luz de mi verdad, y permanecen yertos ante el fuego de mi abrasado amor. ¡Ay, hija mia! ¡Son tantas las almas tibias...! ¡Tantas las que desatienden y áun desprecian mis finezas! ¡Son tan pocos los que conocen mis bondades! Es tan corto el número de los que me corresponden fielmente, que bien puedo decirte, que el mundo vive en tinieblas; y los corazones de los hombres están endurecidos y helados, y que como ves, los hombres á quienes tanto quiero, no me quieren; me desprecian.

Marg. ¿Y de qué sirven tantos altares y áun templos, dedicados á vuestro culto? ¿Qué hacen tantas almas inscritas en vuestra congregacion? ¿Qué hace la Iglesia entera consagrada por vuestro siervo Pio IX á vuestra proteccion y culto?

Cor. ¡Qué han de hacer...! Mis templos y mis altares puedo decir que están solitarios y casi desiertos : mis congregantes, aunque bastantes en número, una gran parte lo son de sólo nombre, y el mundo en general no tan sólo desconoce su consagración á mi poder y culto, sino que me rechaza, y hasta llega á aborrecerme.

Marg. ¿Aborreceros á Vos, gloria y bondad de los cielos? ¿A Vos, Salvador y Padre de los hombres? ¿A Vos, amor de los amores? ¿Qué decís, Señor, aborreceros?

Cor. Sí, y en prueba de ello mira cómo renuevan mis llagas; mira cómo profundizan la de mi corazon y vé brotar de ella, como á torrentes mi sangre.

Marg. ¡Señor, piedad para Vos mismo...!

Cor. Mira si me rechazan, mira si me aborrecen los hombres.

Marg. ¡Oh! ciegos herejes; ¡oh pecadores obstinados! tened compasion del que ama mi alma, y del que por tantos títulos de justicia debiera tambien amar la vuestra. ¿No os causa compasion el derramar tanta sangre? Pues por compasion siquiera tratad bien al que os ama: no derrameis tanta sangre; no desprecieis tantas finezas de amor.

Cor. Gracias, Margarita, por tu interés por mi gloria. ¡Quién me diera muchos corazones como el tuyo! ¡Cuánto me consolarían en mis aflicciones y penas!

Marg. ¿Pues qué, bien mio, no sois Omnipotente?

Cor. Sí lo soy; pero respeto la libertad de mis redimidos: y abusan tanto de ella hasta los mismos que se llaman buenos, que sufro mucho, mucho, hija mia.

Marg. ¡Ay! Padre mio, ¿y cómo podeis sufrir tanto? ¿Cómo podeis beber un cáliz tan amargo? Almas justas, por lo que os ama mi amado; por lo que haceis sufrir al que amais, no claveis más espinas en ese corazon adorable. Bastante sufre ya por los pecadores; no aumenteis sus sufrimientos. Corazon de mi buen Dios herido, tened piedad de Vos mismo!

Cor. ¡Hé de consumir gota á gota el cáliz amargo! En él me ponen ajenjos los justos con sus infidelidades, con su tibieza y falta de correspondencia, clavan en mi corazon espinas, que me hieren y hacen sufrir sobre manera.

Marg. Las veo, Señor, y en tanto número, que no dejan parte sana en ese dolorido corazon.

Cor. Áun no lo has visto todo: mira ol que hacen las almas que me están consagradas por su estado.

Marg. ¡Ah! ¡Señor, quién creyera tanta ingratitud....! ¡Señor....!

Cor. Dime ahora, Margarita, ¿cómo va tu obra?

Marg. Ahora conozco, Señor, que todo cuanto me habeis hecho ver, es obra mia, no vuestra.

Cor. Pues quiero ahora que penetres en este mi corazon y le contemples tal cual se muestra en la tierra á los hombres, mediante tu misma obra.

Marg. ¡Ah! ¡Señor, á Vos la gloria y alabanza! ¡Qué grande es vuestra misericordia! ¡Qué poderoso atractivo tiene vuestra bondad infinita! ¡Qué secretos tan profundos los de vuestro amor soberano! ¡Ah! ¡Señor, qué sufrir....! ¡Qué amar el vuestro! ¡Cuánto misterio....!

Cor. Dí á los hombres lo que vés.

Marg. Veo que, aunque pocos, llevais en torno vuestros apóstoles celosos, que publican vuestras bondades: veo discípulos fieles y leales que os siguen; almas enamo-

radas que os alaban; entendimientos que os
conocen; corazones que se abrasan en vuestro amor. ¡Oh! qué grande es vuestra misericordia!

Cor. Díles tambien lo que hacen en mí
estas almas.

Marg. Dichosas ellas mil veces. Veo que
con el bálsamo de su puro amor restañan
vuestra sangre; con su gratitud y constancia en amaros y desagraviaros, cicatrizan
vuestras llagas, y con su fidelidad en corresponderos arrancan vuestras espinas.
¡Qué poder tan grande, qué mision tan
digna, qué obra tan excelente y gloriosa!

Cor. ¡Oh, sí! Estos son los que detienen
el brazo de la justicia de mi Padre; éstos los
que me consuelan en mis penas; éstos los
que me acompañan en mi soledad; los que
enjugan mis sudores, y los que roban el
amor todo de mi sensible y amante corazon.
Pocos son, sí; pero ellos forman mis delicias.

Marg. ¿Y quiénes son esos soldados
aguerridos, que formando como un pequeño ejército, pelean con tanto denuedo por
dar á conocer.áun á vuestros enemigos, que
son los suyos, ese corazon soberano?

Cor. Esos soldados, entre otros, son los que forman mi querida Compañía.

Marg. ¡Afortunada Compañía! ¡Oh! cómo sabe cumplir ella la mision que cuando en el mundo yo vivia, yo misma en vuestro nombre, la encomendé. Protegedla, Señor; defendedla de sus numerosos enemigos y libradla de las calumnias de los mismos.

Cor. Lo he jurado, y miéntras publiquen mis bondades, su mision sobre la tierra será gloriosa. ¡Ah, cuánto me ama y cuánto amo yo á la Compañía de mi nombre!

Marg. Pues por lo que la amais, libradla de persecuciones.

Cor. Son ellas la rica herencia, que la legara al morir su fundador, y mi siervo Ignacio.

Marg. Él lo entendió... Son bienaventurados los que padecen por Vos.

Cor. ¿Y qué hacen tus Hermanas, juntamente con tantas otras?

Marg. Veo, Señor, á ese pequeño, sí, pero escogido coro de Hermanas mias, afanadas en amaros y obsequiaros, en desagraviaros de tantas ofensas y en procurar extender vuestro culto. ¡Venturosa Visitacion!

A ella debo yo misma la gloria que me inunda. Dichosa mision la de mis Hermanas muy queridas. Bendecidlas, Señor, mil veces.

Cor. ¿Y cómo puede ménos de ser así? Por la gloria que de ellas recibo; por lo que propagan mi culto, y por tanto como me desagravian, yo mil y más veces las bendigo, y te prometo, hija mia, conservar entre ellas aquel espíritu de amor hácia mi corazon, que animaba al tuyo, cuando vivias sobre la tierra. ¡Oh, cuántas veces mi espíritu atribulado y fatigado por tanto sufrir se acoge á alguna de tus Hermanas, como se acogía al tuyo, para descansar! ¡Cuántas veces recurro á ellas para que en mis penas me consuelen! ¡Con qué ánsia las espero á veces en el sagrario, para que me acompañen; y cuántas, cuántas veces tengo mis delicias en estar con todas..! ¿Dime ahora Margarita, cómo vá tu obra?

Marg. Esta sí que es obra vuestra, corazon amante. ¡Qué rico sois en vuestras misericordias! ¡Quién pudiera hacer entender al mundo la ingratitud con que rechaza las corrientes de vuestras bondades! ¡Quién pudiera cooperar fielmente á esta vuestra obra de la salvacion de las almas!

Cor. Ahora bien, hija mia, aquel mal que, segun dijiste, era obra tuya, compensado queda con este bien, y este bien se purifica y diviniza por aquel mal, que tanto hace sufrir. Así entenderás, hija mia, para tu gloria, que tu obra se propaga en la contradiccion, se purifica en la persecucion, se perfecciona en las almas amantes, fieles y generosas, y se consuma aquí en el cielo, donde preparo para todos los que continúen tu obra un trono de gloria inmortal.

Marg. Así, Señor, se verifica, que á Vos sólo es debido el honor, la gloria y alabanza por los siglos de los siglos. Amen.

Acto de consagracion y de desagravio al Sagrado Corazon de Jesús.

Deífico y amante Corazon de Jesús, llagado y profundamente lastimado por la ingratitud de las almas, vedme aquí que vengo amoroso á recoger en mi corazon la sangre que brota del vuestro, y á participar de las angustias que os oprimen. Dejadme que una mis dolores con los vuestros; que confunda mis congojas con las que os ponen en tan cruel agonía; que alivie el enorme peso de esa cruz; que derrame un bálsamo de amor sobre vuestras heridas; que mitigue los ardores de las llamas que os oprimen, participando yo de ellas y abrasándome en su fuego consumidor; y, por último, amante Corazon, permitidme que me atreva á rogaros no seais tan apasionado de dolores, que agoteis sólo hasta las heces el cáliz de tantas amarguras; dejad siquiera alguna gota que inunde mi corazon de dolor, pues cierto

que una sola poder tiene bastante para anegar al alma en el más acerbo padecer,
siendo así que Vos mismo, Corazon dolorido, necesitais toda la fortaleza que os comunica la divina alteza, á que habeis sido
sublimado para poder, sin morir, apurar
gota á gota tantas amarguras.

¡Oh Corazon enamorado de las almas!
¿qué misterios son esos tan poderosos para
atormentaros? ¿Cómo es posible que reinando Vos sobre la tierra sólo os proporcione
este reinado agonías de muerte, y que tantos corazones, llamados vuestros amigos,
sean ellos los que hagan correr á raudales
vuestra preciosa sangre, y arranquen tales
quejas profundizando asímismo la llaga de
vuestro Corazon?

¡Oh Jesús, dueño amado! si el mundo ingrato os rechaza y llega hasta aborreceros,
aquí teneis mi corazon que gustoso os ofrece
hasta la última gota de su sangre, por confesar sin rodeos que sois su único dueño y
Señor. Si los pecadores renuevan vuestras
llagas haciendo correr á torrentes vuestra
sangre, nosotros unimos á ella la que nos
arranca el dolor de la pérdida de tantas al-

mas, y si por respetar la libre voluntad del hombre consentís en ver despreciadas tantas gracias, aquí teneis la nuestra, Corazon amante, juntamente con su libre albedrío, que gustosos os entregamos sin reserva. Si teneis ¡oh amantísimo Jesús! el Corazon taladrado por las espinas que en Él clavan las infidelidades de los justos, ¡oh Corazon deífico! permitidnos el amoroso atrevimiento de ir arrancándolas una por una y atravesando con ellas nuestros pobres corazones, que aunque humanos y de tierra, levantados por vuestra gracia á regiones superiores, sabrán amar, sabrán sufrir y llegarán tambien á conseguir con su nada aliviar los infinitos tormentos que os aflijen y glorificaros con vuestra propia gloria.

Bendito seais por siempre ¡oh Corazon divino! alabado y amado por los excesos de vuestra caridad, y pues esta quiere haya quien os ayude á detener la justicia irritada del Padre, unidos á Vos, fuertes con vuestra fortaleza y omnipotentes con vuestro mismo poder, lucharemos con el Todopoderoso alcanzando completa y gloriosa victoria; y en medio de tantos males, al través de tantas amarguras, y aunque sea con el corazon oprimido por los dolores, al contemplar el bien conseguido por ese mal, bendeciremos una vez más tan gloriosas contradicciones, amaremos esos saludables y regeneradores tormentos; pero sobre todo os bendeciremos á Vos con mayor alegría y os cantaremos un cántico de accion de gracias por haber querido concedernos la dicha de llevar algun consuelo á vuestro corazon afligido, y porque nos escogísteis para glorificaros en la tierra y gozar de Vos en la bienaventuranza eterna.

Amen.

Dios sea bendito. El Sagrado Corazon de Jesús sea glorificado y amado, y á Él sólo el honor y alabanzas por los siglos de los siglos.

Amen.

ÍNDICE.

—

Págs.

FÉ DE ERRATAS.

PÁGINA.	LÍNEA.	DICE.	LÉASE.
XIX	9	hombre	hombres
4	1	luz	cruz
26	5	estoy	está
40	22	tomo XL	tomo II
43	19	no mirareis	no os mirareis
55	17	si nover	sinó ver
56	10	noservirme	no servirme
64	10	misericordla	misericordia
72	13	en esto	en estos
75	5	satanás	Satanás
110	24	cnal	cual
145	5	tados	todos
161	2	victas y ori	victorias y
180	4	rebuscarás	rehusarás
Id.	15	a	la
183	20	pefeccionase	perfeccionase
184	25	t. L	t. I
194	1	fnerza	fuerza

PÁGINA.	LÍNEA.	DICE.	LÉASE.
148	5	siempre sucede	no sucede
200	17	aprendeáreis	aprendereis á
246	13	sustituyera	instituyera
249	22	sin curiosidad de amor	sin curiosidad, de amor
251	16	comunicarles	comunicarlas
255	21	abrsaaré	abrasaré
258	18	autor	amor
268	5	misericordia	miserias
274	2	equivaldría	equivaldrá
284	14	divinas	diversas
Id.	23	se agrava	se graba
295	23	admirable	abominable
301	18 y 19	los heces	las heces
313	8	resucitadas	rescatadas
354	9	la estimo	que estimo
403	15 y 16	lerast	letras
410	23	nuestro	vuestro
438	11	queriendo	que siendo
462	8	cada una	cada uno

Y en el dia 23, página 286, se ha omitido lo siguiente:

¡Misericordias Domini in æternum cantabo!. Esto es cuanto puedo decir... confesando sinceramente que es más lo que amo á mi Soberano y lo que me ocupo de él, que de sus dones y beneficios, que aprecio en Sí mismo y como venidos de mi mano. Y no ordenándomelo la obediencia jamás hablo de ellos, no pudiendo hacerlo sin extrema violencia, á causa de lo que mi vida criminal me hace gemir delante de Dios.

Me parece cometer un gran crimen hablando de mí misma, porque me veo tan mala, pequeña y despreciable, que me asombro de que la tierra no se abra bajo mis piés y me abisme en sus entrañas, á causa de mis grandes pecados.

Jamás quisiera hablar de las gracias que mi Salvador me ha hecho, pues nunca pienso en ellas sin sufrir penas extrañas á vista de mis ingratitudes, que me hubieran precipitado en el infierno, si la misericordia de mi divino Salvador y la intercesion poderosísima de la Santísima Vírgen, no desarmasen, por decirlo así, la justicia de Dios respecto á mí. Si os he de decir mi pensamiento, jamás reflexiono en estas gracias sin temer que despues de haberme engañado á mí misma, engañe á aquellos á quienes estoy obligada á hablar. Pido incesantemente á Dios, la gracia de ser desconocida, anonadada y sepultada en un eterno olvido; miro esta gracia como la mayor de cuantas me ha hecho.

¡Ay! Sólo hay para mí una cosa necesaria, que es amar, olvidarme y anonadarme, puesto que todo consiste en el amor de Dios y·el aborrecimiento de nosotros mismos. Y esto me parece de tan grande importancia, que nunca encuentro bastante tiempo para emplearme en ello (1).

Ofrecimiento de los méritos de Nuestro Señor Jesucristo.

¡Oh Dios mio! yo os ofrezco vuestro amado Hijo en accion de gracias por todos vuestros beneficios, por mi ofrenda, mi adoracion, mis súplicas y por todas mis resoluciones; en fin, os le ofrezco por mi amor y por mi todo.

Recibidle, Padre Eterno por cuanto deseais de mí, pues nada tengo que ofreceros digno de Vos, sinó Aquél de quien con tanto amor me permitis gozar. Amen. (2).

----

(1) Cartas LXXXIII, LXXXV, LXXXVIII, CXVI, t. II, páginas 76, 166, 171, 270.

(2) Vida por sus contemporáneas, t. I, pág. 63.

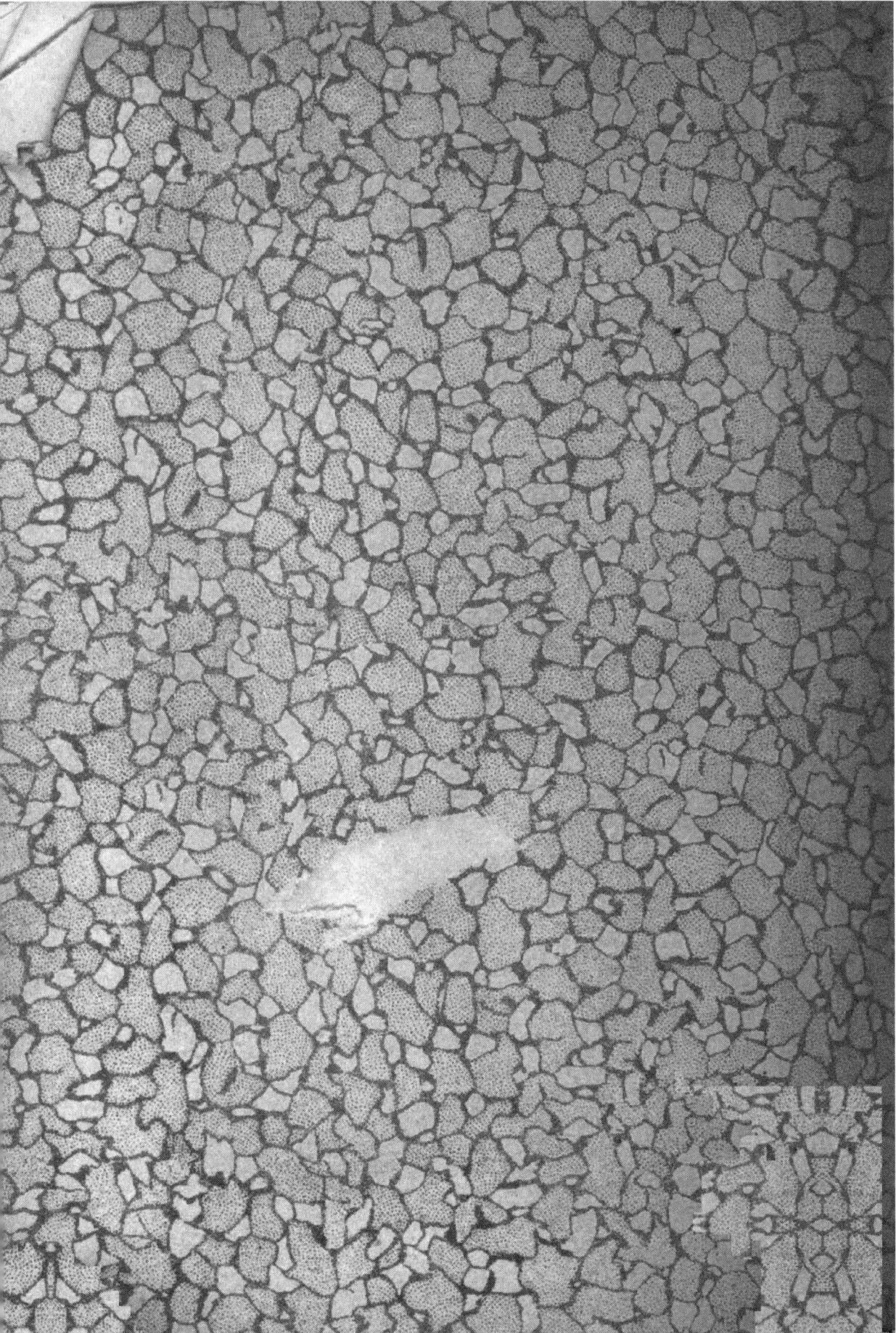